本书为广州市教育科学“十二五”规划项目课题“智障学生性教育校本课程开发的研究”（编号：2013B291）最终成果

编委会名单

主　编： 陈海苑　万莉莉

编　委： 陈海苑　万莉莉　曾镜佳
江银燕　区绍祥　冼鉴辉
张俊华　张　姗　刘秀花

广州市番禺区培智学校“心舞动”丛书

2017年广东省教育教学成果奖（基础教育）二等奖

主　编　陈海苑　万莉莉

知“性”家长这样做

智障学生性教育实用手册

（家长用书）

暨南大学出版社
JINAN UNIVERSITY PRESS

中国·广州

图书在版编目（CIP）数据

知“性”家长这样做：智障学生性教育实用手册：家长用书/陈海苑，万莉莉主编．—广州：暨南大学出版社，2017.12（2024.3 重印）
（广州市番禺区培智学校“心舞动”丛书）
ISBN 978－7－5668－2223－9

Ⅰ．①知…　Ⅱ．①陈…②万…　Ⅲ．①弱智儿童—性教育—教学参考资料
Ⅳ．①G764

中国版本图书馆 CIP 数据核字(2017)第 259827 号

知“性”家长这样做：智障学生性教育实用手册（家长用书）
ZHIXING JIAZHANG ZHEYANGZUO：ZHIZHANG XUESHENG XINGJIAOYU SHIYONG SHOUCE（JIAZHANG YONGSHU）
主　编：陈海苑　万莉莉

出版人：阳　翼
策　划：黄圣英
责任编辑：郑晓玲
责任校对：何利红
责任印制：周一丹　郑玉婷

出版发行：暨南大学出版社（511443）
电　话：总编室（8620）37332601
　　　　营销部（8620）37332680　37332681　37332682　37332683
传　真：（8620）37332660（办公室）　37332684（营销部）
网　址：http：//www.jnupress.com
排　版：广州市新晨文化发展有限公司
印　刷：广州方迪数字印刷有限公司
开　本：787mm×960mm　1/16
印　张：18.75
字　数：356 千
版　次：2017 年 12 月第 1 版
印　次：2024 年 3 月第 3 次
定　价：58.00 元

序　一

智力障碍儿童、青少年跟正常人一样，存在正常的性欲望、性冲动，现代社会的人们对此已有充分的认识。但智力障碍儿童、青少年由于受认知水平的限制，容易出现种种与“性”相关的行为问题，这也使他们易成为性侵害的施害者或受害者。所以，对智障学生实施适当的性教育一直是培智教育的现实课题，也是培智学校教师和智障学生家长的共同关注点。

由于各种各样的原因，目前智障学生性教育的现状与现实需求有很大差距：普通学生的性教育内容和方法难以直接实施于智障学生身上，同时专门以智障学生为对象的性教育教材教辅或课程极少，使得我国各培智学校教师在开展性教育过程中，普遍对“教什么”和“如何教”存在诸多困惑。因此，开发智障学生性教育的校本课程，已成为培智学校亟须解决的课题之一。

广州市番禺区培智学校自2009年实施个别化教育课程改革以来，在“为残障学生的自我服务、自食其力和融入社会提供支持”办学理念的引领下，不断致力于研究智障学生性教育的课程目标、课程内容、教学策略、评价体系等，取得了很大的进展。《知“性”教师这样做：智障学生性教育实用手册（教师用书）》（以下简称《教师用书》）［内附《智障学生性教育校本课程评量手册》（以下简称《评量手册》）］和《知“性”家长这样做：智障学生性教育实用手册（家长用书）》（以下简称《家长用书》）是该校进行性教育研究的重要成果。

具体来说，该套书主要有以下两大特点：

一是覆盖面广。《教师用书》的重点教学对象是义务教育阶段的智障学生，教师也可以选取部分内容，对学前教育阶段、职业教育阶段的智障学生实施性教育。而家长基本可以使用《家长用书》中的主题，教导任何年龄段的智障学生。另外，这两本用书均涵盖“性生理”“性心理”“性安全”三大领域，具体涉及“成长过程”“男女性特有健康问题的处理”“性别概念和性别角色”“与家人的交往和对亲情的指导”“与家人以外的人的交往和对友情的指导”“性信息的应对”“性侵害的预防”等方面，教学内容相当丰富。

二是操作性强。《教师用书》所呈现的真人现场示范、视频图片展示、模拟情境演练、简单歌诀教学等方法，能有效指导教师的教学实践工作；所附的《评量手册》，项目清晰、标准明确，能为教师了解学生的学习水平提供可靠的依据。而《家长用书》用通俗易懂的话语，告诉家长“需要教哪些内容”“可以怎么教这些内容”“教的时候要注意什么”；每个主题后的“知‘性’家长这样评”环节，能切实帮助家长检查自己孩子对这些内容的掌握程度以及自己对这些内容的教学状况。

广州市番禺区培智学校编写的《教师用书》（内附《评量手册》）和《家长用书》能很好地满足智障学生性教育的迫切需要，对智障学生进行学校性教育、家庭性教育很有参考价值。希望该套书的出版，能够促进我国智力障碍儿童、青少年性教育的研究和实践。也期盼广州市番禺区培智学校以此为新的起点，为特殊教育的发展做出更多的贡献！

肖非

（北京师范大学特殊教育研究所所长、教授、博士生导师）

2017 年 6 月于北京

序　二

习近平总书记说："教育公平是社会公平的重要基础，要不断促进教育发展成果更多更公平惠及全体人民，以教育公平促进社会公平正义。"广州市番禺区区委、区政府高度重视特殊教育，重视作为弱势群体的智障人士的教育公平，现已建立了区、镇街、校三级特殊教育管理网络，形成了"三位一体"的教育网络和"3+9+3"的教育体系，在广州地区率先实现了特殊教育由义务教育向学前和高中阶段延伸的全覆盖。而作为番禺区特殊教育代表的广州市番禺区培智学校更是不畏艰难，敢为人先，在智障学生的性教育路上迈出了勇敢的一步。《知"性"教师这样做：智障学生性教育实用手册（教师用书)》(内附《智障学生性教育校本课程评量手册》）和《知"性"家长这样做：智障学生性教育实用手册（家长用书)》正是他们辛勤耕耘、无私奉献的结晶。

《知"性"教师这样做：智障学生性教育实用手册（教师用书)》包含"课程标准""低年级篇""中年级篇""高年级篇"四部分。其中，"课程标准"是学校开展性教育的重要依据；"低年级篇""中年级篇""高年级篇"针对低、中、高三个年级，从"成长过程""男女性特有健康问题的处理""性别概念和性别角色""与家人的交往和对亲情的指导""与家人以外的人的交往和对友情的指导""性信息的应对""性侵害的预防"等方面，依照循序渐进的教学原则，系统地呈现各单元的教学目标、教学重点、教学准备、教学过程、教学建议。所附《智障学生性教育校本课程评量手册》从"所评即所教"角度设置评量项目及评量标准，能有效辅助教师教学。

《知"性"家长这样做：智障学生性教育实用手册（家长用书)》致力于

指导家长开展科学的性教育。在每个主题中，“知‘性’家长这样教”能指导他们具体分析教学内容，掌握简易的教学方法；“知‘性’家长这样评”能指导他们快速了解孩子懂得多少、自己教了多少。

智障学生的教育难，智障学生的性教育更是难上加难。广州市番禺区培智学校编写的该套书坚持以道德原则为准绳，在充分考虑学生直观形象的思维特点及家长意见后，运用“真人视频示范”和“真人现场示范”的形式教育智障学生，使他们免于成为侵害的施害者或受害者。这种新颖、直观的教学方法可谓智障学生性教育领域的亮点，得到其他特殊教育同行及学生家长的高度肯定。

对培智学校的学生而言，这套书的面世是一个福音。对在番禺区普通学校就读的智障学生而言，这套书同样能令他们受益。

期待广州市番禺区培智学校在性教育课程开发方面不懈努力，造福于番禺区有特殊教育需要的学生，也衷心祝愿在番禺特殊教育战线奋斗的所有老师身体健康、阖家幸福！

广州市番禺区教育局局长

2017 年 6 月

前　言

我国性教育开拓者吴阶平教授曾说："性教育是一个涉及学校、家庭和社会的系统教育工程。"联合国教科文组织编写的《国际性教育技术指导纲要(2010)》也明确指出，性教育必须有家长的参与。广州市番禺区培智学校（以下简称"我校"）曾对国内四所培智学校的32名智障班班主任、113名智障学生家长进行调查和访谈，了解1～9年级智障学生对"性"相关知识、技能的掌握现状，以及教师、家长对"性"相关知识、技能的教育现状。结果显示，学生年龄、教师教学程度、家长教学程度显著影响学生对"性"相关知识、技能的掌握程度，且家长教学程度的影响稍大。可见，在对智障学生开展性教育的过程中，家庭性教育是不可或缺的组成部分。

同时，我校的调查结果表明，无论是性生理、性心理还是性安全方面，智障学生家长的教学程度普遍偏低；57.7%的家长更愿意让孩子在学校上性教育课。究其原因，上述结果与智障学生家庭缺乏性教育方面系统、有效的指导用书密切相关。

为了帮助家长开展有针对性的性教育，从2009年至今，我校坚持以科学严谨的作风和求真务实的态度，在低、中、高三个年级段选取不同的班级或学生，开展教学实验研究和个案干预研究。其间，我校教师与家长密切沟通，保持学校性教育和家庭性教育的一致性。

2014年4月，我校成功申报广州市教育科学"十二五"规划项目课题"智障学生性教育校本课程开发的研究"（编号：2013B291）。乘着这股课题研究的东风，课题组成员群策群力，继续实施"教师—家长"的协同教学策略。在课前协同阶段，每个单元教学开始前，性教育课教师、班主任、科任教师、生活辅导教师与家长会一同了解学生“性”相关表现的起点水平，并充分交流本单元的教学内容及方法。在课堂协同阶段，教师借助家庭作业或教学观摩活动，向家长及时告知教学内容、教学方法及学生在校的“性”相关表现，以便家长在校外继续辅导。在课后协同阶段，每个单元教学结束后，教师与家长一并对比学生在学习前、学习后的“性”相关表现，并积极反思协同教学的经验和不足。2017 年 1 月，该研究课题顺利结题，并得到验收专家组的一致好评，获评“优秀”等级。该研究课题的最终成果还被评为 2017 年广州市教学成果特殊教育培优项目，并获得 2017 年广东省教育教学成果奖（基础教育）二等奖。

本书是我校性教育教学实践的一项重要研究成果，属于我校“心舞动”丛书。全书共分为三篇，分别是“男孩篇”“女孩篇”“综合篇”，涉及“成长过程”“男女性特有健康问题的处理”“性别概念和性别角色”“与家人的交往和对亲情的指导”“与家人以外的人的交往和对友情的指导”“性信息的应对”“性侵害的预防”等方面（对于恋爱、婚育、安全性行为这些内容，由于我校家长持比较强烈的否定态度，所以本校性教育课程暂不考虑上述内容）。其中，“男孩篇”的内容仅适合男生学习；“女孩篇”的内容仅适合女生学习；“综合篇”的内容既适合男生学习，也适合女生学习。各篇的每个主题中，均会简明扼要地告诉家长需要教哪些内容、怎么教这些内容、教的时候要注意什么、如何评价自己的孩子掌握哪些内容及自己教过哪些内容。如无特别注明，各篇的每个主题适合任何年龄段的学生学习。

另外，智障学生的预防侵害教学既是重点，也是难点。我校教师自制侵害视频，并把其中“施害者的表现”“受害者的反抗”“施害者的后果”画面制作成课件，给家长用以指导学生，预防学生成为施害者或受害者。教学举例详见侵害视频所对应的《预防侵害教学课件》，读者可以关注微信公众号“番禺培智学校”（微信号：pypeizhi），点击“特殊教育”中的“性教育课程”进行查看。

本书编写分工如下：男生篇及综合篇的主题 34、主题 36、主题 38、主题 40、主题 42、主题 44 由陈海苑负责，约 16 万字；女生篇及综合篇的主题 35、主题 37、主题 39、主题 41、主题 43 由万莉莉负责，约 19 万字。

在“智障学生性教育校本课程开发的研究”这一课题研究过程中，得到华南师范大学特殊教育学院特殊教育系主任李闻戈教授、华南师范大学教育科学学院课程与教学系曾文婕教授、广州市教育研究院副院长查吉德教授、广州市番禺区教育局教育科学研究所李进成老师、广州市番禺区教育局教学研究室教研员阳作香老师的专业指导，特此致谢。感谢北京师范大学特殊教育研究所所长肖非教授、广州市番禺区教育局冯润胜局长在百忙中抽空为本书作序。

路漫漫其修远兮！虽然我校在性教育课程开发方面已经取得比较显著的成绩，但是我们的脚步还将继续往前！受研究水平、时间、人力、物力、财力等限制，本书尚存诸多不足，恳请各位读者不吝赐教，关注微信公众号“番禺培智学校”后点击“特殊教育”—“性教育课程”—“留言板”，把您的疑问、意见或建议告诉我们。对于您的疑问，我校将定期整理，并给予反馈。对于您的意见或建议，我校将在后续的课题研究及教学实践中不断改进。

编 者

2017 年 6 月

目　录

序　一　肖　非　/1

序　二　冯润胜　/3

前　言　/　1

男孩篇

主题1　男孩　女孩　/2
- **知“性”家长这样教　/2**
- 一、孩子是男孩　/2
- 二、××是男孩，还是女孩　/3
- 三、男孩、女孩的发型和服装　/4
- **知“性”家长这样评　/5**

主题2　男孩上厕所　/6
- **知“性”家长这样教　/6**
- 一、进厕所大小便　/6
- 二、等着上厕所的人多，排队，不贴近别人　/7
- 三、厕所门关着，敲门　/8
- 四、在马桶或蹲厕大小便，关门　/9
- 五、男孩、女孩的大小便姿势　/9
- 六、大小便后，先穿整齐，再走出厕所　/10
- **知“性”家长这样评　/10**

主题 3　指和说隐私部位等身体隐私　/13
知“性”家长这样教　/13
一、男孩的隐私部位　/14
二、女孩的隐私部位　/16
三、指和说隐私部位　/18
知“性”家长这样评　/19

主题 4　看隐私部位等身体隐私　/21
知“性”家长这样教　/21
一、孩子脱自己的衣服，看自己的隐私部位　/25
二、别人要脱孩子的衣服，看孩子的隐私部位　/25
三、别人要孩子脱孩子自己的衣服，看孩子自己的隐私部位　/27
四、坏人要孩子看坏人的隐私部位　/28
五、坏人要孩子看别人的隐私部位　/28
知“性”家长这样评　/29

主题 5　摸隐私部位等身体隐私　/32
知“性”家长这样教　/32
一、孩子摸自己的隐私部位　/33
二、别人要摸孩子的隐私部位　/35
三、别人要孩子摸孩子自己的隐私部位　/36
四、坏人要孩子摸坏人的隐私部位　/37
五、坏人要孩子摸别人的隐私部位　/37
知“性”家长这样评　/38

主题 6　用东西碰隐私部位等身体隐私　/41
知“性”家长这样教　/41
一、孩子用东西碰自己的隐私部位　/42
二、别人要用东西碰孩子的隐私部位　/43
三、别人要孩子用东西碰孩子自己的隐私部位　/45
四、坏人要孩子用东西碰坏人的隐私部位　/46
五、坏人要孩子用东西碰别人的隐私部位　/46
知“性”家长这样评　/47

主题 7　男孩、女孩慢慢地长大　/50
知“性”家长这样教　/50
一、从胎儿慢慢地长大成婴儿　/50

二、从婴儿慢慢地长大成儿童 /51
三、从儿童慢慢地长大成青少年 /53
四、从青少年慢慢地长大成成年人 /57
五、从成年人慢慢地长大成老人 /58
六、人会死亡 /58
七、人的一生 /58
知“性”家长这样评 /59

主题 8 洗阴茎 /62
知“性”家长这样教 /62
一、在浴室洗阴茎 /63
二、认识阴毛、阴囊、龟头、包皮 /63
三、洗阴毛、阴茎、阴囊 /63
四、洗龟头、包皮 /63
五、冲沐浴露 /64
知“性”家长这样评 /64

主题 9 勃起、射精 /66
知“性”家长这样教 /66
一、勃起 /67
二、射精 /67
知“性”家长这样评 /68

主题 10 自慰 /69
知“性”家长这样教 /69
一、自慰前 /70
二、自慰时 /70
三、自慰后 /70
知“性”家长这样评 /71

主题 11 选内裤 /72
知“性”家长这样教 /72
一、认识孩子所穿的内裤 /72
二、和孩子买内裤 /73
知“性”家长这样评 /73

主题12 使用电动刮胡刀、选刮胡刀 /75
知“性”家长这样教 /75
一、认识刮胡刀 /76
二、刮胡子 /76
三、清洁电动刮胡刀 /77
四、给电动刮胡刀换电池或充电 /77
五、和孩子买刮胡刀 /78
知“性”家长这样评 /78

主题13 拥抱 /80
知“性”家长这样教 /80
一、孩子认识的同性、异性 /81
二、孩子主动拥抱别人 /82
三、别人要拥抱孩子 /83
四、别人要孩子拥抱其他人 /85
知“性”家长这样评 /88

主题14 应对“别人穿暴露的衣服”的性信息 /91
知“性”家长这样教 /91
一、穿暴露的衣服 /91
二、文明地看“别人穿暴露的衣服”的性信息 /92
知“性”家长这样评 /92

主题15 应对“别人露出隐私部位”的性信息 /94
知“性”家长这样教 /94
一、文明地说“别人露出隐私部位”的性信息 /95
二、坏人强行要孩子看“别人露出隐私部位”的视频、图片、实物 /96
三、坏人要孩子摸视频、图片、实物的人体隐私部位 /97
四、坏人要孩子用东西碰视频、图片、实物的人体隐私部位 /98
知“性”家长这样评 /99

女孩篇

主题16 女孩 男孩 /104
知“性”家长这样教 /104
一、孩子是女孩 /104

二、××是男孩，还是女孩　/105
三、男孩、女孩的发型和服装　/106
知“性”家长这样评　/107

主题 17　女孩上厕所　/108
知“性”家长这样教　/108
一、进厕所大小便　/109
二、等着上厕所的人多，排队，不贴近别人　/110
三、厕所门关着，敲门　/110
四、关门大小便　/111
五、男孩、女孩的大小便姿势　/111
六、大小便后，先穿整齐，再走出厕所　/112
知“性”家长这样评　/112

主题 18　指和说隐私部位等身体隐私　/115
知“性”家长这样教　/115
一、女孩的隐私部位　/116
二、男孩的隐私部位　/119
三、指和说隐私部位　/120
知“性”家长这样评　/121

主题 19　看隐私部位等身体隐私　/124
知“性”家长这样教　/124
一、孩子脱自己的衣服，看自己的隐私部位　/128
二、别人要脱孩子的衣服，看孩子的隐私部位　/129
三、别人要孩子脱孩子自己的衣服，看孩子自己的隐私部位　/130
四、坏人要孩子看坏人的隐私部位　/131
五、坏人要孩子看别人的隐私部位　/132
知“性”家长这样评　/132

主题 20　摸隐私部位等身体隐私　/135
知“性”家长这样教　/135
一、孩子摸自己的隐私部位　/136
二、别人要摸孩子的隐私部位　/137
三、别人要孩子摸孩子自己的隐私部位　/139
四、坏人要孩子摸坏人的隐私部位　/140
五、坏人要孩子摸别人的隐私部位　/140

知“性”家长这样评 /141

主题21 用东西碰隐私部位等身体隐私 /144
知“性”家长这样教 /144
一、孩子用东西碰自己的隐私部位 /145
二、别人要用东西碰孩子的隐私部位 /146
三、别人要孩子用东西碰孩子自己的隐私部位 /148
四、坏人要孩子用东西碰坏人的隐私部位 /149
五、坏人要孩子用东西碰别人的隐私部位 /149
知“性”家长这样评 /150

主题22 女孩、男孩慢慢地长大 /153
知“性”家长这样教 /153
一、从胎儿慢慢地长大成婴儿 /153
二、从婴儿慢慢地长大成儿童 /154
三、从儿童慢慢地长大成青少年 /156
四、从青少年慢慢地长大成成年人 /161
五、从成年人慢慢地长大成老人 /161
六、人会死亡 /161
七、人的一生 /162
知“性”家长这样评 /163

主题23 洗阴部 /165
知“性”家长这样教 /165
一、在浴室洗阴部 /166
二、认识阴毛、阴唇、阴道口 /166
三、洗阴毛、阴唇 /166
四、冲沐浴露 /166
知“性”家长这样评 /167

主题24 白带、月经 /168
知“性”家长这样教 /168
一、白带 /168
二、月经 /169
知“性”家长这样评 /174

主题 25 选护垫、卫生巾 /177
知“性”家长这样教 /177
一、认识不同类型的卫生巾 /177
二、计算护垫、卫生巾有没有过期 /178
三、和孩子买护垫、卫生巾 /178
知“性”家长这样评 /179

主题 26 穿、脱小背心 /181
知“性”家长这样教 /181
一、穿小背心 /182
二、脱小背心 /183
知“性”家长这样评 /184

主题 27 穿、脱胸罩，洗胸罩 /185
知“性”家长这样教 /185
一、穿胸罩 /186
二、脱胸罩 /187
三、洗胸罩 /187
知“性”家长这样评 /189

主题 28 选内衣 /191
知“性”家长这样教 /191
一、认识孩子所穿的内衣 /191
二、和孩子买内衣 /191
知“性”家长这样评 /192

主题 29 选内裤 /194
知“性”家长这样教 /194
一、认识孩子所穿的内裤 /194
二、和孩子买内裤 /195
知“性”家长这样评 /195

主题 30 自慰 /197
知“性”家长这样教 /197
一、自慰前 /198
二、自慰时 /198
三、自慰后 /198

知“性”家长这样评 /199

主题31 拥抱 /200
知“性”家长这样教 /200
一、孩子认识的同性、异性 /201
二、孩子主动拥抱别人 /202
三、别人要拥抱孩子 /203
四、别人要孩子拥抱其他人 /205
知“性”家长这样评 /208

主题32 应对“别人穿暴露的衣服”的性信息 /211
知“性”家长这样教 /211
一、穿暴露的衣服 /211
二、文明地看“别人穿暴露的衣服”的性信息 /212
知“性”家长这样评 /212

主题33 应对“别人露出隐私部位”的性信息 /214
知“性”家长这样教 /214
一、文明地说“别人露出隐私部位”的性信息 /215
二、坏人强行要孩子看“别人露出隐私部位”的视频、图片、实物 /215
三、坏人要孩子摸视频、图片、实物的人体隐私部位 /217
四、坏人要孩子用东西碰视频、图片、实物的人体隐私部位 /218
知“性”家长这样评 /219

综合篇

主题34 身边的人 /224
知“性”家长这样教 /224
一、孩子的家人 /226
二、孩子的老师 /226
三、穿制服的人 /226
四、不穿制服的、认识/不认识的人 /228
五、人际圈模型 /229
知“性”家长这样评 /229

主题 35 不随便开家门 /231
知“性”家长这样教 /231
一、家人要孩子开家门 /231
二、家人以外的人要孩子开家门 /232
知“性”家长这样评 /233

主题 36 不随便吃别人的东西 /234
知“性”家长这样教 /234
一、家人要孩子吃东西 /235
二、家人、教师以外的人要孩子吃东西 /235
知“性”家长这样评 /238

主题 37 不随便去某个地方 /240
知“性”家长这样教 /240
一、家人要孩子去某个地方 /241
二、家人、教师以外的人要孩子去某个地方 /241
知“性”家长这样评 /244

主题 38 请别人帮忙 /246
知“性”家长这样教 /246
一、请家人帮忙 /247
二、和家人走失，请穿制服的人帮忙 /247
三、和家人走失，请其他认识的人帮忙 /248
四、和家人走失，不请其他不认识的人帮忙 /249
知“性”家长这样评 /249

主题 39 洗内裤 /251
知“性”家长这样教 /251
一、第一遍洗内裤 /252
二、第二遍洗内裤 /252
三、第三遍洗内裤 /252
四、晾内裤 /253
知“性”家长这样评 /253

主题 40 拍肩膀、拍手臂 /255
知“性”家长这样教 /255
一、孩子拍别人的肩膀、手臂 /255

二、别人拍孩子的肩膀、手臂 /255
知“性”家长这样评 /256

主题41 拉手 /257
知“性”家长这样教 /257
一、孩子主动和别人拉手 /258
二、别人要和孩子拉手 /259
三、别人要孩子和其他人拉手 /260
知“性”家长这样评 /262

主题42 亲吻 /265
知“性”家长这样教 /265
一、孩子不能主动亲吻别人 /266
二、坏人要亲吻孩子 /266
三、坏人要孩子亲吻他 /266
四、坏人要孩子亲吻别人 /267
知“性”家长这样评 /267

主题43 应对“别人接吻”的性信息 /269
知“性”家长这样教 /269
一、接吻 /269
二、文明地看“别人接吻”的性信息 /270
知“性”家长这样评 /270

主题44 不吸烟、不喝酒、不吸毒 /271
知“性”家长这样教 /271
一、不吸烟 /271
二、不喝酒 /273
三、不乱吃药、不吸毒 /275
四、别人要孩子吃喜欢的东西 /278
知“性”家长这样评 /279

男孩篇

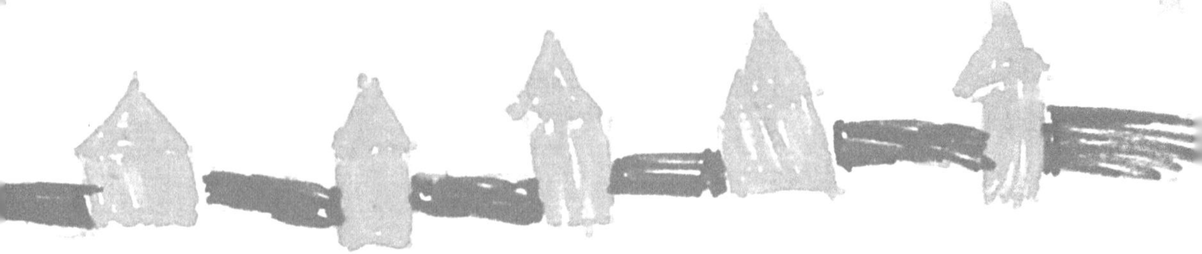

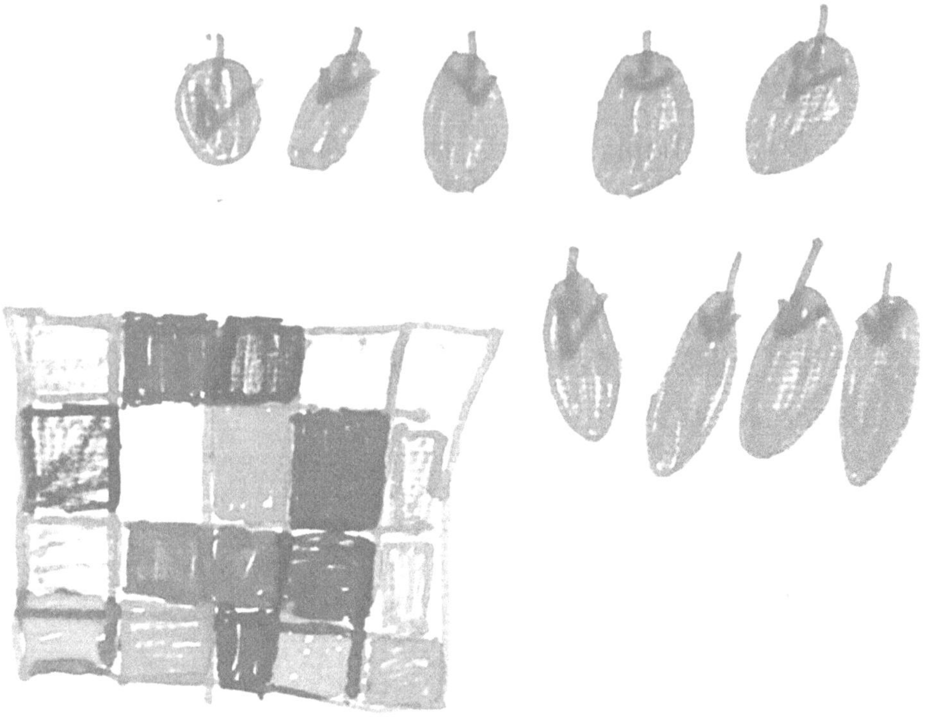

主题1　男孩　女孩

知“性”家长这样教

一、孩子是男孩

（1）教孩子洗澡，上厕所，穿、脱内裤时，家长指着孩子的阴茎①，说：“你有阴茎。你是男孩。”

温馨提示

如果孩子完全不知道自己是男孩，家长只需要指着孩子的阴茎说“你有这个身体部位，你是男孩”，暂时不用说“阴茎”这个身体部位的名称，避免孩子同时学习“男孩”“阴茎”两个新概念。

（2）家长可以用下面的方法，进一步让孩子知道自己是男孩。

①家长问孩子：“你是男孩吗?”／“你是不是男孩?”

孩子不知道时，家长让他点头或跟着说“我是男孩”。

②几个家人和孩子坐在一起。家长问孩子：“谁是男孩?”／“男孩在哪里?”

孩子不知道时，家长让他举手或跟着说“我是男孩”。

① 本主题中的“阴茎”均泛指男性的外生殖器。

二、××是男孩，还是女孩

温馨提示

（1）如果孩子完全不知道别人是男孩还是女孩，家长需要先教他知道家人的性别，再教他知道家人以外的人的性别。另外，家长需要先教孩子知道其他男性的性别，再教他知道其他女性的性别。

（2）如果孩子已经知道自己是男孩，也知道其他同龄小朋友的性别，家长可以用“男人”/“男性”、“女人”/“女性”来称呼成年人的性别。

但是，如果孩子不是很清楚自己是男孩，或不是很清楚其他同龄小朋友的性别，家长可以继续用“男孩”、“女孩”来称呼成年人的性别，暂时不说“男性”/“男人”、“女性”/“女人”。

（一）家人的性别

1. 男性家人的性别

（1）一个家人依次指着男性家人（例如，哥哥、弟弟、爸爸、爷爷），说：“哥哥是男孩，弟弟是男孩，爸爸是男孩，爷爷是男孩。他们都是男孩，和你一样。”

（2）家长可以用下面的方法，进一步让孩子知道男性家人的性别。

①一个家人指着某个男性家人，问孩子：“他是男孩吗?”/“他是不是男孩?”

孩子不知道时，这个家人让他点头或跟着说“他是男孩”。

②几个家人和孩子坐在一起。一个家人问孩子：“谁是男孩？请你找出来。”/“男孩在哪里？请你找出来。”

孩子不知道时，这个家人让他指着某个男性家人，跟着说“××是男孩（例如，爸爸是男孩）”。

2. 女性家人的性别

（1）一个家人依次指着女性家人（例如，姐姐、妹妹、妈妈、奶奶），说：“姐姐是女孩，妹妹是女孩，妈妈是女孩，奶奶是女孩。她们是女孩，和你不一样。”

（2）家长可以用下面的方法，进一步让孩子知道女性家人的性别。

①一个家人指着某个女性家人，问孩子：“她是女孩吗?”/“她是不是女孩?”

孩子不知道时，这个家人让他点头或跟着说“她是女孩”。

②几个家人和孩子坐在一起。一个家人问孩子：“谁是女孩？请你找出来。”／“女孩在哪里？请你找出来。”

孩子不知道时，这个家人让他指着某个女性家人，跟着说“××是女孩（例如，妈妈是女孩）”。

（二）孩子和家人的性别

（1）家长问孩子：“你是男/女孩吗?”／“你是不是男/女孩?”／“你是男孩，还是女孩?”

孩子不知道时，家长让他点头/摇头或跟着说“我是男孩”。

（2）家长指着自己，问孩子：“我是男/女孩吗?”／“我是不是男/女孩?”／“我是男孩，还是女孩?”

孩子不知道时，家长让他点头/摇头或跟着说“你是男/女孩”。

（3）家人甲指着家人乙，问孩子：“他是男/女孩吗?”／“他是不是男/女孩?”／“他是男孩，还是女孩?”

孩子不知道时，家人甲让他点头/摇头或跟着说“他是男/女孩”。

（4）几个家人和孩子坐在一起。一个家人问孩子：“谁是男/女孩？请你找出来。”／“男/女孩在哪里？请你找出来。”

孩子不知道时，这个家人让他举手或跟着说“我是男孩”；这个家人让他指着某个家人，跟着说“××是男/ 女孩”。

（三）家人以外的人的性别

孩子看电视或看故事书时，孩子和邻居小朋友玩耍时，有亲友做客时，家长可以指着电视或书上的某个人物、某个小朋友、某个亲友，问孩子：“他是男/女孩吗?”／“他是不是男/女孩?”／“他是男孩，还是女孩?”

孩子不知道时，家长让他点头/摇头或跟着说“他是男/女孩”。

三、男孩、女孩的发型和服装

（1）家长拿着一些男性（短头发）、女性（短头发、长头发）的图片，指着他们的头发，说：“男孩的头发一般是短短的，有些女孩的头发是长长的。”

（2）家长拿着一些男性（穿裤子）、女性（穿裤子、穿裙子）的图片，指着他们的衣服，说：“男孩一般穿裤子，有些女孩穿裙子。”

温馨提示

如果女性家人刚好长头发或穿裙子，家长可以教孩子比较男、女性家人的发型或服装。

知“性”家长这样评

(1) **您的孩子**知道自己是男孩吗？

很多时候不知道 □　　有时知道 □

很多时候知道 □　　不清楚孩子知不知道 □

您教过孩子自己是男孩吗？

基本没教过 □　　有时教 □　　经常教 □

(2) **您的孩子**知道别人是男孩，还是女孩吗？

很多时候不知道 □　　有时知道 □

很多时候知道 □　　不清楚孩子知不知道 □

您教过孩子别人是男孩，还是女孩吗？

基本没教过 □　　有时教 □　　经常教 □

(3) **您的孩子**知道“男孩的头发一般是短短的，有些女孩的头发是长长的”吗？

很多时候不知道 □　　有时知道 □

很多时候知道 □　　不清楚孩子知不知道 □

您教过孩子“男孩的头发一般是短短的，有些女孩的头发是长长的”吗？

基本没教过 □　　有时教 □　　经常教 □

(4) **您的孩子**知道“男孩一般穿裤子，有些女孩穿裙子”吗？

很多时候不知道 □　　有时知道 □

很多时候知道 □　　不清楚孩子知不知道 □

您教过孩子“男孩一般穿裤子，有些女孩穿裙子”吗？

基本没教过 □　　有时教 □　　经常教 □

主题2　男孩上厕所

知"性"家长这样教

温馨提示

（1）本主题中，家长主要教孩子怎样根据性别进入相应的厕所、采取相应的大小便姿势，上厕所时怎样保护自己的身体隐私、尊重别人的身体隐私。至于大小便时脱裤子、擦屁股、冲水、洗手、整理好衣裤等技能训练，不属于性教育的范畴，在本书中不呈现。

（2）家长需要参照"主题1　男孩　女孩"，先教孩子知道自己和别人的性别。

（3）家长可以用歌诀《上厕所》来教：

大小便，上厕所。在门口，看标志。我要进男厕所。女孩进女厕所。人很多，排队等，不贴近。门关着，敲敲门，有人吗？有人答，换一个；没人答，轻轻推；推不开，换一个；推开了，有人在，换一个；推开了，没人在，可以进。进厕所，关上门。大便时，我坐着、我蹲着。小便时，我站着。提裤子，拉衣服，整齐了，冲冲水，才开门。洗完手，我就走。

一、进厕所大小便

（一）孩子进男厕所大小便

（1）孩子想大小便时，家长把孩子带到厕所门口（包括家里的厕所门口、外面的厕所门口），指着厕所，说："大小便，上厕所。讲文明！"

温馨提示

孩子的年龄比较小时，家长必须让他到厕所大小便，帮助他从小养成不随地大小便的良好习惯。

（2）如果孩子知道去厕所大小便，但是不知道去男厕所还是去女厕所，家长每次带他外出时，把他带到厕所门口，指着厕所标志，说："在门口，看标志。我要进男厕所。"

温馨提示

（1）外面的厕所标志有很多种。所以，和孩子外出时（例如，去超市，去公园，去餐厅），家长需要留意不同地方的厕所标志，抓住每个机会教孩子认识男厕所的标志。

（2）如果厕所标志上的人物在发型和服装上有明显的特征（例如，男厕所标志是穿裤子、短头发的人物，女厕所标志是穿裙子、长头发的人物），或厕所标志上有"男"或"女"字，家长可以教孩子看"标志里面的人是男孩还是女孩；旁边写的字是'男'还是'女'"，帮助孩子区分男厕所、女厕所。

（二）别人进厕所大小便

在外面上厕所时，男性家人进男厕所前，指着厕所标志，对孩子说："我是男孩，我要进男厕所。男孩进男厕所。"

女性家人进女厕所前，指着厕所标志，对孩子说："我是女孩，我要进女厕所。女孩进女厕所。"

温馨提示

孩子不是很清楚自己要去男厕所大小便时，家长暂时不需要让他学习"女孩进女厕所"。

二、等着上厕所的人多，排队，不贴近别人

（1）等着上厕所的人比较多时，家长让孩子排队，说："人很多，排队等。讲文明！"

（2）如果孩子会排队，但是排队时贴着前面的人，家长让孩子后退几步，

伸出前臂，使前臂与地面平行、与上臂约成90°①，说：“排队时，我们可以这样伸出手，和前面的人隔着这样的距离，就不会贴近前面的人。讲文明！”

温馨提示

（1）“前臂与地面平行、与上臂约成90度”的动作只是对家长的示范要求，并非规定每个孩子必须做到。实际操作中，家长需要根据学生的动作能力做出调整。

（2）如果孩子的能力比较强，家长可以教孩子目测距离。

如果孩子的能力比较弱，家长需要教孩子通过伸手的方式帮助自己不故意贴近前面的人。

（3）家长可以和孩子在家里玩排队游戏，练习怎么和前面的人不贴近（不一定等到孩子上厕所时才练习）。

三、厕所门关着，敲门

（1）厕所门关着时，家长说：“厕所门关着，里面可能有人。”

（2）家长让孩子敲一敲厕所门，说：“门关着，敲敲门。讲文明！”

如果孩子说话比较清楚，家长让他一边敲门，一边问“有人吗”。

（3）敲门后，家长说：“听一听，里面有没有人说话。”

①如果听到厕所里面有人说话，家长让孩子到另一个厕所，说：“有人答，换一个。讲文明！”

②如果听不到厕所里面有人说话，家长让孩子推门，说：“没人答，轻轻推，看一看里面到底有没有人。请注意，推门时要轻轻地。”

③如果厕所门推不开，家长让孩子到另一个厕所，说：“推不开，换一个。讲文明！”

④如果厕所门被推开，看到里面有人，家长让孩子马上道歉，并到另一个厕所，说：“推开了，有人在，换一个。讲文明！”

⑤如果厕所门被推开，看到里面没有人，家长让孩子进这个厕所，说：“推开了，没人在，可以进。”

温馨提示

（1）如果孩子的能力比较强，家长可以教孩子看各种厕所门锁的开/关状态。

---

① 前臂即手腕到手肘的部分。上臂即手肘到肩膀的部分。

例如，看到厕所门锁上的字是“开”，家长可以让孩子推门，说：“推推门，看一看，有人吗?”看到厕所门锁上的字是“关”，家长可以让孩子到另一个厕所，说：“有人在这里上厕所，我们要换一个。”

（2）生活中，家长需要培养孩子的敲门意识。例如，进入别人的房间前要敲门。

四、在马桶或蹲厕大小便，关门

孩子准备在马桶或蹲厕大小便时，家长让他进厕所，先转身，再看着厕所门，把门关上，说：“让别人看到我们大小便，很羞的。所以，进厕所，关上门。先转身，眼睛看着门，再关门。讲文明!”

温馨提示

（1）孩子的年龄比较小，在马桶或蹲厕大小便时，家长必须让他关门，帮助他从小养成良好的习惯。

（2）如果孩子的手指比较灵活，家长可以教孩子锁门。

（3）有的孩子因为使用小便器时不用关门，所以使用马桶或蹲厕时也不关门。此时，家长一定要让孩子到马桶或蹲厕小便，不能再到小便器小便，帮助他养成关门的良好习惯。

五、男孩、女孩的大小便姿势

（一）孩子大便时坐着或蹲着，小便时站着

（1）孩子准备大便时，家长把孩子带到马桶边，让他脱裤子坐在马桶上，说：“大便时，我坐着。”

孩子准备大便时，家长把孩子带到蹲厕边，让他脱裤子蹲在蹲厕上，说：“大便时，我蹲着。”

（2）孩子准备小便时，家长把孩子带到小便器、马桶、蹲厕边，让他脱裤子站着，说：“小便时，我站着。”

温馨提示

有的孩子大小便都蹲着，比较难分清楚小便可以站着时，家长可以教他只能去马桶或蹲厕大小便，并且关门。

（二）别人的大小便姿势

（1）家长拿着“男孩坐在马桶上大便”“女孩坐在马桶上大便”“男孩蹲在蹲厕上大便”“女孩蹲在蹲厕上大便”的卡通图片，说：“大便时，男孩和女孩都坐着或蹲着，一样的。”

（2）家长拿着“男孩站着小便”“女孩坐在马桶上小便”“女孩蹲在蹲厕上小便”的卡通图片，说：“小便时，男孩站着，女孩坐着或蹲着，不一样。”

六、大小便后，先穿整齐，再走出厕所

孩子大小便后，准备离开厕所时，家长让他把裤子提好、把衣服拉好，说：“提裤子，拉衣服。整齐了，再开门。讲文明！”

温馨提示

（1）孩子的年龄比较小时，家长必须让他穿戴整齐再走出厕所，帮助他从小养成良好的习惯。

（2）生活中，家长需要培养孩子穿戴整齐的意识。例如，离开自己的房间、离开家时要穿戴整齐。

知“性”家长这样评

（1）**您的孩子**会进男厕所大小便吗？

很多时候不会 □　　有时会 □

很多时候会 □　　不清楚孩子会不会 □

您教过孩子进男厕所大小便吗？

基本没教过 □　　有时教 □　　经常教 □

（2）**您的孩子**知道别人大小便时是进男厕所还是进女厕所吗？

很多时候不知道 □　　有时知道 □

很多时候知道 □　　不清楚孩子知不知道 □

您教过孩子别人进哪个厕所大小便吗？

基本没教过 □　　有时教 □　　经常教 □

（3）等着上厕所的人比较多时，**您的孩子**会排队吗？

很多时候不会 □　　有时会 □

很多时候会 □　　不清楚孩子会不会 □

您教过孩子排队上厕所吗？

基本没教过 □　　有时教 □　　经常教 □

（4）排队上厕所时，**您的孩子**会故意贴着前面的人吗？
很多时候不会 □　　有时会 □
很多时候会 □　　不清楚孩子会不会 □
您教过孩子排队上厕所时不能故意贴着前面的人吗？
基本没教过 □　　有时教 □　　经常教 □

（5）厕所门关着时，**您的孩子**会先敲门问一问，或看厕所的门锁吗？
很多时候不会 □　　有时会 □
很多时候会 □　　不清楚孩子会不会 □
您教过孩子厕所门关着时先敲门问一问，或看厕所的门锁吗？
基本没教过 □　　有时教 □　　经常教 □

（6）厕所里面有人时，**您的孩子**会继续进这个厕所大小便吗？
很多时候不会 □　　有时会 □
很多时候会 □　　不清楚孩子会不会 □
您教过孩子不能进有人的厕所大小便吗？
基本没教过 □　　有时教 □　　经常教 □

（7）在马桶或蹲厕大小便时，**您的孩子**会关门吗？
很多时候不会 □　　有时会 □
很多时候会 □　　不清楚孩子会不会 □
您教过孩子上厕所关门吗？
基本没教过 □　　有时教 □　　经常教 □

（8）大便时，**您的孩子**会坐在马桶上或蹲在蹲厕上吗？
很多时候不会 □　　有时会 □
很多时候会 □　　不清楚孩子会不会 □
您教过孩子坐着或蹲着大便吗？
基本没教过 □　　有时教 □　　经常教 □

（9）小便时，**您的孩子**会站着吗？
很多时候不会 □　　有时会 □
很多时候会 □　　不清楚孩子会不会 □
您教过孩子站着小便吗？
基本没教过 □　　有时教 □　　经常教 □

（10）**您的孩子**知道“大便时，男孩和女孩都坐着或蹲着；小便时，男孩站着，女孩坐着或蹲着”吗？
很多时候不知道 □　　有时知道 □
很多时候知道 □　　不清楚孩子知不知道 □

您教过孩子别人的大小便姿势吗？

基本没教过 □　　有时教 □　　经常教 □

（11）**您的孩子**会把衣服整理好，再走出厕所吗？

很多时候不会 □　　有时会 □

很多时候会 □　　不清楚孩子会不会 □

您教过孩子把衣服整理好，再走出厕所吗？

基本没教过 □　　有时教 □　　经常教 □

主题3　指和说隐私部位等身体隐私

知“性”家长这样教

温馨提示

（1）本主题中，“指隐私部位等身体隐私”指“手与身体隐私不接触，仍然有一段距离”。“主题5　摸隐私部位等身体隐私”中，“摸身体隐私”指“手与身体隐私的触碰”（例如，用手指抓、捏、挠，用手掌擦、拍，用手肘揉），既包括直接触碰（例如，脱衣服去摸，伸进衣服去摸），也包括隔着衣服触碰。如果孩子的能力比较强，家长需要让孩子区分“指”和“摸”。如果孩子的能力比较弱，家长不需要让孩子区分“指”和“摸”。

（2）家长需要参照“主题1　男孩　女孩”，先教孩子知道自己和别人的性别；参照“主题34　身边的人”中“一、孩子的家人”“二、孩子的老师”和“三、穿制服的人”之“（一）医生”，先教孩子知道哪些人是家人、老师、医生。

（3）家长可以用歌诀《我们的隐私部位》来教：

男孩和女孩有隐私部位。男孩的阴茎①、男孩的屁股是隐私部位。女孩的胸部、女孩的阴部、女孩的屁股是隐私部位。

生活中，如果听到孩子用俚语说隐私部位（例如，把“阴茎”叫成“小鸡鸡”），家长必须教他说隐私部位的科学名称。

家长可以用歌诀《我能指我的隐私部位》来教：

---

① 本主题中的“阴茎”均泛指男性的外生殖器。

我的隐私部位不舒服，我找人帮忙。找到家人后，找到老师后，人少的地方，我能指我的隐私部位。家人和老师带我看医生，找到医生后，我能指我的隐私部位。

为避免孩子指真人的隐私部位，家长只能用图片来教孩子男、女性隐私部位的名称和位置，不能指着自己或其他家人的隐私部位来教。

家长可以用歌诀《我能说隐私部位》来教：

说隐私部位，找到家人后，找到老师后，我能小声说。家人和老师带我看医生，找到医生后，我能说我的隐私部位。

考虑到大家在生活中不一定只会说自己的隐私部位（例如，看到公园里的人体雕塑时，有些人可能对它的隐私部位感兴趣，想说一说。此时，只要他面对合适的人，使用合适的方法，就能说隐私部位），家长需要教孩子“可以说隐私部位，但要找到家人、老师才能说，要小声说”。

（4）本主题中，身体隐私包括：①隐私部位（男性的阴茎、屁股，女性的胸部、阴部、屁股）；②隐私部位的具体结构（例如，阴毛、阴囊、包皮、龟头、阴唇、阴道口）；③与隐私部位相关的分泌物和物品（例如，精液、白带、经血，身上的内衣裤、护垫、卫生巾）；④与隐私部位相关的事情（例如，勃起，射精，自慰，清洗生殖器，穿、脱或调整内衣裤，月经来潮，贴换护垫或卫生巾）。

本主题以隐私部位为例，让家长了解怎么教孩子“不随便指自己的隐私部位、不指别人的隐私部位、不随便说自己及别人的隐私部位”。家长可以参照相关的做法来教孩子“不随便指、说其他身体隐私”。

一、男孩的隐私部位

（一）男孩的阴茎

（1）家长拿着裸体男孩的卡通图片，指着阴茎，小声说：“这是阴茎，说的时候要小声。讲文明！”

（2）家长问孩子：“找一找，你的阴茎在哪里？”

孩子不知道时，家长直接拉着他的手，指着孩子自己的阴茎，小声说："阴茎。"

如果孩子说话比较清楚，他找到自己的阴茎后，家长再问："说一说，这个身体部位叫什么名字？"

孩子不知道时，家长直接让他小声跟着说"阴茎"，强调："要小声说'阴茎'。讲文明！"

（3）家长拿着裸体男孩的卡通图片，问孩子："找一找，男孩的阴茎在哪里？"

孩子不知道时，家长直接拉着他的手，指着图片上的阴茎，小声说："阴茎。"

如果孩子说话比较清楚，他找到图片上的阴茎后，家长再问："说一说，这个身体部位叫什么名字？"

孩子不知道时，家长直接让他小声跟着说"阴茎"，强调："要小声说'阴茎'。讲文明！"

（4）孩子找到自己的、图片上的阴茎后，家长小声说："男孩的阴茎很重要，不能用力拉扯，不能碰到硬的东西。我们一定要保护好自己的阴茎不受伤，也一定不能伤害别人的阴茎。"

（二）男孩的屁股

（1）家长拿着裸体男孩的卡通图片，指着屁股，小声说："这是屁股，说的时候要小声。讲文明！"

（2）家长问孩子："找一找，你的屁股在哪里？"

孩子不知道时，家长直接拉着他的手，指着孩子自己的屁股，小声说："屁股。"

如果孩子说话比较清楚，他找到自己的屁股后，家长再问："说一说，这个身体部位叫什么名字？"

孩子不知道时，家长直接让他小声跟着说"屁股"，强调："要小声说'屁股'。讲文明！"

（3）家长拿着裸体男孩的卡通图片，问孩子："找一找，男孩的屁股在哪里？"

孩子不知道时，家长直接拉着他的手，指着图片上的屁股，小声说："屁股。"

如果孩子说话比较清楚，他找到图片上的屁股后，家长再问："说一说，这个身体部位叫什么名字？"

孩子不知道时，家长直接让他小声跟着说"屁股"，强调："要小声说'屁股'。讲文明！"

（三）男孩的隐私部位有阴茎、屁股

（1）家长拿着男孩裸体、只穿内裤的卡通图片，依次指着阴茎、屁股，小声说：“阴茎、屁股有一个共同的名字，叫隐私部位。隐私部位一定要用衣服遮住，不能随便让别人看到。男孩的隐私部位有阴茎、屁股。要小声说‘阴茎、屁股’。讲文明！”

（2）家长问孩子：“找一找，你的隐私部位在哪里？”

孩子不知道时，家长直接拉着他的手，依次指着孩子自己的阴茎、屁股，小声说：“我的隐私部位有阴茎、屁股。”

如果孩子说话比较清楚，他找到自己的阴茎、屁股后，家长再问：“说一说，你有哪些隐私部位？”

孩子不知道时，家长直接让他小声跟着说“我的隐私部位有阴茎、屁股”，强调：“要小声说‘阴茎、屁股’。讲文明！”

（3）家长拿着裸体男孩的卡通图片，问孩子：“找一找，男孩的隐私部位在哪里？”

孩子不知道时，家长直接拉着他的手，依次指着图片上的阴茎、屁股，小声说：“男孩的隐私部位有阴茎、屁股。”

如果孩子说话比较清楚，他找到图片上的阴茎、屁股后，家长再问：“说一说，男孩有哪些隐私部位？”

孩子不知道时，家长直接让他小声跟着说“男孩的隐私部位有阴茎、屁股”，强调：“要小声说‘阴茎、屁股’。讲文明！”

二、女孩的隐私部位

（一）女孩的胸部

（1）家长拿着裸体女孩的卡通图片，指着胸部，小声说：“这是胸部，说的时候要小声。讲文明！”

（2）家长拿着裸体女孩的卡通图片，问孩子：“找一找，女孩的胸部在哪里？”

孩子不知道时，家长直接拉着他的手，指着图片上的胸部，小声说：“胸部。”

如果孩子说话比较清楚，他找到图片上的胸部后，家长再问：“说一说，这个身体部位叫什么名字？”

孩子不知道时，家长直接让他小声跟着说“胸部”，强调：“要小声说‘胸部’。讲文明！”

（二）女孩的阴部

（1）家长拿着裸体女孩的卡通图片，指着阴部，小声说：“这是阴部，说

的时候要小声。讲文明！”

（2）家长拿着裸体女孩的卡通图片，问孩子：“找一找，女孩的阴部在哪里？”

孩子不知道时，家长直接拉着他的手，指着图片上的阴部，小声说：“阴部。”

如果孩子说话比较清楚，他找到图片上的阴部后，家长再问：“说一说，这个身体部位叫什么名字？”

孩子不知道时，家长直接让他小声跟着说“阴部”，强调：“要小声说‘阴部’。讲文明！”

（3）孩子找到图片上的阴部后，家长小声说：“女孩的阴部很重要，不能碰到硬的东西。所以，我们一定不能伤害别人的阴部。”

（三）女孩的屁股

（1）家长拿着裸体女孩的卡通图片，指着屁股，小声说：“这是屁股，说的时候要小声。讲文明！”

（2）家长拿着裸体女孩的卡通图片，问孩子：“找一找，女孩的屁股在哪里？”

孩子不知道时，家长直接拉着他的手，指着图片上的屁股，小声说：“屁股。”

如果孩子说话比较清楚，他找到图片上的屁股后，家长再问：“说一说，这个身体部位叫什么名字？”

孩子不知道时，家长直接让他小声跟着说“屁股”，强调：“要小声说‘屁股’。讲文明！”

（四）女孩的隐私部位有胸部、阴部、屁股

（1）家长拿着女孩裸体、只穿内裤和小背心的卡通图片，依次指着胸部、阴部、屁股，小声说：“胸部、阴部、屁股有一个共同的名字，叫隐私部位。隐私部位一定要用衣服遮住，不能随便让别人看到。女孩的隐私部位有胸部、阴部、屁股。要小声说‘胸部、阴部、屁股’。讲文明！”

（2）家长拿着裸体女孩的卡通图片，问孩子：“找一找，女孩的隐私部位在哪里？”

孩子不知道时，家长直接拉着他的手，依次指着图片上的胸部、阴部、屁股，小声说：“女孩的隐私部位有胸部、阴部、屁股。”

如果孩子说话比较清楚，他找到图片上的胸部、阴部、屁股后，家长再问：“说一说，女孩有哪些隐私部位？”

孩子不知道时，家长直接让他小声跟着说“女孩的隐私部位有胸部、阴部、屁股”，强调：“要小声说‘胸部、阴部、屁股’。讲文明！”

三、指和说隐私部位

家长拿着老师自制的绘本《我能指、说我的隐私部位》，给孩子讲故事。在此，以“指、说阴茎”为例说明：

（1）家长拿着“贝贝和妈妈在家里。妈妈的一些朋友到贝贝家做客。贝贝表情痛苦”的图片，说：“贝贝觉得阴茎不舒服。”

（2）家长拿着“贝贝拉着妈妈，先把妈妈带到人少的地方，再指着自己的阴茎”的图片，说：“妈妈是家人，家人和贝贝最亲密。所以，贝贝想告诉妈妈，找妈妈帮忙。让其他人看到我们指阴茎，很羞的。所以，贝贝在人少的地方，才能指自己的阴茎。”

家长扮演贝贝，小声说“妈妈，我的阴茎不舒服”，解释：“让其他人听到我们说‘阴茎’，很羞的。所以，贝贝要小声说阴茎不舒服。”

（3）家长拿着“妈妈带贝贝看医生”的图片，说：“贝贝生病了，阴茎不舒服。妈妈带贝贝找医生帮忙。”

家长拿着“贝贝指着自己的阴茎，对医生说：‘医生，我的阴茎不舒服。’”的图片，说：“生病时，我们可以找医生帮忙。所以，贝贝能对着医生指自己的阴茎、说自己的阴茎不舒服。”

（4）家长拿着“贝贝对着老师指自己的阴茎，和老师说阴茎”的图片，参照上面的做法教孩子。

（5）家长总结说：“阴茎不舒服，找到家人后，找到老师后，人少的地方，我能指我的阴茎，我能小声说。家人和老师带我看医生，找到医生后，我能指我的阴茎，我能说我的阴茎。我一定不能指别人的阴茎。讲文明！”

温馨提示

很多孩子要理解“人少的地方”比较困难。生活中，孩子需要指自己的隐私部位时，家长需要重点帮助他们形成“要拉着家人离开原来的地方，到另一个地方”的意识。

如果孩子的能力比较强，家长可以教孩子利用家长的身体或身边的其他物体遮挡自己去指隐私部位。

如果孩子说话比较清楚，不一定要到人少的地方指隐私部位，在人多的地方可以只是说隐私部位，但是注意要和家长说，要小声说。

知“性”家长这样评

温馨提示

本主题以隐私部位为例，让家长了解怎样评价孩子指和说此类部位，以及怎样评价自己教孩子指和说此类部位。家长可以参照相关的做法来评价孩子指和说其他身体隐私，以及评价自己教孩子指和说其他身体隐私。

（1）**您的孩子**知道自己的隐私部位有阴茎、屁股吗？

很多时候不知道 □　　有时知道 □

很多时候知道 □　　不清楚孩子知不知道 □

您教过孩子自己的隐私部位有阴茎、屁股吗？

基本没教过 □　　有时教 □　　经常教 □

（2）**您的孩子**知道其他男孩的隐私部位有阴茎、屁股吗？

很多时候不知道 □　　有时知道 □

很多时候知道 □　　不清楚孩子知不知道 □

您教过孩子其他男孩的隐私部位有阴茎、屁股吗？

基本没教过 □　　有时教 □　　经常教 □

（3）**您的孩子**知道女孩的隐私部位有胸部、阴部、屁股吗？

很多时候不知道 □　　有时知道 □

很多时候知道 □　　不清楚孩子知不知道 □

您教过孩子女孩的隐私部位有胸部、阴部、屁股吗？

基本没教过 □　　有时教 □　　经常教 □

（4）**您的孩子**会伤害自己的阴茎吗（例如，用力拉扯阴茎）？

很多时候不会 □　　有时会 □

很多时候会 □　　不清楚孩子会不会 □

您教过孩子不能伤害自己的阴茎吗？

基本没教过 □　　有时教 □　　经常教 □

（5）**您的孩子**会伤害别人的阴茎、阴部吗（例如，用力拉扯阴茎，踢阴部）？

很多时候不会 □　　有时会 □

很多时候会 □　　不清楚孩子会不会 □

您教过孩子不能伤害别人的阴茎、阴部吗？

基本没教过 ☐　　有时教 ☐　　经常教 ☐

（6）**您的孩子**会对着家人、老师、医生以外的人指自己的隐私部位吗？

很多时候不会 ☐　　有时会 ☐

很多时候会 ☐　　不清楚孩子会不会 ☐

您教过孩子不能对着家人、老师、医生以外的人指自己的隐私部位吗？

基本没教过 ☐　　有时教 ☐　　经常教 ☐

（7）在人多的地方，**您的孩子**会指自己的隐私部位吗？

很多时候不会 ☐　　有时会 ☐

很多时候会 ☐　　不清楚孩子会不会 ☐

您教过孩子在人多的地方不能指自己的隐私部位吗？

基本没教过 ☐　　有时教 ☐　　经常教 ☐

（8）**您的孩子**会指别人的隐私部位吗？

很多时候不会 ☐　　有时会 ☐

很多时候会 ☐　　不清楚孩子会不会 ☐

您教过孩子不能指别人的隐私部位吗？

基本没教过 ☐　　有时教 ☐　　经常教 ☐

（9）**您的孩子**会和家人、老师、医生以外的人说隐私部位吗？

很多时候不会 ☐　　有时会 ☐

很多时候会 ☐　　不清楚孩子会不会 ☐

您教过孩子不能和家人、老师、医生以外的人说隐私部位吗？

基本没教过 ☐　　有时教 ☐　　经常教 ☐

请注意，如果孩子不会说话，家长不用评这题。

（10）说隐私部位时，**您的孩子**会大声说吗？

很多时候不会 ☐　　有时会 ☐

很多时候会 ☐　　不清楚孩子会不会 ☐

您教过孩子不能大声说隐私部位吗？

基本没教过 ☐　　有时教 ☐　　经常教 ☐

请注意，如果孩子不会说话，家长不用评这题。

主题4　看隐私部位等身体隐私[①]

知“性”家长这样教

温馨提示

（1）家长需要参照“主题1　男孩　女孩”，先教孩子知道自己和别人的性别；参照“主题34　身边的人”中“一、孩子的家人”“二、孩子的老师”和“三、穿制服的人”之“（一）医生”，先教孩子知道哪些人是家人、老师、医生；参照“主题3　指和说隐私部位等身体隐私”中“一、男孩的隐私部位”“二、女孩的隐私部位”，先教孩子知道自己和别人的隐私部位。

（2）家长可以用歌诀《我能看我的隐私部位》来教：

厕所关上门，房间关上门和拉上窗帘，我能看我的隐私部位，一定要洗手。

家长可以用歌诀《坏人看隐私部位》来教：

如果有坏人，看隐私部位，我要大声喊，我要快点跑，去告诉家人，去告诉老师。

---

① 我校学生大部分是寄宿生，周日到周四均住校。他们在宿舍的生活主要由生活辅导教师负责。鉴于生活辅导教师需指导、照顾男生的起居（如洗澡），有时免不了看到男生的身体隐私，学校与家长达成共识：男生大小便，洗澡，穿、脱衣服以及遇到隐私部位不舒服、处理射精等男性特有健康问题时，男、女教师均能看男生的身体隐私，均能要男生看男生自己的身体隐私。

如果孩子的能力比较强，家长需要向孩子强调“如果其他人只是说要看我的隐私部位、要我看我的隐私部位、要我看他或别人的隐私部位，即使他没有做‘脱衣服’的动作，他也是坏人，我也要反抗”。

如果孩子的能力比较弱，家长需要向孩子强调“只要其他人做‘（要我）脱我的衣服露出隐私部位’‘（要我）脱他或别人的衣服露出隐私部位’① 这些动作，他就是坏人，我就要反抗”，而不需要孩子关注坏人所说的话。

（3）关于怎么教孩子预防性侵害，家长可以使用以下两种方法：

一种是拿着绘本给孩子讲故事。本书所提及的预防性侵害绘本是我校老师自制的，所有角色都是成年人。其中，“施害者”由学校工作人员乔装扮演，或由校外志愿者扮演；“学生”由学校工作人员或校外志愿者穿校服扮演；“警察”由学校工作人员或校外志愿者穿警服扮演。

绘本中“警察抓获施害者”的情节用来帮助孩子观察获知施害者的后果，以克制对这种错误行为的模仿，预防他们成为施害者（虽然生活中坏人不一定必然被警察抓获，或者坏人的行为性质并未过于恶劣，但是考虑到智障孩子直观形象的思维特点，家长需要教孩子“警察会把坏人抓起来”）。

另一种是设计真实情境来教孩子反抗。例如，孩子独自玩游戏时，家人甲、邻居、亲友乔装扮演坏人，脱孩子的裤子，看孩子的阴茎（请注意，这些人必须对外貌进行乔装，并且只做出尽可能贴近真实情境的施害动作）。家人乙躲在附近，如果看到孩子不会反抗，就马上出现，提醒他大声喊、快点跑。离开“坏人”比较远距离后，家人乙一边安抚孩子，一边问“刚才发生什么事情”“那边有坏人，坏人做了什么”等，教他尽可能完整地说“有坏人看我的阴茎”（请注意，孩子向家人乙报告时，“坏人”不能出现）。

如果孩子在生活中出现性侵害行为（例如，脱别人的衣服，看别人的隐私部位），家长可以和老师沟通，把孩子带到学校保安室，

---

① 生活中，别人脱他或其他人的衣服（并没有拉着孩子的手要孩子脱），要孩子看他们的隐私部位时，孩子可以首先拒绝看（例如，尽量远离）。若别人继续强行要求孩子看时（例如，用力拉着孩子；与孩子不发生身体接触，但堵住道路，不允许孩子离开），孩子再反抗。

如果孩子的能力比较强，家长可以教孩子采取上述的应对方法：先拒绝看，被强行要求看时再反抗。

如果孩子的能力比较弱，家长需要直接教孩子反抗，不需要让孩子区分对待别人是否强行要自己看。

给予严厉的批评教育，以帮助孩子深刻地意识到“做这样的坏人会被警察/保安抓起来”。

（4）本主题中，身体隐私包括的范围可参考“主题3　指和说隐私部位等身体隐私”相关内容。

本主题以隐私部位为例，让家长了解怎么教孩子“不随便看自己的隐私部位、不看别人的隐私部位”（在此，“看”指脱衣服去看裸露的隐私部位）。家长可以参照相关的做法来教孩子“不随便看自己的其他身体隐私、不看别人的其他身体隐私”。教“身体隐私”时，家长不一定需要向孩子解释“身体隐私包括什么”。

（5）关于怎样知道孩子是否遭遇到性侵害，以及家长应该怎样应对孩子真的遇到性侵害事件，本书建议①：

第一，留意孩子的变化。

孩子出现以下迹象时，家长需要警觉其可能受到性侵害：内衣裤被撕破或遗失；胸部、生殖器、肛门、大腿内侧等受伤；对别人或人偶做出模仿性行为的动作（很可能是因为他观看过或亲身体验过性行为）；自言自语“不可以告诉别人”“我会杀了你”等；对某些人、某些地方变得特别抵触；变得胆怯、情绪低落、经常哭泣，或脾气暴躁、打人、扔东西、伤害自己的身体；某些生活技能退化或丧失，如变得随地大小便；改变饮食或睡眠的习惯，如出现梦游；对“性”有很大的兴趣，如使用带有生殖器的名词说脏话，和别人谈论性行为、怀孕相关话题，等等。

请注意，受到性侵害的孩子不一定出现上述所有迹象，出现上述迹象也不一定意味着孩子受到性侵害。家长需要做的是，细心留意孩子身体、情绪、行为的变化，以便尽早制止相关的性侵害行为。例如，教孩子洗澡，穿、脱衣服时，家长需要留意他的隐私部位是否受伤；孩子还没有洗内衣裤时，家长可以检查上面有没有其他分泌物。

第二，了解孩子的受害细节。

通常情况下，孩子不会在“受到性侵害”这类事情上撒谎。所以，如果孩子把类似事情告诉家长，家长需要重视，并马上肯定他

① TERRI COUWENHOVEN. 智能障碍者的性教育：谁来教？教什么？如何教？［M］. 林纯真，刘琼瑛，译. 台北：心理出版社，2013：279－290；胡萍. 善解童贞5：防范性侵害［M］. 南京：江苏凤凰科学技术出版社，2017：115－140；胡佳威. 如何及时发现并应对性侵害. 微信公众号“保护豆豆”.

的做法：“你把这些事情告诉我是很棒的！现在你是安全的，有我保护你。”

在孩子情绪稳定的前提下，家长需要结合其认知能力及语言理解、表达能力，采取相应的措施来了解受害细节，包括使用图片进行提问（例如，出示男性、女性的图片后询问“坏人是男的，还是女的”），注意变换询问句式（例如，询问“坏人摸了你身体哪里，指给我看”“坏人摸了你的屁股，还是阴茎①”“坏人摸了你的阴茎吗”“坏人有没有摸你的屁股”等）。

与孩子交谈时，家长还需要控制好紧张、吃惊、愤怒等情绪，以免孩子错误地以为是自己做错了而不敢继续告知。

家长最好对与孩子的交谈过程进行录音或录像，以便和老师、警察等人的询问结果相互印证。

第三，报警，告诉老师。

如果孩子真的受到性侵害，依据我国教育部、公安部、共青团中央、全国妇联于2013年9月3日联合发布的《关于做好预防少年儿童遭受性侵工作的意见》，家长要立即报警，并告诉老师。

《中华人民共和国未成年人保护法》第五十六条明确规定：“公安机关、人民检察院、人民法院办理未成年人遭受性侵害的刑事案件，应当保护被害人的名誉。”所以，家长需要相信：报警不仅能阻止坏人继续伤害自己的孩子，还能保护更多的孩子。

如果孩子的身体受到伤害，家长不能立刻让孩子洗澡或洗干净内衣裤等，需要带他去医院接受检查（最好有警察陪同），收集坏人的犯罪证据。

第四，做好心理疏导工作。

家长需要密切关注孩子在家的情绪和行为，并与老师积极沟通孩子在学校的状况，及时对孩子的心理进行疏导。

家长还需要关注自己的情绪和行为，例如，不要在孩子面前发泄自己的情绪，或反复说性侵害事件。

必要时，家长可以求助于妇联、残联等机构或心理咨询师、社工等专业人士，拨打“守护童年”援助热线4001600011、青少年服务热线12355、妇女维权公益服务热线12338等。

① 本主题中的“阴茎”均泛指男性的外生殖器。

第五，尽量不让孩子再接触到坏人。

如果因为没有足够的证据或其他原因，坏人没有受到法律的制裁，家长必须设法让孩子不再接触到这个坏人，这才是对孩子最好的保护。

请家长一定要记住，发生性侵害不是孩子的错，也不是家长的错。家长不应该指责孩子“我不是教过你要反抗吗，你怎么还不会保护自己呢”，家人之间也不应该互相抱怨“你怎么没有看管好孩子”。一家人更应该互相扶持，共同陪伴孩子走出性侵害的阴影。

一、孩子脱自己的衣服，看自己的隐私部位

家长拿着老师自制的绘本《我能脱我的衣服，看我的隐私部位》，给孩子讲故事。在此，以“看阴茎”为例说明：

（1）家长拿着“贝贝洗手”的图片，说：“贝贝觉得阴茎不舒服，想看一看。贝贝先洗手。”

（2）家长拿着“贝贝进厕所关门后，脱裤子，看自己的阴茎”的图片，说：“厕所关上门，贝贝才能看自己的阴茎。”

（3）家长拿着“贝贝提上裤子，再洗手”的图片，说：“看完阴茎，贝贝洗手。”

（4）家长拿着“贝贝进房间，关上门，拉上窗帘，脱裤子，看自己的阴茎”的图片，参照上面的做法教孩子。

（5）家长总结说：“让其他人看到我们的阴茎，很羞的。所以，厕所关上门，房间关上门和拉上窗帘，我才能看我的阴茎。我一定不能看别人的阴茎。讲文明！先洗手，再看我的阴茎；看完我的阴茎，要洗手。讲卫生！”

温馨提示

考虑到隐私部位不舒服时，大家一般会既“看”又“摸”地检查，家长需要教孩子“脱衣服去看隐私部位前要洗手”。

二、别人要脱孩子的衣服，看孩子的隐私部位

（一）家人、老师、医生要脱孩子的衣服，看孩子的隐私部位

家长拿着老师自制的绘本《家人、老师、医生要脱我的衣服，看我的隐私部位》，给孩子讲故事。在此，以“看阴茎”为例说明：

（1）家长拿着“贝贝说：‘妈妈，我的阴茎不舒服，请您帮我看看。’”的图片，说：“贝贝想找妈妈检查自己的阴茎。”

家长拿着“妈妈把贝贝带进厕所关门后，脱他的裤子，看他的阴茎”的图片，说：“妈妈是家人，家人和贝贝最亲密。所以，妈妈能看贝贝的阴茎。”

（2）家长拿着“妈妈带贝贝看医生”的图片，说：“贝贝生病了，阴茎不舒服。妈妈带贝贝找医生帮忙。”

家长拿着“医生脱贝贝的裤子，看他的阴茎”的图片，说：“生病时，我们可以找医生帮忙。所以，阴茎不舒服，医生能看贝贝的阴茎。”

（3）家长拿着“老师看贝贝的阴茎”的图片，参照上面的做法教孩子。

（4）家长总结说：“我的阴茎不舒服时，家人、老师、医生能看我的阴茎。其他人要看我的阴茎，他就是坏人。”

温馨提示

家长需要教孩子“大小便，洗澡，穿、脱衣服，隐私部位不舒服时，家人、老师、医生能看我的隐私部位”。

（二）坏人要脱孩子的衣服，看孩子的隐私部位

家长拿着老师自制的绘本《坏人要脱我的衣服，看我的隐私部位》，给孩子讲故事。在此，以“看阴茎”为例说明：

（1）家长拿着“男/女施害者脱男生的裤子，看男生的阴茎”的图片，说：“坏人要看男生的阴茎。”

（2）家长拿着“男生喊‘不要’，跑离现场”的图片，说：“男生大声喊，快点跑。”

家长拿着“男生找到老师后说：‘有坏人要看我的阴茎。’”的图片，说：“男生把坏人做的事情告诉老师。”

（3）家长拿着“警察摁住男/女施害者，说：‘有人报警说，你看他的阴茎。跟我去公安局。’”的图片，说：“因为坏人要看男生的阴茎，所以警察把他抓起来。”

（4）家长总结说：“只有家人、老师和医生能看我的阴茎。其他人要看我的阴茎，他就是坏人。如果有坏人要看我的阴茎，我要大声喊，我要快点跑，去告诉家人，去告诉老师。我一定不能看别人的阴茎。”

三、别人要孩子脱孩子自己的衣服，看孩子自己的隐私部位

（一）家人、老师、医生要孩子脱孩子自己的衣服，看孩子自己的隐私部位

家长拿着老师自制的绘本《家人、老师、医生要我脱我的衣服，看我的隐私部位》，给孩子讲故事。在此，以“看阴茎”为例说明：

（1）家长拿着“爸爸说：‘贝贝，你现在看看自己阴茎上的伤好了吗?’”的图片，说：“爸爸要贝贝看他自己的阴茎。”

家长拿着“贝贝洗手”“贝贝进厕所关门后，脱裤子，看自己的阴茎”“贝贝提上裤子，再洗手”的图片，说：“爸爸是家人，家人和贝贝最亲密。所以，爸爸能要贝贝看他自己的阴茎。贝贝要听爸爸的话，看他自己的阴茎。”

（2）家长拿着“爸爸带贝贝看医生”的图片，说：“贝贝生病了，阴茎不舒服。爸爸带贝贝找医生帮忙。”

家长拿着“医生说：‘你看看自己阴茎哪里不舒服?’贝贝脱裤子，看自己的阴茎”的图片，说：“生病时，我们可以找医生帮忙。所以，阴茎不舒服，医生能要贝贝看他自己的阴茎。贝贝要听医生的话，看他自己的阴茎。”

（3）家长拿着“贝贝听爸爸的话，进房间，关上门，拉上窗帘，脱裤子，看他自己的阴茎”的图片，参照上面的做法教孩子。

（4）家长拿着“老师要贝贝看他自己的阴茎”的图片，参照上面的做法教孩子。

（5）家长总结说：“我的阴茎不舒服时，家人、老师、医生能要我看我的阴茎。其他人要我看我的阴茎，他就是坏人。”

温馨提示

家长需要教孩子“大小便，洗澡，穿、脱衣服，隐私部位不舒服时，家人、老师、医生能要我看我的隐私部位”。

（二）坏人要孩子脱孩子自己的衣服，看孩子自己的隐私部位

家长拿着老师自制的绘本《坏人要我脱我的衣服，看我的隐私部位》，给孩子讲故事。在此，以“看阴茎”为例说明：

（1）家长拿着“男/女施害者说‘天气太热了。来，把阴茎拿出来透透气’，拉着男生的手去脱他自己的裤子，让男生看他自己的阴茎”的图片，说：“坏人要男生看他自己的阴茎。”

（2）家长拿着“男生喊‘不要’，跑离现场”的图片，说：“男生大声喊，快点跑。”

家长拿着“男生找到老师后说：‘有坏人要我看我的阴茎’”的图片，说：“男生把坏人做的事情告诉老师。”

（3）家长拿着“警察摁住男/女施害者，说：‘有人报警说，你要他看他自己的阴茎。跟我去公安局。’”的图片，说：“因为坏人要男生看他自己的阴茎，所以警察把坏人抓起来。”

（4）家长总结说：“只有家人、老师和医生能要我看我的阴茎。其他人要我看我的阴茎，他就是坏人。如果有坏人要我看我的阴茎，我要大声喊，我要快点跑，去告诉家人，去告诉老师。我一定不能要别人看他自己的阴茎。”

四、坏人要孩子看坏人的隐私部位

家长拿着老师自制的绘本《坏人要我看他的隐私部位》，给孩子讲故事。在此，以“看阴茎”为例说明：

（1）家长拿着“男施害者说‘你帮我看看阴茎长阴毛了吗’，拉着男生的手去脱男施害者的裤子，看他的阴茎”的图片，说：“坏人要男生看他的阴茎。”

（2）家长拿着“男生喊‘不要’，跑离现场”的图片，说：“男生大声喊，快点跑。”

家长拿着“男生找到老师后说：‘有坏人要我看他的阴茎。’”的图片，说：“男生把坏人做的事情告诉老师。”

（3）家长拿着“警察摁住男施害者，说：‘有人报警说，你要他看你的阴茎。跟我去公安局。’”的图片，说：“因为坏人要男生看他的阴茎，所以警察把坏人抓起来。”

（4）家长拿着“男施害者直接脱他的裤子，要男生看他的阴茎”的图片，参照上面的做法教孩子。

（5）家长总结说：“如果有坏人要我看他的阴茎，我要大声喊，我要快点跑，去告诉家人，去告诉老师。我一定不能要别人看我的阴茎。”

五、坏人要孩子看别人的隐私部位①

家长拿着老师自制的绘本《坏人要我看别人的隐私部位》，给孩子讲故事。在此，以“看阴茎”为例说明：

（1）家长拿着“男/女施害者说‘你看看他的阴茎’，拉着男生的手去脱

① 本主题中，“看别人的隐私部位”指看真人的隐私部位。

另一个男性的裤子，看他的阴茎”的图片，说：“坏人要男生看别人的阴茎。”

（2）家长拿着“男生喊‘不要’，跑离现场”的图片，说：“男生大声喊，快点跑。”

家长拿着“男生找到老师后说：‘有坏人要我看别人的阴茎。’”的图片，说：“男生把坏人做的事情告诉老师。”

（3）家长拿着“警察摁住男/女施害者，说：‘有人报警说，你要他看别人的阴茎。跟我去公安局。’”的图片，说：“因为坏人要男生看别人的阴茎，所以警察把他抓起来。”

（4）家长拿着“男/女施害者直接脱别人的裤子，要男生看别人的阴茎”的图片，参照上面的做法教孩子。

（5）家长总结说：“如果有坏人要我看别人的阴茎，我要大声喊，我要快点跑，去告诉家人，去告诉老师。我一定不能要别人看其他人的阴茎。”

知“性”家长这样评

> **温馨提示**
>
> 本主题以隐私部位为例，让家长了解怎样评价孩子看此类部位，以及怎样评价自己教孩子看此类部位。家长可以参照相关的做法来评价孩子看其他身体隐私，以及评价自己教孩子看其他身体隐私。

（1）在公共场所，**您的孩子**会脱自己的衣服，看自己的隐私部位吗？

很多时候不会 □　　有时会 □

很多时候会 □　　不清楚孩子会不会 □

您教过孩子在公共场所不能看自己的隐私部位吗？

基本没教过 □　　有时教 □　　经常教 □

（2）**您的孩子**会脱别人的衣服，看别人的隐私部位吗？

很多时候不会 □　　有时会 □

很多时候会 □　　不清楚孩子会不会 □

您教过孩子不能看别人的隐私部位吗？

基本没教过 □　　有时教 □　　经常教 □

（3）**您的孩子**会教唆别人脱孩子自己的衣服，看孩子自己的隐私部位吗？

很多时候不会 □　　有时会 □

很多时候会 □　　不清楚孩子会不会 □

您教过孩子不能教唆别人看孩子自己的隐私部位吗？

基本没教过 □　　有时教 □　　经常教 □

（4）**您的孩子**会教唆别人脱此人或其他人的衣服，看此人或其他人的隐私部位吗？

很多时候不会 □　　有时会 □

很多时候会 □　　不清楚孩子会不会 □

您教过孩子不能教唆别人看此人或其他人的隐私部位吗？

基本没教过 □　　有时教 □　　经常教 □

（5）您或医生要脱**您的孩子**的衣服，看他的隐私部位时，他会反抗吗？

很多时候不会 □　　有时会 □

很多时候会 □　　不清楚孩子会不会 □

您教过孩子家人或医生要看自己的隐私部位时不要反抗吗？

基本没教过 □　　有时教 □　　经常教 □

（6）如果有坏人要脱**您的孩子**的衣服，看他的隐私部位，他知道要反抗吗？

很多时候不知道 □　　有时知道 □

很多时候知道 □　　不清楚孩子知不知道 □

您教过孩子坏人要看自己的隐私部位时要反抗吗？

基本没教过 □　　有时教 □　　经常教 □

（7）如果有坏人要脱**您的孩子**的衣服，看他的隐私部位，他知道要把坏人做的事情告诉家人或老师吗？

很多时候不知道 □　　有时知道 □

很多时候知道 □　　不清楚孩子知不知道 □

您教过孩子要把坏人做的事情告诉家人或老师吗？

基本没教过 □　　有时教 □　　经常教 □

（8）您或医生要**您的孩子**脱孩子自己的衣服，看孩子自己的隐私部位时，他会反抗吗？

很多时候不会 □　　有时会 □

很多时候会 □　　不清楚孩子会不会 □

您教过孩子家人或医生要孩子看孩子自己的隐私部位时不要反抗吗？

基本没教过 □　　有时教 □　　经常教 □

（9）如果有坏人要**您的孩子**脱孩子自己的衣服，看孩子自己的隐私部位，他知道要反抗吗？

很多时候不知道 □　　有时知道 □

很多时候知道 □　　不清楚孩子知不知道 □

您教过孩子坏人要孩子看孩子自己的隐私部位时要反抗吗？

基本没教过 □　　有时教 □　　经常教 □

（10）如果有坏人要**您的孩子**脱孩子自己的衣服，看孩子自己的隐私部位，他知道要把坏人做的事情告诉家人或老师吗？

很多时候不知道 □　　有时知道 □

很多时候知道 □　　不清楚孩子知不知道 □

您教过孩子要把坏人做的事情告诉家人或老师吗？

基本没教过 □　　有时教 □　　经常教 □

（11）如果有坏人要**您的孩子**看别人（包括坏人）的隐私部位，他知道要反抗吗？

很多时候不知道 □　　有时知道 □

很多时候知道 □　　不清楚孩子知不知道 □

您教过孩子坏人要自己看别人（包括坏人）的隐私部位时要反抗吗？

基本没教过 □　　有时教 □　　经常教 □

（12）如果有坏人要**您的孩子**看别人（包括坏人）的隐私部位，他知道要把坏人做的事情告诉家人或老师吗？

很多时候不知道 □　　有时知道 □

很多时候知道 □　　不清楚孩子知不知道 □

您教过孩子要把坏人做的事情告诉家人或老师吗？

基本没教过 □　　有时教 □　　经常教 □

主题5　摸隐私部位等身体隐私[①]

知"性"家长这样教

温馨提示

（1）本主题中，"摸身体隐私"指"手与身体隐私的触碰"（例如，用手指抓、捏、挠，用手掌擦、拍，用手肘揉），既包括直接触碰（例如，脱衣服去摸，伸进衣服去摸），也包括隔着衣服触碰。"主题3　指和说隐私部位等身体隐私"中，"指隐私部位等身体隐私"指"手与身体隐私不接触，仍然有一段距离"。如果孩子的能力比较强，家长需要让孩子区分"指"和"摸"。如果孩子的能力比较弱，家长不需要让孩子区分"指"和"摸"。

（2）家长需要参照"主题1　男孩　女孩"，先教孩子知道自己和别人的性别；参照"主题34　身边的人"中"一、孩子的家人""二、孩子的老师"和"三、穿制服的人"之"（一）医生"，先教孩子知道哪些人是家人、老师、医生；参照"主题3　指和说隐私部位等身体隐私"中"一、男孩的隐私部位""二、女孩的隐私部位"，先教孩子知道自己和别人的隐私部位。

（3）家长可以用歌诀《我能摸我的隐私部位》来教：

---

① 我校学生大部分是寄宿生，周日到周四均住校。他们在宿舍的生活主要由生活辅导教师负责。鉴于生活辅导教师需指导、照顾男生的起居（如洗澡），有时免不了摸到男生的身体隐私，学校与家长达成共识：男生大小便，洗澡，穿、脱衣服以及遇到隐私部位不舒服、处理射精等男性特有健康问题时，男、女教师均能摸男生的身体隐私，均能要男生摸男生自己的身体隐私。

厕所关上门，房间关上门和拉上窗帘，我能摸我的隐私部位，一定要洗手。

家长可以用歌诀《坏人摸隐私部位》来教：

如果有坏人，摸隐私部位，我要大声喊，我要快点跑，去告诉家人，去告诉老师。

如果孩子的能力比较强，家长需要向孩子强调“如果有人只是说要摸我的隐私部位、要我摸我的隐私部位、要我摸他或别人的隐私部位，即使他没有做‘摸’的动作，他也是坏人，我也要反抗”。

如果孩子的能力比较弱，家长需要向孩子强调“只要其他人做‘（要我）摸我的隐私部位’‘要我摸他或别人的隐私部位’这些动作，他就是坏人，我就要反抗”，而不需要孩子关注坏人所说的话。

（4）关于怎么教孩子反抗坏人及不主动做出侵害行为，家长可参考“主题4　看隐私部位等身体隐私”相关内容。

（5）本主题中，身体隐私包括：①隐私部位（男性的阴茎、屁股，女性的胸部、阴部、屁股）；②隐私部位的具体结构（例如，阴毛、阴囊、包皮、龟头、阴唇、阴道口）；③隐私部位附近的部位［男性的大腿，女性的腋下（包括腋毛）、大腿］；④与隐私部位相关的分泌物和物品（例如，精液、白带、经血，身上的内衣裤、护垫、卫生巾）。

本主题以隐私部位为例，让家长了解怎么教孩子“不随便摸自己的隐私部位、不摸别人的隐私部位”。家长可以参照相关的做法来教孩子“不随便摸自己的其他身体隐私、不摸别人的其他身体隐私”。教“身体隐私”时，家长不一定需要向孩子解释“身体隐私包括什么”。

（6）关于怎样知道孩子是否遭遇到性侵害，以及家长应该怎样应对孩子真的遇到性侵害事件，家长可参考“主题4　看隐私部位等身体隐私”相关内容。

一、孩子摸自己的隐私部位

家长拿着老师自制的绘本《我能摸我的隐私部位》，给孩子讲故事。在此，以“摸阴茎[①]”为例说明：

（1）家长拿着“贝贝洗手”的图片，说：“贝贝觉得阴茎不舒服，想摸一摸。贝贝先洗手。”

（2）家长拿着“贝贝进厕所关门后，脱裤子，摸自己的阴茎”的图片，说：“厕所关上门，贝贝才能摸自己的阴茎。”

（3）家长拿着“贝贝提上裤子，再洗手”的图片，说：“摸完阴茎，贝贝洗手。”

（4）家长拿着“贝贝进房间，关上门，拉上窗帘，脱裤子，摸自己的阴茎”的图片，参照上面的做法教孩子。

（5）家长总结说：“让其他人看到我们摸阴茎，很羞的。所以，厕所关上门，房间关上门和拉上窗帘，我才能摸我的阴茎。我可以直接摸，也可以隔着衣服摸。我一定不能摸别人的阴茎。讲文明！先洗手，再摸我的阴茎；摸完我的阴茎，要洗手。讲卫生！”

温馨提示

（1）关于“摸自己的隐私部位是否必须在关门的厕所或关门并拉上窗帘的房间里进行”的问题，家长需要综合考量孩子的能力。

如果孩子的能力比较强，家长需要教孩子“摸自己的屁股，如果隔着外裤，只是有时摸几下，不一定要在关门的厕所或关门并拉上窗帘的房间里。摸自己的阴茎，一定要在关门的厕所或关门并拉上窗帘的房间里”。

如果孩子的能力比较弱，家长需要教孩子“摸自己的隐私部位，一定要在关门的厕所或关门并拉上窗帘的房间里”。

（2）关于“摸自己的隐私部位是否必须洗手”的问题，家长需要综合考量孩子的能力。

如果孩子的能力比较强，家长需要教孩子“摸自己的屁股，如果隔着外裤，可以不洗手。摸自己的阴茎，一定要洗手”。

如果孩子的能力比较弱，家长需要教孩子“摸自己的隐私部位，一定要洗手”。

---

① 本主题中的“阴茎”均泛指男性的外生殖器。

二、别人要摸孩子的隐私部位

（一）家人、老师、医生要摸孩子的隐私部位

家长拿着老师自制的绘本《家人、老师、医生要摸我的隐私部位》，给孩子讲故事。在此，以“摸阴茎”为例说明：

（1）家长拿着“贝贝说：‘爸爸，我的阴茎不舒服，请您帮我看看。’”的图片，说：“贝贝想找爸爸检查自己的阴茎。”

家长拿着“爸爸把贝贝带进厕所关门后，脱他的裤子，摸他的阴茎”的图片，说：“爸爸是家人，家人和贝贝最亲密。所以，爸爸能摸贝贝的阴茎。”

（2）家长拿着“爸爸带贝贝看医生”的图片，说：“贝贝生病了，阴茎不舒服。爸爸带贝贝找医生帮忙。”

家长拿着“医生脱贝贝的裤子，摸他的阴茎”的图片，说：“生病时，我们可以找医生帮忙。所以，贝贝阴茎不舒服，医生能摸他的阴茎。”

（3）家长拿着“老师摸贝贝的阴茎”的图片，参照上面的做法教孩子。

（4）家长总结说：“我的阴茎不舒服时，家人、老师、医生能摸我的阴茎。其他人要摸我的阴茎，他就是坏人。”

温馨提示

家长需要教孩子“大小便，洗澡，穿、脱衣服、隐私部位不舒服时，家人、老师、医生能摸我的隐私部位”。

（二）坏人要摸孩子的隐私部位

家长拿着老师自制的绘本《坏人要摸我的隐私部位》，给孩子讲故事。在此，以“摸阴茎”为例说明：

（1）家长拿着“男/女施害者要摸男生的阴茎”的图片，说：“坏人要摸男生的阴茎。”

（2）家长拿着“男生喊‘不要’，跑离现场”的图片，说：“男生大声喊，快点跑。”

家长拿着“男生找到老师后说：‘有坏人要摸我的阴茎。’”的图片，说：“男生把坏人做的事情告诉老师。”

（3）家长拿着“警察摁住男/女施害者，说：‘有人报警说，你要摸他的阴茎。跟我去公安局。’”的图片，说：“因为坏人要摸男生的阴茎，所以警察把他抓起来。”

（4）家长总结说：“只有家人、老师和医生能摸我的阴茎。其他人要摸我

的阴茎，他就是坏人。如果有坏人要摸我的阴茎，我要大声喊，我要快点跑，去告诉家人，去告诉老师。我一定不能摸别人的阴茎。”

三、别人要孩子摸孩子自己的隐私部位

（一）家人、老师、医生要孩子摸孩子自己的隐私部位

家长拿着老师自制的绘本《家人、老师、医生要我摸我的隐私部位》，给孩子讲故事。在此，以“摸阴茎”为例说明：

（1）家长拿着“妈妈说：‘贝贝，你现在摸摸自己的阴茎，看上面的伤好了吗？’”的图片，说：“妈妈要贝贝摸他自己的阴茎。”

家长拿着“贝贝洗手”“贝贝进厕所关门后，脱裤子，摸自己的阴茎”“贝贝提上裤子，再洗手”的图片，说：“妈妈是家人，家人和贝贝最亲密。所以，妈妈能要贝贝摸他自己的阴茎。贝贝要听妈妈的话，摸他自己的阴茎。”

（2）家长拿着“妈妈带贝贝看医生”的图片，说：“贝贝生病了，阴茎不舒服。妈妈带贝贝找医生帮忙。”

家长拿着“医生说：‘你现在摸摸自己的阴茎，看哪里不舒服？’贝贝脱裤子，摸自己的阴茎”的图片，说：“生病时，我们可以找医生帮忙。所以，阴茎不舒服，医生能要贝贝摸他自己的阴茎。贝贝要听医生的话，摸他自己的阴茎。”

（3）家长拿着“贝贝听爸爸的话，进房间，关上门，拉上窗帘，脱裤子，摸他自己的阴茎”的图片，参照上面的做法教孩子。

（4）家长拿着“老师要贝贝摸他自己的阴茎”的图片，参照上面的做法教孩子。

（5）家长总结说：“我的阴茎不舒服时，家人、老师、医生能要我摸我的阴茎。其他人要我摸我的阴茎，他就是坏人。”

> **温馨提示**
>
> 家长需要教孩子“大小便，洗澡，穿、脱衣服，隐私部位不舒服时，家人、老师、医生能要我摸我的隐私部位”。

（二）坏人要孩子摸孩子自己的隐私部位

家长拿着老师自制的绘本《坏人要我摸我的隐私部位》，给孩子讲故事。在此，以“摸阴茎”为例说明：

（1）家长拿着“男/女施害者说‘阴茎在这里’，拉着男生的手去摸他自

己的阴茎”的图片，说：“坏人要男生摸他自己的阴茎。”

（2）家长拿着“男生喊‘不要’，跑离现场”的图片，说：“男生大声喊，快点跑。”

家长拿着“男生找到老师后说：‘有坏人要我摸我的阴茎。’”的图片，说：“男生把坏人做的事情告诉老师。”

（3）家长拿着“警察摁住男/女施害者，说：‘有人报警说，你要他摸他自己的阴茎。跟我去公安局。’”的图片，说：“因为坏人要男生摸他自己的阴茎，所以警察把坏人抓起来。”

（4）家长总结说：“只有家人、老师和医生能要我摸我的阴茎。其他人要我摸我的阴茎，他就是坏人。如果有坏人要我摸我的阴茎，我要大声喊，我要快点跑，去告诉家人，去告诉老师。我一定不能要别人摸他自己的阴茎。”

四、坏人要孩子摸坏人的隐私部位

家长拿着老师自制的绘本《坏人要我摸坏人的隐私部位》，给孩子讲故事。在此，以“摸阴茎”为例说明：

（1）家长拿着“男施害者说‘纸巾贴在我的阴茎上，你帮我拿出来吧’，拉着男生的手去摸男施害者的阴茎”的图片，说：“坏人要男生摸他的阴茎。”

（2）家长拿着“男生喊‘不要’，跑离现场”的图片，说：“男生大声喊，快点跑。”

家长拿着“男生找到老师后说：‘有坏人要我摸他的阴茎。’”的图片，说：“男生把坏人做的事情告诉老师。”

（3）家长拿着“警察摁住男施害者，说：‘有人报警说，你要他摸你的阴茎。跟我去公安局。’”的图片，说：“因为坏人要男生摸他的阴茎，所以警察把他抓起来。”

（4）家长总结说：“如果有坏人要我摸他的阴茎，我要大声喊，我要快点跑，去告诉家人，去告诉老师。我一定不能要别人摸我的阴茎。”

五、坏人要孩子摸别人的隐私部位[①]

家长拿着老师自制的绘本《坏人要我摸别人的隐私部位》[②]，给孩子讲故事。在此，以“摸阴茎”为例说明：

（1）家长拿着“男/女施害者说‘你动一动他的阴茎’，拉着男生的手去

---

① 本主题中，“摸别人的隐私部位”指摸真人的隐私部位。

② 详见微信公众号“番禺培智学校”→“特殊教育”→“性教育课程”→《预防侵害教学课件》故事2。

摸另一个男性的阴茎”的图片，说：“坏人要男生摸别人的阴茎。”

（2）家长拿着“男生喊‘不要’，跑离现场”的图片，说：“男生大声喊，快点跑。”

家长拿着“男生找到老师后说：‘有坏人要我摸别人的阴茎。’”的图片，说：“男生把坏人做的事情告诉老师。”

（3）家长拿着“警察摁住男/女施害者，说：‘有人报警说，你要他摸别人的阴茎。跟我去公安局。’”的图片，说：“因为坏人要男生摸别人的阴茎，所以警察把他抓起来。”

（4）家长总结说：“如果有坏人要我摸别人的阴茎，我要大声喊，我要快点跑，去告诉家人，去告诉老师。我一定不能要别人摸其他人的阴茎。”

知“性”家长这样评

温馨提示

本主题以隐私部位为例，让家长了解怎样评价孩子摸此类部位，以及怎样评价自己教孩子摸此类部位。家长可以参照相关的做法来评价孩子摸其他身体隐私，以及评价自己教孩子摸其他身体隐私。

（1）**您的孩子**在摸自己的隐私部位前会洗手吗？

很多时候不会 □　　有时会 □

很多时候会 □　　不清楚孩子会不会 □

您教过孩子先洗手，再摸自己的隐私部位吗？

基本没教过 □　　有时教 □　　经常教 □

（2）**您的孩子**在摸自己的隐私部位时会太用力，甚至弄痛或弄伤自己吗？

很多时候不会 □　　有时会 □

很多时候会 □　　不清楚孩子会不会 □

您教过孩子不能太用力摸自己的隐私部位吗？

基本没教过 □　　有时教 □　　经常教 □

（3）**您的孩子**在摸自己的隐私部位后会洗手吗？

很多时候不会 □　　有时会 □

很多时候会 □　　不清楚孩子会不会 □

您教过孩子摸自己的隐私部位后要洗手吗？

基本没教过 □　　有时教 □　　经常教 □

（4）在公共场所，**您的孩子**会摸自己的隐私部位吗？

很多时候不会 □　　有时会 □

很多时候会 □　　不清楚孩子会不会 □

您教过孩子在公共场所不能摸自己的隐私部位吗？

基本没教过 □　　有时教 □　　经常教 □

（5）**您的孩子**会摸别人的隐私部位吗？

很多时候不会 □　　有时会 □

很多时候会 □　　不清楚孩子会不会 □

您教过孩子不能摸别人的隐私部位吗？

基本没教过 □　　有时教 □　　经常教 □

（6）**您的孩子**会教唆别人摸孩子自己的隐私部位吗？

很多时候不会 □　　有时会 □

很多时候会 □　　不清楚孩子会不会 □

您教过孩子不能教唆别人摸孩子自己的隐私部位吗？

基本没教过 □　　有时教 □　　经常教 □

（7）**您的孩子**会教唆别人摸此人或其他人的隐私部位吗？

很多时候不会 □　　有时会 □

很多时候会 □　　不清楚孩子会不会 □

您教过孩子不能教唆别人摸此人或其他人的隐私部位吗？

基本没教过 □　　有时教 □　　经常教 □

（8）您或医生要摸**您的孩子**的隐私部位时，他会反抗吗？

很多时候不会 □　　有时会 □

很多时候会 □　　不清楚孩子会不会 □

您教过孩子家人或医生要摸自己的隐私部位时不要反抗吗？

基本没教过 □　　有时教 □　　经常教 □

（9）如果有坏人要摸**您的孩子**的隐私部位，他知道要反抗吗？

很多时候不知道 □　　有时知道 □

很多时候知道 □　　不清楚孩子知不知道 □

您教过孩子坏人要摸自己的隐私部位时要反抗吗？

基本没教过 □　　有时教 □　　经常教 □

（10）如果有坏人要摸**您的孩子**的隐私部位，他知道要把坏人做的事情告诉家人或老师吗？

很多时候不知道 □　　有时知道 □

很多时候知道 □　　不清楚孩子知不知道 □

您教过孩子要把坏人做的事情告诉家人或老师吗？

基本没教过 □　　有时教 □　　经常教 □

（11）您或医生要**您的孩子**摸孩子自己的隐私部位时，他会反抗吗？

很多时候不会 □　　有时会 □

很多时候会 □　　不清楚孩子会不会 □

您教过孩子家人或医生要孩子摸孩子自己的隐私部位时<u>不要</u>反抗吗？

基本没教过 □　　有时教 □　　经常教 □

（12）如果有坏人要**您的孩子**摸孩子自己的隐私部位，他知道要反抗吗？

很多时候不知道 □　　有时知道 □

很多时候知道 □　　不清楚孩子知不知道 □

您教过孩子坏人要孩子摸孩子自己的隐私部位时要反抗吗？

基本没教过 □　　有时教 □　　经常教 □

（13）如果有坏人要**您的孩子**摸孩子自己的隐私部位，他知道要把坏人做的事情告诉家人或老师吗？

很多时候不知道 □　　有时知道 □

很多时候知道 □　　不清楚孩子知不知道 □

您教过孩子要把坏人做的事情告诉家人或老师吗？

基本没教过 □　　有时教 □　　经常教 □

（14）如果有坏人要**您的孩子**摸别人（包括坏人）的隐私部位，他知道要反抗吗？

很多时候不知道 □　　有时知道 □

很多时候知道 □　　不清楚孩子知不知道 □

您教过孩子坏人要自己摸别人（包括坏人）的隐私部位时要反抗吗？

基本没教过 □　　有时教 □　　经常教 □

（15）如果有坏人要**您的孩子**摸别人（包括坏人）的隐私部位，他知道要把坏人做的事情告诉家人或老师吗？

很多时候不知道 □　　有时知道 □

很多时候知道 □　　不清楚孩子知不知道 □

您教过孩子要把坏人做的事情告诉家人或老师吗？

基本没教过 □　　有时教 □　　经常教 □

主题6　用东西碰隐私部位等身体隐私[①]

知“性”家长这样教

温馨提示

(1) 本主题中，“用东西碰身体隐私”中，“东西”包括纸巾、棉签、沐浴球、毛巾、仿真生殖器等任何物体；“碰”包括来回磨蹭、拍打、敲击等任何形式的接触，既包括直接触碰（例如，脱衣服去用东西碰，伸进衣服去用东西碰），也包括隔着衣服触碰。

(2) 家长需要参照“主题1　男孩　女孩”，先教孩子知道自己和别人的性别；参照“主题34　我身边的人”中“一、孩子的家人”“二、孩子的老师”和“三、穿制服的人”之“（一）医生”，先教孩子知道哪些人是家人、老师、医生；参照“主题3　指和说隐私部位等身体隐私”中“一、男孩的隐私部位”“二、女孩的隐私部位”，先教孩子知道自己和别人的隐私部位。

(3) 家长可以用歌诀《我能用东西碰隐私部位》来教：

厕所关上门，房间关上门和拉上窗帘，我能用东西碰我的隐私部位，一定要洗手。

---

① 我校学生大部分是寄宿生，周日到周四均住校。他们在宿舍的生活主要由生活辅导教师负责。鉴于生活辅导教师需指导、照顾男生的起居（如洗澡），有时免不了用物品触碰到男生的身体隐私，学校与家长达成共识：男生大小便，洗澡，穿、脱衣服以及遇到隐私部位不舒服、处理射精等男性特有健康问题时，男、女教师均能用物品触碰男生的身体隐私，均能要男生用物品触碰男生自己的身体隐私。

家长可以用歌诀《坏人用东西碰隐私部位》来教：

如果有坏人，用东西碰隐私部位，我要大声喊，我要快点跑，去告诉家人，去告诉老师。

如果孩子的能力比较强，家长需要向孩子强调“如果有人只是说要用东西碰我的隐私部位、要我用东西碰我的隐私部位、要我用东西碰他或别人的隐私部位，即使他没有做‘用东西碰’的动作，他也是坏人，我也要反抗”。

如果孩子的能力比较弱，家长需要向孩子强调“只要其他人做‘（要我）用东西碰我的隐私部位’‘要我用东西碰他或别人的隐私部位’这些动作，他就是坏人，我就要反抗”，而不需要孩子关注坏人所说的话。

（4）关于怎么教孩子反抗坏人及不主动做出侵害行为，家长可参考“主题4　看隐私部位等身体隐私”相关内容。

（5）本主题中，身体隐私包括的范围可参考“主题5　摸隐私部位等身体隐私”相关内容。

本主题以隐私部位为例，让家长了解怎么教孩子“不随便用东西碰自己的隐私部位、不用东西碰别人的隐私部位”。家长可以参照相关的做法来教孩子“不随便用东西碰自己的其他身体隐私、不用东西碰别人的其他身体隐私”。教“身体隐私”时，家长不一定需要向孩子解释“身体隐私包括什么”。

（6）关于怎样知道孩子是否遭遇到性侵害，以及家长应该怎样应对孩子真的遇到性侵害事件，家长可参考“主题4　看隐私部位等身体隐私”相关内容。

一、孩子用东西碰自己的隐私部位

家长拿着老师自制的绘本《我能用东西碰我的隐私部位》，给孩子讲故事。在此，以“用东西碰阴茎①”为例说明：

（1）家长拿着“贝贝洗手”的图片，说：“贝贝觉得阴茎不舒服，想用药膏涂。贝贝先洗手。”

① 本主题中的“阴茎”均泛指男性的外生殖器。

（2）家长拿着“贝贝进厕所关门后，脱裤子，用棉签蘸着药膏涂自己的阴茎”的图片，说：“厕所关上门，贝贝才能用药膏涂自己的阴茎。”

（3）家长拿着“贝贝提上裤子，再洗手”的图片，说：“用药膏涂完阴茎，贝贝洗手。”

（4）家长拿着“贝贝进房间，关上门，拉上窗帘，脱裤子，用棉签蘸着药膏涂自己的阴茎”的图片，参照上面的做法教孩子。

（5）家长总结说：“让其他人看到我们用药膏涂阴茎，很羞的。所以，厕所关上门，房间关上门和拉上窗帘，我才能用药膏涂我的阴茎。除了药膏，我还能用纸巾、毛巾等东西碰我的阴茎。我一定不能用东西碰别人的阴茎。讲文明！先洗手，再用东西碰我的阴茎；用东西碰完我的阴茎，要洗手。讲卫生！”

温馨提示

（1）关于“用东西碰自己的隐私部位是否必须在关门的厕所或关门并拉上窗帘的房间进行”的问题，家长需要综合考量孩子的能力。

如果孩子的能力比较强，家长需要教孩子“用东西碰自己的屁股（例如，用纸巾擦），如果隔着外裤，只是有时碰几下，不一定要在关门的厕所或关门并拉上窗帘的房间里。用东西碰自己的阴茎，一定要在关门的厕所或关门并拉上窗帘的房间里”。

如果孩子的能力比较弱，家长需要教孩子“用东西碰自己的隐私部位，一定要在关门的厕所或关门并拉上窗帘的房间里”。

（2）关于“用东西碰自己的隐私部位是否必须洗手”的问题，家长需要综合考量孩子的能力。

如果孩子的能力比较强，家长需要教孩子“用东西碰自己的屁股，如果隔着外裤，可以不洗手。用东西碰自己的阴茎，一定要洗手”。

如果孩子的能力比较弱，家长需要教孩子“用东西碰自己的隐私部位，一定要洗手”。

二、别人要用东西碰孩子的隐私部位

（一）家人、老师、医生要用东西碰孩子的隐私部位

家长拿着老师自制的绘本《家人、老师、医生要用东西碰我的隐私部位》，给孩子讲故事。在此，以“用东西碰阴茎”为例说明：

（1）家长拿着“贝贝说：‘妈妈，我的阴茎不舒服，请您帮我用药膏涂一下。’”的图片，说：“贝贝想找妈妈用药膏涂自己的阴茎。”

家长拿着“妈妈把贝贝带进厕所关门后，脱他的裤子，用棉签蘸着药膏涂他的阴茎”的图片，说：“妈妈是家人，家人和贝贝最亲密。所以，妈妈能用药膏涂贝贝的阴茎。”

（2）家长拿着“妈妈带贝贝看医生”的图片，说：“贝贝生病了，阴茎不舒服。妈妈带贝贝找医生帮忙。”

家长拿着“医生脱贝贝的裤子，用棉签沾着药膏涂他的阴茎”的图片，说：“生病时，我们可以找医生帮忙。所以，阴茎不舒服，医生能用药膏涂贝贝的阴茎。”

（3）家长拿着“老师用药膏涂贝贝的阴茎”的图片，参照上面的做法教孩子。

（4）家长总结说：“我的阴茎不舒服时，家人、老师、医生能用药膏涂我的阴茎。除了药膏，家人、老师、医生还能用纸巾、毛巾等其他东西碰我的阴茎。其他人要用东西碰我的阴茎，他就是坏人。”

温馨提示

家长需要教孩子“大小便，洗澡，穿、脱衣服，隐私部位不舒服时，家人、老师、医生能用东西碰我的隐私部位”。

（二）坏人要用东西碰孩子的隐私部位

家长拿着老师自制的绘本《坏人要用东西碰我的隐私部位》，给孩子讲故事。在此，以“用东西碰阴茎”为例说明：

（1）家长拿着“男/女施害者要用纸巾碰男生的阴茎”的图片，说：“坏人要用纸巾碰男生的阴茎。”

（2）家长拿着“男生喊‘不要’，跑离现场”的图片，说：“男生大声喊，快点跑。”

家长拿着“男生找到老师后说：‘有坏人要用纸巾碰我的阴茎。’”的图片，说：“男生把坏人做的事情告诉老师。”

（3）家长拿着“警察摁住男/女施害者，说：‘有人报警说，你要用纸巾碰他的阴茎。跟我去公安局。’”的图片，说：“因为坏人要用东西碰男生的阴茎，所以警察把他抓起来。”

（4）家长总结说：“只有家人、老师和医生能用东西碰我的阴茎。其他人要用东西碰我的阴茎，他就是坏人。如果有坏人要用东西碰我的阴茎，我要大声喊，我要快点跑，去告诉家人，去告诉老师。我一定不能用东西碰别人的阴茎。”

三、别人要孩子用东西碰孩子自己的隐私部位

（一）家人、老师、医生要孩子用东西碰孩子自己的隐私部位

家长拿着老师自制的绘本《家人、老师、医生要我用东西碰我的隐私部位》，给孩子讲故事。在此，以“用东西碰阴茎”为例说明：

（1）家长拿着“爸爸说：‘贝贝，你现在给阴茎涂药膏吧。’”的图片，说：“爸爸要贝贝用药膏涂他自己的阴茎。”

家长拿着“贝贝洗手”“贝贝进厕所关门后，脱裤子，用棉签蘸着药膏涂自己的阴茎”“贝贝提上裤子，再洗手”的图片，说：“爸爸是家人，家人和贝贝最亲密。所以，爸爸能要贝贝用药膏涂他自己的阴茎。贝贝要听爸爸的话，用药膏涂他自己的阴茎。”

（2）家长拿着“爸爸带贝贝看医生”的图片，说：“贝贝生病了，阴茎不舒服。爸爸带贝贝找医生帮忙。”

家长拿着“医生说：‘你现在给阴茎涂药膏吧。’贝贝脱裤子，用棉签蘸着药膏涂自己的阴茎”的图片，说：“生病时，我们可以找医生帮忙。所以，贝贝阴茎不舒服，医生能要贝贝用药膏涂他自己的阴茎。贝贝要听医生的话，用药膏涂他自己的阴茎。”

（3）家长拿着“贝贝听爸爸的话，进房间，关上门，拉上窗帘，脱裤子，用棉签蘸着药膏涂他自己的阴茎”的图片，参照上面的做法教孩子。

（4）家长拿着“老师要贝贝用药膏涂他自己的阴茎”的图片，参照上面的做法教孩子。

（5）家长总结说：“我的阴茎不舒服时，家人、老师、医生能要我用药膏涂我的阴茎。除了药膏，家人、老师、医生还能要我用纸巾、毛巾等其他东西碰我的阴茎。其他人要我用东西碰我的阴茎，他就是坏人。”

温馨提示

家长需要教孩子“大小便，洗澡，穿、脱衣服，隐私部位不舒服时，家人、老师、医生能要我用东西碰我的隐私部位”。

（二）坏人要孩子用东西碰孩子自己的隐私部位

家长拿着老师自制的绘本《坏人要我用东西碰我的隐私部位》，给孩子讲故事。在此，以“用东西碰阴茎”为例说明：

（1）家长拿着“男生拿着小勺子，男/女施害者说‘小勺子可以挑起阴茎’，拉着男生的手去用小勺子碰男生的阴茎”的图片，说：“坏人要男生用

小勺子碰他自己的阴茎。"

（2）家长拿着"男生喊'不要'，跑离现场"的图片，说："男生大声喊，快点跑。"

家长拿着"男生找到老师后说：'有坏人要我用小勺子碰我的阴茎。'"的图片，说："男生把坏人做的事情告诉老师。"

（3）家长拿着"警察摁住男/女施害者，说：'有人报警说，你要他用小勺子碰他自己的阴茎。跟我去公安局。'"的图片，说："因为坏人要男生用东西碰他自己的阴茎，所以警察把坏人抓起来。"

（4）家长总结说："只有家人、老师和医生能要我用东西碰我的阴茎。其他人要我用东西碰我的阴茎，他就是坏人。如果有坏人要我用东西碰我的阴茎，我要大声喊，我要快点跑，去告诉家人，去告诉老师。我一定不能要别人用东西碰他自己的阴茎。"

四、坏人要孩子用东西碰坏人的隐私部位

家长拿着老师自制的绘本《坏人要我用东西碰坏人的隐私部位》，给孩子讲故事。在此，以"用东西碰阴茎"为例说明：

（1）家长拿着"男生拿着冰袋，男施害者说'用冰袋凉一凉我的阴茎，好吗'，拉着男生的手去用冰袋碰男施害者的阴茎"的图片，说："坏人要男生用冰袋碰他的阴茎。"

（2）家长拿着"男生喊'不要'，跑离现场"的图片，说："男生大声喊，快点跑。"

家长拿着"男生找到老师后说：'有坏人要我用冰袋碰他的阴茎。'"的图片，说："男生把坏人做的事情告诉老师。"

（3）家长拿着"警察摁住男施害者，说：'有人报警说，你要他用冰袋碰你的阴茎。跟我去公安局。'"的图片，说："因为坏人要男生用东西碰他的阴茎，所以警察把他抓起来。"

（4）家长总结说："如果有坏人要我用东西碰他的阴茎，我要大声喊，我要快点跑，去告诉家人，去告诉老师。我一定不能要别人用东西碰我的阴茎。"

五、坏人要孩子用东西碰别人的隐私部位[①]

家长拿着老师自制的绘本《坏人要我用东西碰别人的隐私部位》，给孩子讲故事。在此，以"用东西碰阴茎"为例说明：

（1）家长拿着"男生拿着学生证，男/女施害者说'你用学生证碰一下阴茎'，拉着男生的手去用学生证碰另一个男性的阴茎"的图片，说："坏人

① 本主题中，"用东西碰别人的隐私部位"指用东西碰真人的隐私部位。

要男生用学生证碰别人的阴茎。”

（2）家长拿着“男生喊‘不要’，跑离现场”的图片，说：“男生大声喊，快点跑。”

家长拿着“男生找到老师后说：‘有坏人要我用学生证碰别人的阴茎。’”的图片，说：“男生把坏人做的事情告诉老师。”

（3）家长拿着“警察摁住男/女施害者，说：‘有人报警说，你要他用学生证碰别人的阴茎。跟我去公安局。’”的图片，说：“因为坏人要男生用东西碰别人的阴茎，所以警察把他抓起来。”

（4）家长总结说：“如果有坏人要我用东西碰别人的阴茎，我要大声喊，我要快点跑，去告诉家人，去告诉老师。我一定不能要别人用东西碰其他人的阴茎。”

知“性”家长这样评

温馨提示

本主题以隐私部位为例，让家长了解怎样评价孩子用东西碰此类部位，以及怎样评价自己教孩子用东西碰此类部位。家长可以参照相关的做法来评价孩子用东西碰其他身体隐私，以及评价自己教孩子用东西碰其他身体隐私。

（1）**您的孩子**在用东西碰自己的隐私部位前会洗手吗？

很多时候不会 □　　有时会 □

很多时候会 □　　不清楚孩子会不会 □

您教过孩子先洗手，再用东西碰自己的隐私部位吗？

基本没教过 □　　有时教 □　　经常教 □

（2）**您的孩子**在用东西碰自己的隐私部位时会太用力，甚至弄痛或弄伤自己吗？

很多时候不会 □　　有时会 □

很多时候会 □　　不清楚孩子会不会 □

您教过孩子<u>不能</u>太用力用东西碰自己的隐私部位吗？

基本没教过 □　　有时教 □　　经常教 □

（3）**您的孩子**在用东西碰自己的隐私部位后会洗手吗？

很多时候不会 □　　有时会 □

很多时候会 □　　不清楚孩子会不会 □

您教过孩子用东西碰自己的隐私部位后要洗手吗？

基本没教过 □　　有时教 □　　经常教 □

（4）在公共场所，**您的孩子**会用东西碰自己的隐私部位吗？

很多时候不会 □　　有时会 □

很多时候会 □　　不清楚孩子会不会 □

您教过孩子在公共场所不能用东西碰自己的隐私部位吗？

基本没教过 □　　有时教 □　　经常教 □

（5）**您的孩子**会用东西碰别人的隐私部位吗？

很多时候不会 □　　有时会 □

很多时候会 □　　不清楚孩子会不会 □

您教过孩子不能用东西碰别人的隐私部位吗？

基本没教过 □　　有时教 □　　经常教 □

（6）**您的孩子**会教唆别人用东西碰孩子自己的隐私部位吗？

很多时候不会 □　　有时会 □

很多时候会 □　　不清楚孩子会不会 □

您教过孩子不能教唆别人用东西碰孩子自己的隐私部位吗？

基本没教过 □　　有时教 □　　经常教 □

（7）**您的孩子**会教唆别人用东西碰此人或其他人的隐私部位吗？

很多时候不会 □　　有时会 □

很多时候会 □　　不清楚孩子会不会 □

您教过孩子不能教唆别人用东西碰此人或其他人的隐私部位吗？

基本没教过 □　　有时教 □　　经常教 □

（8）您或医生要用东西碰**您的孩子**的隐私部位时，他会反抗吗？

很多时候不会 □　　有时会 □

很多时候会 □　　不清楚孩子会不会 □

您教过孩子家人或医生要用东西碰自己的隐私部位时不要反抗吗？

基本没教过 □　　有时教 □　　经常教 □

（9）如果有坏人要用东西碰**您的孩子**的隐私部位，他知道要反抗吗？

很多时候不知道 □　　有时知道 □

很多时候知道 □　　不清楚孩子知不知道 □

您教过孩子坏人要用东西碰自己的隐私部位时要反抗吗？

基本没教过 □　　有时教 □　　经常教 □

（10）如果有坏人要用东西碰**您的孩子**的隐私部位，他知道要把坏人做的事情告诉家人或老师吗？

很多时候不知道 □　　有时知道 □

很多时候知道 □　　不清楚孩子知不知道 □

您教过孩子要把坏人做的事情告诉家人或老师吗？

基本没教过 □　　有时教 □　　经常教 □

（11）您或医生要**您的孩子**用东西碰孩子自己的隐私部位时，他会反抗吗？

很多时候不会 □　　有时会 □

很多时候会 □　　不清楚孩子会不会 □

您教过孩子家人或医生要孩子用东西碰孩子自己的隐私部位时不要反抗吗？

基本没教过 □　　有时教 □　　经常教 □

（12）如果有坏人要**您的孩子**用东西碰孩子自己的隐私部位，他知道要反抗吗？

很多时候不知道 □　　有时知道 □

很多时候知道 □　　不清楚孩子知不知道 □

您教过孩子坏人要孩子用东西碰孩子自己的隐私部位时要反抗吗？

基本没教过 □　　有时教 □　　经常教 □

（13）如果有坏人要**您的孩子**用东西碰孩子自己的隐私部位，他知道要把坏人做的事情告诉家人或老师吗？

很多时候不知道 □　　有时知道 □

很多时候知道 □　　不清楚孩子知不知道 □

您教过孩子要把坏人做的事情告诉家人或老师吗？

基本没教过 □　　有时教 □　　经常教 □

（14）如果有坏人要**您的孩子**用东西碰别人（包括坏人）的隐私部位，他知道要反抗吗？

很多时候不知道 □　　有时知道 □

很多时候知道 □　　不清楚孩子知不知道 □

您教过孩子坏人要自己用东西碰别人（包括坏人）的隐私部位时要反抗吗？

基本没教过 □　　有时教 □　　经常教 □

（15）如果有坏人要**您的孩子**用东西碰别人（包括坏人）的隐私部位，他知道要把坏人做的事情告诉家人或老师吗？

很多时候不知道 □　　有时知道 □

很多时候知道 □　　不清楚孩子知不知道 □

您教过孩子要把坏人做的事情告诉家人或老师吗？

基本没教过 □　　有时教 □　　经常教 □

主题7　男孩、女孩慢慢地长大

知“性”家长这样教

一、从胎儿慢慢地长大成婴儿

（1）家长拿着自己的结婚照，说：“爸爸很喜欢妈妈，妈妈也很喜欢爸爸。后来，爸爸、妈妈结婚了。”

（2）家长拿着孩子妈妈的怀孕照，说：“看，妈妈的肚子大大的。这个时候，你是胎儿，在妈妈的肚子里。我们很爱你，希望你健健康康，所以妈妈吃很多东西，让你在妈妈的肚子里吸收着很多东西。我们很爱你，希望你开开心心，所以我们给你买了很多新衣服、新玩具。一天一天过去了，你长得越来越大，妈妈的肚子也变得越来越大。”

（3）家长拿着孩子的婴儿照、“妈妈等家人抱着孩子”的照片，说：“十个月后，妈妈的肚子很痛，爸爸赶紧把妈妈送进医院。在医生的帮忙下，妈妈把你生出来，你不在妈妈的肚子里了，妈妈的肚子不再是大大的。出生后，你是婴儿。你出生后，我们都很开心，我们都很爱你。”

温馨提示

（1）如果没有孩子妈妈的怀孕照、孩子的婴儿照，家长可以拿着老师自制的绘本《男孩贝贝/女孩毛毛慢慢地从胎儿长大成婴儿》来教（家长需要把“男孩慢慢地从胎儿长大成婴儿”“女孩慢慢地从胎儿长大成婴儿”都教给孩子），绘本内容如下：

爸爸很喜欢妈妈，妈妈也很喜欢爸爸。后来，他们结婚了。爸爸、妈妈结婚后，有一天，妈妈的肚子里多了一个贝贝/毛毛。在妈妈的肚子里，贝贝/毛毛是胎儿。刚开始，妈妈经常呕吐，觉得很不舒服；妈妈经常想睡觉，觉得很累。爸爸、妈妈很爱贝贝/毛毛，希望贝贝/毛毛健健康康。所以，爸爸煮很多东西给妈妈吃，妈妈吃得津津有味。通过和妈妈连接的脐带，肚子里面的贝贝/毛毛吸收着妈妈吃的东西。贝贝/毛毛的爷爷、奶奶、外公、外婆也很爱贝贝/毛毛，希望贝贝/毛毛开开心心。所以，他们给贝贝/毛毛买了很多新衣服、新玩具。一天又一天过去了，贝贝/毛毛长得越来越大，妈妈的肚子也变得越来越大。妈妈的肚子变得很大时，走路和蹲下都很辛苦。爸爸爱妈妈，知道妈妈很辛苦，会帮忙做家务，扫地、拖地、擦桌子……十个月后，妈妈的肚子很痛，爸爸赶紧把妈妈送进医院。在医生的帮忙下，妈妈把贝贝/毛毛生出来，贝贝/毛毛不在妈妈的肚子里了。出生后，贝贝/毛毛是婴儿。爸爸、妈妈、爷爷、奶奶、外公、外婆抱着婴儿贝贝/毛毛，都很开心。他们都很爱贝贝/毛毛。

（2）生活中看到怀孕的女性或婴儿，家长可以教孩子“谁是胎儿，胎儿在妈妈的肚子里”“谁是婴儿”。

二、从婴儿慢慢地长大成儿童

（1）家长拿着“家人用奶瓶喂孩子”“家人教孩子吃东西”“孩子自己吃东西”的照片，说：“你是婴儿时，爸爸、妈妈喂你吃东西。慢慢地，爸爸、妈妈教你吃东西。在爸爸、妈妈的照顾和教育下，你从婴儿长大成儿童，会自己吃东西了。”

（2）家长拿着“家人抱着孩子走路”“家人教孩子走路”“孩子自己走路”的照片，说：“你是婴儿时，爸爸、妈妈抱着你走路。慢慢地，爸爸、妈妈教你走路。在爸爸、妈妈的照顾和教育下，你从婴儿长大成儿童，会自己走路了。”

（3）家长拿着“家人帮孩子刷牙”“家人教孩子刷牙”“孩子自己刷牙”的照片，说：“你是婴儿时，爸爸、妈妈帮你刷牙。慢慢地，爸爸、妈妈教你刷牙。在爸爸、妈妈的照顾和教育下，你从婴儿长大成儿童，会自己刷牙了。”

（4）家长拿着“家人帮孩子洗澡”“家人教孩子洗澡”“孩子自己洗澡”的照片，说：“你是婴儿时，爸爸、妈妈帮你洗澡。慢慢地，爸爸、妈妈教你洗澡。在爸爸、妈妈的照顾和教育下，你从婴儿长大成儿童，会自己洗澡了。”

（5）家长拿着“家人帮孩子穿衣服”“家人教孩子穿衣服”“孩子自己穿衣服”的照片，说：“你是婴儿时，爸爸、妈妈帮你穿衣服。慢慢地，爸爸、妈妈教你穿衣服。在爸爸、妈妈的照顾和教育下，你从婴儿长大成儿童，会自己穿衣服了。”

（6）家长拿着“家人帮孩子换尿布、擦屁股”“家人教孩子上厕所”“孩子自己上厕所”的照片，说：“你是婴儿时，爸爸、妈妈帮你换尿布、擦屁股。慢慢地，爸爸、妈妈教你上厕所。在爸爸、妈妈的照顾和教育下，你从婴儿长大成儿童，会自己上厕所了。”

（7）家长总结说：“在爸爸、妈妈的照顾和教育下，你慢慢地长大，从婴儿长大成儿童。”

温馨提示

（1）如果有老师教育孩子的照片，家长可以拿来教孩子“爸爸、妈妈很爱你，老师很关心你。在爸爸、妈妈、老师的照顾和教育下，你慢慢地长大，从婴儿长大成儿童”。

（2）如果没有“家人用奶瓶喂孩子”“家人教孩子吃东西”“孩子自己吃东西”等照片，家长可以拿着老师自制的绘本《男孩贝贝/女孩毛毛慢慢地从婴儿长大成儿童》来教（家长需要把“男孩慢慢地从婴儿长大成儿童”“女孩慢慢地从婴儿长大成儿童”都教给孩子），绘本内容如下：

贝贝/毛毛是婴儿时，爸爸、妈妈喂贝贝/毛毛吃东西。慢慢地，爸爸、妈妈、老师教贝贝/毛毛吃东西。在爸爸、妈妈、老师的照顾和教育下，贝贝/毛毛从婴儿长大成儿童，会自己吃东西了。贝贝/毛毛是婴儿时，爸爸、妈妈抱着贝贝/毛毛走路。慢慢地，爸爸、妈妈、老师教贝贝/毛毛走路。在爸爸、妈妈、老师的照顾和教育下，贝贝/毛毛从婴儿长大成儿童，会自己走路了。贝贝/毛毛是婴儿时，爸爸、妈妈帮贝贝/毛毛刷牙。慢慢地，爸爸、妈妈、老师教贝贝/毛毛刷牙。在爸爸、妈妈、老师的照顾和教育下，贝贝/毛毛从婴儿长大成儿童，会自己刷牙了。贝贝/毛毛是婴儿时，爸爸、妈妈帮贝贝/毛毛洗澡。慢慢地，爸爸、妈妈、老师教贝贝/毛毛洗澡。在爸爸、妈妈、老师的照顾和教育下，贝贝/毛毛从婴儿长大成儿童，会自己洗澡了。贝贝/毛毛是婴儿时，爸爸、妈妈帮贝贝/毛毛穿衣服。慢慢地，爸爸、妈妈、老师教贝贝/毛毛穿衣服。在爸爸、妈妈、老师的照顾和教育下，贝贝/毛毛从婴儿长大成儿童，会自己穿衣服了。贝贝/毛毛是婴儿时，爸爸、妈妈帮贝贝/毛毛换尿布、擦屁股。慢慢地，爸爸、妈妈、老师教贝贝/毛毛上厕所。在爸爸、妈妈、老师的照顾和教育下，贝贝/毛毛从婴儿长大成儿童，会自己上厕所了。贝贝/毛毛生病时，爸爸、妈妈喂贝贝/毛毛吃药。如果贝贝/毛毛在学校生病，老师喂贝贝/毛毛吃药。在爸爸、妈妈、老师的照顾下，贝贝/毛毛病好了。在爸爸、妈妈、老师的照顾和教育下，贝贝/毛毛慢慢地长大，从婴儿长大成儿童。

（3）生活中看到家人照顾婴儿、儿童时，家长可以教孩子"谁是婴儿，家人怎样照顾他""谁是儿童，家人教他做什么，他会自己做什么"。

三、从儿童慢慢地长大成青少年

温馨提示

（1）家长需要参照"主题1　男孩　女孩"，先教孩子知道自己和别人的性别。

（2）"男孩长腋毛、长阴毛、流出精液""女孩的胸部变大、穿胸罩、长腋毛、长阴毛、来月经、用卫生巾"属于身体隐私。家长需要教孩子"不随便指、说、看、摸、用东西碰自己的身体隐私，不指、不随便说、不看、不摸、不用东西碰别人的身体隐私，不教唆别人看、摸、用东西碰自己或别人的身体隐私，听从或反抗别人所提出的和身体隐私有关的要求"。具体做法参照"主题3　指和说隐私部位等身体隐私""主题4　看隐私部位等身体隐私""主题5　摸隐私部位等身体隐私""主题6　用东西碰隐私部位等身体隐私"。

（一）孩子从儿童慢慢地长大成青少年

（1）孩子长胡子时，家长指着他的胡子，让他看着镜子摸一摸，说："长在嘴唇旁边的这种东西，叫胡子。你是儿童时，不长胡子。慢慢地，你从儿童长大成青少年，就会长胡子了。"

孩子爸爸刮胡子时，说："爸爸用的这种东西，叫刮胡刀。如果你的胡子长得像爸爸的胡子那样长，你就要像爸爸一样，用刮胡刀刮胡子。请记住，你一定不能拔你的胡子，也一定不能拔别人的胡子。"

（2）孩子长青春痘时，家长指着他的青春痘，让他看着镜子摸一摸，说："长在脸上的这种东西，叫青春痘。你是儿童时，不长青春痘。慢慢地，你从儿童长大成青少年，长青春痘了。请记住，你一定不能挤你的青春痘，也一定不能挤别人的青春痘。长青春痘时，你要注意饮食，不能吃刺激性的东西；你要注意清洁皮肤，例如，每天早上、晚上洗脸。过一段时间，青春痘就没有了。

（3）孩子的喉结突出时，家长指着他的喉结，让他看着镜子摸一摸，说：“在脖子上突出的这种东西，叫喉结。你是儿童时，喉结没有突出。慢慢地，你从儿童长大成青少年，喉结突出了。”

孩子的声音变粗时，家长说：“听，你的声音变粗了。因为喉结突出了，所以你的声音变粗了。请记住，声音变粗后，你一定不能大喊大叫。”

（4）孩子告诉家长自己的胸部胀痛时，家长带孩子走进厕所或房间，让他关上厕所的门或关上房间的门、拉上房间的窗帘，轻轻揉胸部，说：“你从儿童长大成青少年，会觉得胸部胀痛，变大了。请记住，你一定不能捏你的胸部，也一定不能捏别人的胸部。胸部胀痛时，你可以轻轻地揉揉它。如果想伸进衣服或脱衣服去揉胸部，你一定要在厕所关上门、在房间关上门和拉上窗帘才能揉。过一段时间，胸部就不会胀痛了。”

（5）孩子长胸毛时，家长指着他的胸毛，让他看一看、摸一摸，说：“这种长在胸部的毛，叫胸毛。你是儿童时，不长胸毛。慢慢地，你从儿童长大成青少年，长胸毛了。请记住，你一定不能拔你的胸毛，也一定不能拔别人的胸毛。”

（6）孩子长腋毛时，家长指着他的腋毛，让他看一看、摸一摸，说：“这种长在腋下的毛，叫腋毛。你是儿童时，不长腋毛。慢慢地，你从儿童长大成青少年，长腋毛了。请记住，你一定不能拔你的腋毛，也一定不能拔别人的腋毛。”

（7）孩子的四肢长体毛时，家长指着他的体毛，让他看一看、摸一摸，说：“这种长在手脚上的毛，叫体毛。慢慢地，你从儿童长大成青少年，体毛变长、变黑了。请记住，你一定不能拔你的体毛，也一定不能拔别人的体毛。”

（8）孩子长阴毛时，趁着教孩子洗澡，上厕所，穿、脱内裤的机会，家长可以指着他的阴毛，让他看一看、摸一摸，说：“这种长在阴茎[①]的毛，叫阴毛。你是儿童时，不长阴毛。慢慢地，你从儿童长大成青少年，长阴毛了。请记住，你一定不能拔你的阴毛，也一定不能拔别人的阴毛。”

（9）孩子出现射精时，趁着教孩子洗内裤，家长指着内裤上的精液，说：“这种从阴茎流出来、白色或黄色、黏黏的液体，叫精液。你是儿童时，阴茎不会流出精液。慢慢地，你从儿童长大成青少年，阴茎流出精液了。”

---

① 本主题中，与勃起、流出精液有关的“阴茎”一般特指龟头至根部的部分。其他“阴茎”如无特别说明，一般泛指男性的外生殖器。

温馨提示

(1) 一般等孩子出现某些身体变化时，家长才需要教上面的身体变化。有的孩子不会长青春痘、胸毛或胸部不会胀痛，家长可以不需要教这些身体变化。

(2) 如果孩子还没有出现长胡子等身体变化，但是对其他男孩在青春期的身体变化感兴趣，家长可以拿着老师自制的绘本《男孩贝贝慢慢地从儿童长大成青少年》来教，绘本内容如下：

贝贝是儿童时，比较矮。慢慢地，贝贝从儿童长大成青少年，长高了。贝贝是儿童时，比较轻。慢慢地，贝贝从儿童长大成青少年，变重了。贝贝是儿童时，不长胡子。慢慢地，贝贝从儿童长大成青少年，长胡子了。如果贝贝的胡子长得像爸爸的胡子那样长，他就要像爸爸一样，用刮胡刀刮胡子。贝贝是儿童时，喉结没有突出。慢慢地，贝贝从儿童长大成青少年，喉结突出了。因为喉结突出了，所以贝贝的声音变粗了。贝贝是儿童时，不长腋毛。慢慢地，贝贝从儿童长大成青少年，长腋毛了。慢慢地，贝贝从儿童长大成青少年，体毛变长、变黑了。贝贝是儿童时，不长阴毛。慢慢地，贝贝从儿童长大成青少年，长阴毛了。贝贝是儿童时，阴茎不会流出精液。慢慢地，贝贝从儿童长大成青少年，阴茎流出精液了。有的男孩从儿童长大成青少年，会长青春痘。有的男孩从儿童长大成青少年，会觉得胸部胀痛，变大了。有的男孩从儿童长大成青少年，会长胸毛。①

(3) 如果孩子的身高、体重发生明显的变化，家长可以向老师拿孩子的体检报告，教孩子看看自己这几年的身高、体重变化。

(4) 孩子长腋毛、长阴毛、会射精时，最好由男性家长（例如，爸爸）教。处理射精的具体做法参见“主题9　勃起、射精”。

(5) 家长可以用歌诀《男孩从儿童长大成青少年》来教：

男孩从儿童长大成青少年，会长高、变重；会长出胡子，要用刮胡刀；喉结会突出，声音会变粗；腋下长腋毛；手脚的体毛会变长、变黑；阴茎长阴毛，会流出精液。

---

① 与流出精液有关的“阴茎“特指龟头至根部的部分。

（二）女孩从儿童慢慢地长大成青少年

家长拿着老师自制的绘本《女孩毛毛慢慢地从儿童长大成青少年》，和孩子讲故事：

（1）家长拿着“儿童毛毛的身高是95厘米”“青少年毛毛的身高是150厘米”的图片，说：“毛毛是儿童时，比较矮。慢慢地，毛毛从儿童长大成青少年，长高了。”

（2）家长拿着“儿童毛毛的体重是18千克”“青少年毛毛的体重是45千克”的图片，说：“毛毛是儿童时，比较轻。慢慢地，毛毛从儿童长大成青少年，变重了。”

（3）家长拿着“儿童毛毛的胸部没有隆起”“青少年毛毛的胸部隆起”的裸体图片，说：“毛毛是儿童时，胸部没有隆起，是平平的。慢慢地，毛毛从儿童长大成青少年，胸部隆起了，变大了。请记住，你一定不能捏别人的胸部。女孩的胸部变大以后，大家会把‘胸部’叫乳房，‘乳房’和‘胸部’的意思是一样的。”

家长拿着“儿童毛毛没有穿胸罩”“青少年毛毛穿胸罩”“妈妈穿胸罩”的图片，说：“毛毛穿的这种东西，叫胸罩。毛毛是儿童时，胸部是平平的，所以不用穿胸罩。慢慢地，毛毛从儿童长大成青少年，胸部变大了，所以就要像妈妈一样穿胸罩了。”

（4）家长拿着“儿童毛毛没有腋毛”“青少年毛毛长腋毛”的裸体图片，说：“毛毛是儿童时，不长腋毛。慢慢地，毛毛从儿童长大成青少年，长腋毛了。请记住，你一定不能拔别人的腋毛。”

（5）家长拿着“脸上长青春痘的少女”的图片，说：“有的女孩从儿童长大成青少年，会长青春痘。请记住，你一定不能挤别人的青春痘。”

（6）家长拿着某女童、某少女的全身照及四肢体毛细节照，说：“有的女孩从儿童长大成青少年，体毛会变长、变黑。请记住，你一定不能拔别人的体毛。”

（7）家长拿着“儿童毛毛没有阴毛”“青少年毛毛长阴毛”的裸体图片，说：“毛毛是儿童时，不长阴毛。慢慢地，毛毛从儿童长大成青少年，长阴毛了。请记住，你一定不能拔别人的阴毛。”

（8）家长拿着“儿童毛毛的阴部没有流出经血”“青少年毛毛的阴部流出经血”的裸体图片，说：“每个月有一段时间，阴部会流出红色的血，这种事情叫来月经。毛毛是儿童时，不会来月经。慢慢地，毛毛从儿童长大成青少年，就会来月经了。”

家长拿着“儿童毛毛的内裤没有贴卫生巾”“青少年毛毛的内裤贴卫生巾”的图片，说：“来月经时，贴在内裤上的这种东西叫卫生巾，用来防止经血弄脏裤子或裙子。毛毛是儿童时，不会来月经，所以不用卫生巾。慢慢地，毛毛从儿童长大成青少年，来月经了，所以要用卫生巾了。”

温馨提示

（1）一般等孩子出现长胡子等身体变化，或对女孩在青春期的身体变化感兴趣时，家长才需要教女孩的身体变化。

（2）考虑到生活中（例如，在超市）能看到胸罩、卫生巾，家长需要教孩子“胸罩、卫生巾只适合于女孩使用”。

孩子可能会把护垫当成卫生巾，不一定能区分护垫、卫生巾，所以家长可以不需要教孩子“护垫只适合于女孩使用”。

（3）家长可以用歌诀《女孩从儿童长大成青少年》来教：

女孩从儿童长大成青少年，会长高、变重；胸部会变大，要穿上胸罩；腋下长腋毛；阴部长阴毛，来月经时候，要用卫生巾。

（三）比一比：少男和少女的身体变化一样吗

（1）家长拿着贝贝、毛毛的身体变化图片，说：“男孩、女孩慢慢地长大成青少年，都会长高、变重、长腋毛、长阴毛。”

（2）家长拿着贝贝、毛毛的身体变化图片，说：“男孩慢慢地长大成青少年，会长胡子、喉结突出、声音变粗、手脚的体毛变长变黑、有精液；女孩慢慢地长大成青少年，胸部会变大、会来月经。”

四、从青少年慢慢地长大成成年人

孩子读到九年级时，家长说：“你快读完书了，慢慢地从青少年长大成成年人。于是，你要更加懂得照顾自己和家人，学做更多的事情。”

温馨提示

（1）如果孩子还没有读到九年级，但是对“青少年以后会长大成什么”感兴趣，家长可以指着自己，说：“看，我是成年人。以后，你会慢慢地从青少年长大成成年人。”

（2）孩子有能力找工作时，家长可以教他：“你慢慢地从青少年长大成成年人。于是，你要找工作，赚钱，养自己和家人。”

（3）孩子有婚恋需要时，家长可以教他：“你慢慢地从青少年长大成成年人。于是，你可以像爸爸一样，和自己喜欢的人结婚。”

五、从成年人慢慢地长大成老人

孩子对“成年人以后会长大成什么”感兴趣时，如果家里有老人，或看到邻居家的老人，或有老年亲友做客时，家长可以指着老人，说：“他是老人。几十年以后，你的头发变白了。那时候，你会和他一样，成为老人。你是儿童、青少年、成年人时，走路可以很快。你是老人后，走路要慢一点，有时还要拄着拐杖。”

六、人会死亡

和孩子拜祭先人、参加别人的葬礼时，家长可以说：“××死了。我们以后再也看不到他了。”

温馨提示

（1）如果孩子看到人的死亡事故（例如，车祸），家长可以教他：“这些人因为××，所以死了。”

（2）如果孩子有喜欢的植物或动物，当这些植物或动物死亡时，家长可以教孩子：“××死了。”

七、人的一生

（一）男孩的一生

家长拿着老师自制的绘本《男孩贝贝慢慢地从胎儿长大成婴儿》《男孩贝贝慢慢地从婴儿长大成儿童》《男孩贝贝慢慢地从儿童长大成青少年》《青少年贝贝继续慢慢地长大》，给孩子讲故事。

《男孩贝贝慢慢地从胎儿长大成婴儿》《男孩贝贝慢慢地从婴儿长大成儿童》《男孩贝贝慢慢地从儿童长大成青少年》的绘本内容前文已述。

《青少年贝贝继续慢慢地长大》的绘本内容如下：

贝贝慢慢地长大，毕业了。到了18岁，贝贝找到工作，在工厂上班了。这时，贝贝是成年人。贝贝是成年人后，更加懂得照顾自己，例如，自己选内裤、刮胡刀。贝贝是成年人后，可以像爸爸一样，和自己喜欢的人结婚。几十年以后，贝贝的头发变白了。这时，贝贝是老人。贝贝是儿童、青少年、成年人时，走路可以很快。贝贝是老人后，走路要慢一点，有时还要拄着拐杖。贝贝慢慢地变老，最后死了。

（二）女孩的一生

家长拿着老师自制的绘本《女孩毛毛慢慢地从胎儿长大成婴儿》《女孩毛毛慢慢地从婴儿长大成儿童》《女孩毛毛慢慢地从儿童长大成青少年》《青少年毛毛继续慢慢地长大》，给孩子讲故事。绘本内容具体见“女孩篇”的“主题22　女孩、男孩慢慢地长大”。

温馨提示

家长可以用歌诀《人的一生》来教：

在妈妈肚子，我们是胎儿。刚出生时候，我们是婴儿。慢慢地长大，长大成儿童。慢慢地长大，长大成青少年。18岁以后，长大成成年人。几十年以后，长大成老人，最后会死去。

知“性”家长这样评

（1）**您的孩子**知道自己在妈妈肚子里时是胎儿吗？

很多时候不知道 □　　有时知道 □

很多时候知道 □　　不清楚孩子知不知道 □

您教过孩子他在妈妈肚子里时是胎儿吗？

基本没教过 □　　有时教 □　　经常教 □

（2）**您的孩子**知道妈妈把自己生出来后，自己是婴儿吗？

很多时候不知道 □　　有时知道 □

很多时候知道 □　　不清楚孩子知不知道 □

您教过孩子妈妈把他生出来后，他是婴儿吗？

基本没教过 □　　有时教 □　　经常教 □

（3）**您的孩子**身体还没有发育时，他知道自己是儿童吗？

很多时候不知道 □　　有时知道 □

很多时候知道 □　　不清楚孩子知不知道 □

您教过孩子他身体还没有发育时是儿童吗？

基本没教过 □　　有时教 □　　经常教 □

(4) **您的孩子**身体发育后，他知道自己是青少年吗？

很多时候不知道 □　　有时知道 □

很多时候知道 □　　不清楚孩子知不知道 □

您教过孩子他身体发育后是青少年吗？

基本没教过 □　　有时教 □　　经常教 □

(5) **您的孩子**在身体发育后会伤害自己的身体吗（例如，拔自己的腋毛、阴毛）？

很多时候不会 □　　有时会 □

很多时候会 □　　不清楚孩子会不会 □

您教过孩子在身体发育后不能伤害自己的身体吗（例如，拔自己的腋毛、阴毛）？

基本没教过 □　　有时教 □　　经常教 □

(6) **您的孩子**知道自己的身体在青春期会发生哪些变化吗（例如，长胡子，阴茎流出精液）？

很多时候不知道 □　　有时知道 □

很多时候知道 □　　不清楚孩子知不知道 □

您教过孩子他在青春期的身体变化吗（例如，长胡子，阴茎流出精液）？

基本没教过 □　　有时教 □　　经常教 □

(7) **您的孩子**知道别人的身体在青春期会发生哪些变化吗（例如，其他男孩也会长胡子、阴茎流出精液；女孩会胸部变大、来月经）？

很多时候不知道 □　　有时知道 □

很多时候知道 □　　不清楚孩子知不知道 □

您教过孩子别人在青春期的身体变化吗（例如，其他男孩也会长胡子、阴茎流出精液；女孩会胸部变大、来月经）？

基本没教过 □　　有时教 □　　经常教 □

(8) **您的孩子**知道自己以后会长大成成年人吗？

很多时候不知道 □　　有时知道 □

很多时候知道 □　　不清楚孩子知不知道 □

您教过孩子他以后会长大成成年人吗？

基本没教过 □　　有时教 □　　经常教 □

(9) **您的孩子**知道自己以后会长大成老人吗？

很多时候不知道 □　　有时知道 □

很多时候知道 □　　不清楚孩子知不知道 □

您教过孩子他以后会长大成老人吗？

基本没教过 □　　　　有时教 □　　　　经常教 □

（10）**您的孩子**知道人都会死吗？

很多时候不知道 □　　　　有时知道 □

很多时候知道 □　　　　不清楚孩子知不知道 □

您教过孩子人都会死吗？

基本没教过 □　　　　有时教 □　　　　经常教 □

（11）**您的孩子**知道“人一般是从胎儿长大成婴儿，再长大成儿童，再长大成青少年，再长大成成年人，再长大成老人，最后死去”吗？

很多时候不知道 □　　　　有时知道 □

很多时候知道 □　　　　不清楚孩子知不知道 □

您教过孩子人的一般成长过程吗？

基本没教过 □　　　　有时教 □　　　　经常教 □

主题8　洗阴茎[1]

知“性”家长这样教

温馨提示

(1) 本主题最好由男性家长（例如，爸爸）教孩子。

(2) 如果孩子的能力比较强，家长可以教孩子一只手清洗的同时另一只手淋水（例如，直接使用淋浴花洒来淋水）。如果孩子的能力比较弱，家长需要教孩子先清洗再淋水（例如，用毛巾或水瓢取水来淋）。

(3) 家长可以用歌诀《洗阴茎[2]》来教：

浴室里，关上门，洗阴茎。沐浴露，涂身体。张开腿，淋阴茎。轻轻地洗阴毛、洗阴茎[3]、洗阴囊；再淋水，轻轻地把包皮翻上去，洗龟头、洗包皮；多淋水，冲干净沐浴露，把包皮翻回去。冲身体，淋阴茎，冲干净沐浴露。每一天，洗阴茎，讲卫生！

(4) “阴毛、阴囊、龟头、包皮等阴茎的具体结构”“洗阴茎”属于身体隐私。家长需要教孩子“不随便指、说、看、摸、用东西碰自己的身体隐私，不指、不随便说、不看、不摸、不用东西碰别人的身体隐私，不教唆别人看、摸、用东西碰自己或别人的身体隐

---

[1] 如果孩子习惯用香皂洗澡，家长指导时需要做出相应的解释，包括“用香皂涂身体”“一定要把龟头、包皮上的香皂泡洗干净”“冲身体，淋阴茎，把全部香皂泡冲干净”。

[2] 如无特殊说明，本主题中的“阴茎”均泛指男性的外生殖器。

[3] 此处的“阴茎”特指龟头至根部的部分。

私，听从或反抗别人所提出的和身体隐私有关的要求”。具体做法可参照“主题3　指和说隐私部位等身体隐私”“主题4　看隐私部位等身体隐私”“主题5　摸隐私部位等身体隐私”“主题6　用东西碰隐私部位等身体隐私”。

一、在浴室洗阴茎

家长带孩子走进浴室，让孩子关上门、脱光衣服。

家长说：“现在，我们学习洗阴茎。每一天，洗阴茎，讲卫生！让其他人看到我们洗阴茎，很羞的。所以，每天洗澡时，浴室里，关上门，我们才能洗阴茎。在其他地方，我们一定不能洗阴茎。讲文明！”

二、认识阴毛、阴囊、龟头、包皮

（1）家长让孩子低头看他自己的阴茎，依次指着他的阴毛、阴囊、龟头，说：“这是阴毛、阴囊、龟头。洗阴茎时，一定要把上面的脏东西、沐浴露洗干净。”

（2）家长让孩子翻他自己的包皮，说：“这是包皮。洗阴茎时，一定要把包皮翻上去，把上面的脏东西、沐浴露洗干净。”

三、洗阴毛、阴茎①、阴囊

家长一边教孩子把水淋在身体上，用沐浴露涂身体，张开腿，把水淋在阴茎上，洗阴毛、阴茎②、阴囊，一边说：“沐浴露，涂身体。张开腿，淋阴茎。轻轻地洗阴毛、洗阴茎③、洗阴囊。一定要把阴毛、阴茎④、阴囊上的脏东西洗干净。洗的时候轻轻地，不要弄痛自己。”

四、洗龟头、包皮

家长一边教孩子把水淋在阴茎上，把包皮翻上去，洗包皮和龟头，把包皮翻回去，一边说：“再淋水，轻轻地把包皮翻上去，洗龟头、洗包皮；多淋水，冲干净沐浴露，把包皮翻回去。一定要把龟头、包皮上的脏东西、沐浴露洗干净。洗的时候轻轻地，不要弄痛自己。”

家长强调：“如果你发现包皮和龟头黏得比较紧，较难把包皮翻上去，翻包皮时比较痛，可能是阴茎⑤有疾病。你要马上告诉家人、老师，让我们带你看医生。”

---

①~⑤　此处的“阴茎”特指龟头至根部的部分。

五、冲沐浴露

家长一边教孩子把水淋在阴茎及身体的其他部位上，一边说：“冲身体，淋阴茎，把全部沐浴露冲干净。”

知“性”家长这样评

（1）洗阴茎时，**您的孩子**会关浴室的门吗？

很多时候不会 □　　有时会 □

很多时候会 □　　不清楚孩子会不会 □

您教过孩子洗阴茎时要关浴室的门吗？

基本没教过 □　　有时教 □　　经常教 □

（2）**您的孩子**会把阴茎（包括阴毛、阴囊、包皮、龟头等）洗干净吗（包括把沐浴露或香皂、精液等洗干净）？

很多时候不会 □　　有时会 □

很多时候会 □　　不清楚孩子会不会 □

您教过孩子把阴茎（包括阴毛、阴囊、包皮、龟头等）洗干净吗？

基本没教过 □　　有时教 □　　经常教 □

（3）**您的孩子**会把包皮翻上去洗吗？

很多时候不会 □　　有时会 □

很多时候会 □　　不清楚孩子会不会 □

您教过孩子把包皮翻上去洗吗？

基本没教过 □　　有时教 □　　经常教 □

（4）洗干净包皮、龟头后，**您的孩子**会把包皮翻回去吗？

很多时候不会 □　　有时会 □

很多时候会 □　　不清楚孩子会不会 □

您教过孩子把包皮翻回去吗？

基本没教过 □　　有时教 □　　经常教 □

（5）洗阴茎时，**您的孩子**会太用力，甚至弄痛或弄伤自己吗？

很多时候不会 □　　有时会 □

很多时候会 □　　不清楚孩子会不会 □

您教过孩子不能太用力洗阴茎吗？

基本没教过 □　　有时教 □　　经常教 □

主题9　勃起、射精

知“性”家长这样教

温馨提示

（1）本主题最好由男性家长（例如，爸爸）教孩子。

（2）教本主题的射精，家长需要参照“主题7　男孩、女孩慢慢地长大”中“三、从儿童慢慢地长大成青少年”之“（一）孩子从儿童慢慢地长大成青少年”，先教孩子认识自己在青春期的身体变化。

（3）考虑到家长不一定能看到孩子勃起、射精，本书建议家长可以先用老师自制的绘本，教孩子正确的处理方法。

如果家长刚好看到孩子勃起、射精，可以参照绘本的做法来教孩子。

（4）如果孩子经常出现勃起、射精，家长需要分析清楚原因（例如，是否经常摸阴茎[①]、内裤尺寸是否太小），再处理孩子的问题。

（5）“勃起、射精、精液”属于身体隐私。家长需要教孩子“不随便指、说、看、摸、用东西碰自己的身体隐私，不指、不随便说、不看、不摸、不用东西碰别人的身体隐私，不教唆别人看、摸、用东西碰自己或别人的身体隐私，听从或反抗别人所提出的和身体隐私有关的要求”。具体做法可参照“主题3　指和说隐私部位等身体隐私”“主题4　看隐私部位等身体隐私”“主题5　摸隐私部位等身体隐私”“主题6　用东西碰隐私部位等身体隐私”。

---

① 本主题中，与勃起、流出精液有关的“阴茎”一般特指龟头至根部的部分。其他“阴茎”如无特别说明，一般泛指男性的外生殖器。

一、勃起

家长拿着老师自制的绘本《贝贝勃起了》，给孩子讲故事：

（1）家长拿着“贝贝的阴茎没有变粗、变长”“贝贝的阴茎变粗、变长”的裸体图片，说：“平时，阴茎是软的。有时，阴茎会变硬、变粗、变长，这种事情叫勃起。如果你出现勃起，不用害怕。每个男青少年[1]都可能出现勃起。”

（2）家长拿着“贝贝勃起，阴茎顶起裤裆”的图片，说：“穿着裤子时，阴茎勃起，会把裤裆顶起来。”

（3）家长拿着以下图片，说：“让其他人看到勃起、裤裆被顶起来，很羞的。所以，我们要想办法不让其他人看到裤裆被顶起来。例如，我们可以拿身边的东西，遮住裤裆；慢慢地，阴茎会重新变软，我们就可以把东西拿开，不用遮住裤裆了。如果我们能马上进厕所，可以关上门，动一动阴茎；如果我们能马上进房间，可以关上门和拉上窗帘，动一动阴茎；慢慢地，阴茎会重新变软，我们就可以从厕所、房间出来。讲文明！”

✽贝贝用衣服遮住裤裆。

✽贝贝进厕所关门后，脱裤子，摆弄阴茎。

✽贝贝进房间关门、拉上窗帘后，脱裤子，摆弄阴茎。

二、射精

家长拿着老师自制的绘本《贝贝射精了》，给孩子讲故事：

（1）家长拿着“贝贝的阴茎勃起，流出精液”的裸体图片，说：“阴茎勃起，有时会流出一种白色或黄色、黏黏的液体，这种液体叫精液，这种事情叫射精。有时起床后，你会看到精液弄到内裤或被子上。如果你出现射精，不用害怕，表明你和贝贝一样，已经从儿童长大成青少年。恭喜你长大了！”

（2）家长拿着以下图片，说：“射精后，厕所关上门，房间关上门和拉上窗帘，我们要用纸巾擦干净阴茎、内裤上的精液；擦阴茎时轻轻地，不要弄痛自己；擦完要洗手。如果精液弄到其他地方，我们也要用纸巾擦干净。如果我们能马上洗澡，可以直接把精液洗干净，把弄脏的裤子、被子洗干净。讲文明！讲卫生！”

✽贝贝进厕所关门。贝贝脱裤子，用纸巾擦干净阴茎、内裤上的精液。贝贝洗手。

✽贝贝进房间关门，拉上窗帘。贝贝脱裤子，用纸巾擦干净阴茎、内裤

① 囿于绝大多数智障男孩的认知能力，家长不需要让孩子学习“少男”这个新概念，可以把孩子已学习的性别与“青少年”结合，用“男青少年”来指代“少男”。

上的精液。贝贝洗手。

✲贝贝进浴室关门。贝贝洗澡，洗干净阴茎上的精液。贝贝洗干净裤子、被子。

知“性”家长这样评

（1）**您的孩子**会想办法不让别人看到自己勃起吗？

很多时候不会 □　　有时会 □

很多时候会 □　　不清楚孩子会不会 □

您教过孩子在公共场所不能让别人看到自己勃起吗？

基本没教过 □　　有时教 □　　经常教 □

（2）**您的孩子**会在公共场所脱自己的裤子处理精液吗？

很多时候不会 □　　有时会 □

很多时候会 □　　不清楚孩子会不会 □

您教过孩子不能在公共场所脱自己的裤子处理精液吗？

基本没教过 □　　有时教 □　　经常教 □

（3）射精后，**您的孩子**会擦干净或洗干净阴茎吗？

很多时候不会 □　　有时会 □

很多时候会 □　　不清楚孩子会不会 □

您教过孩子射精后要擦干净或洗干净阴茎吗？

基本没教过 □　　有时教 □　　经常教 □

（4）擦阴茎或洗阴茎时，**您的孩子**会太用力，甚至弄痛或弄伤自己吗？

很多时候不会 □　　有时会 □

很多时候会 □　　不清楚孩子会不会 □

您教过孩子不能太用力擦阴茎或洗阴茎吗？

基本没教过 □　　有时教 □　　经常教 □

（5）擦阴茎后，**您的孩子**会洗手吗？

很多时候不会 □　　有时会 □

很多时候会 □　　不清楚孩子会不会 □

您教过孩子擦阴茎后要洗手吗？

基本没教过 □　　有时教 □　　经常教 □

（6）如果精液弄脏衣服或其他地方，**您的孩子**会清洁干净吗？

很多时候不会 □　　有时会 □

很多时候会 □　　不清楚孩子会不会 □

您教过孩子清洁干净被精液弄脏的衣服或其他地方吗？

基本没教过 □　　有时教 □　　经常教 □

主题10　自慰

知“性”家长这样教

温馨提示

(1) 本主题最好由男性家长（例如，爸爸）教孩子。

(2) 孩子有自慰需要或倾向时，家长才需要教本主题。

考虑到家长不一定能看到孩子自慰，本书建议家长可以先用老师自制的绘本，教孩子自慰时要讲文明、讲卫生。

如果家长刚好看到孩子自慰，可以参照绘本的做法来教孩子。

(3) 如果家长或医生检查发现孩子因自慰方法不正确导致受伤，那么家长必须马上教孩子正确的自慰方法。

如果看到孩子在公共场所自慰，家长必须马上中止他的行为。此时，如果孩子不能马上到关门的厕所或关门并拉上窗帘的房间，家长需要想办法转移孩子对自慰的注意力。如果孩子能马上到关门的厕所或关门并拉上窗帘的房间，家长可以让他到这些地方继续自慰。

如果孩子只在关门的厕所、关门并拉上窗帘的房间自慰，但是经常自慰，自慰的次数已经影响到他的日常生活和学习，家长需要分析清楚原因（例如，生殖器是否清洗干净、内裤尺寸是否太小），再介入处理（例如，让孩子每天清洗生殖器、穿宽松的内裤、调整睡姿、积极参加体育锻炼、积极劳动）。

如果孩子只在关门的厕所、关门并拉上窗帘的房间自慰，但是自慰的次数没有影响他的日常生活和学习，家长可以不干预他的自慰行为。

（4）家长可以用歌诀《我想自慰》来教：

我想自慰时，要先去洗手。厕所关上门，房间关上门和拉上窗帘，我可以自慰。自慰的时候，不弄伤自己。自慰了以后，阴茎[1]和衣服，或其他地方，如果弄脏了，要清洁干净，还要去洗手。

（5）“自慰”属于身体隐私。家长需要教孩子“不随便指、说、看、摸、用东西碰自己的身体隐私，不指、不随便说、不看、不摸、不用东西碰别人的身体隐私，不教唆别人看、摸、用东西碰自己或别人的身体隐私，听从或反抗别人所提出的和身体隐私有关的要求”。具体做法可参照“主题3　指和说隐私部位等身体隐私”“主题4　看隐私部位等身体隐私”“主题5　摸隐私部位等身体隐私”“主题6　用东西碰隐私部位等身体隐私”。

家长拿着老师自制的绘本《贝贝想自慰》，给孩子讲故事：

一、自慰前

（1）家长拿着“贝贝脱裤子，摸阴茎”的图片，说：“有时，我们的阴茎没有生病，我们也不是在洗澡，但是我们会摸一摸阴茎，觉得很舒服，这种事情叫自慰，也可以叫手淫。”

（2）家长拿着“贝贝洗手”的图片，说：“我们想自慰，要先洗手。讲卫生！”

二、自慰时

家长拿着“贝贝进厕所关门”“贝贝关上房间门，拉上窗帘”的图片，说：“让其他人看到我们自慰，很羞的。所以，厕所关上门，房间关上门和拉上窗帘，我们才可以自慰。在其他地方，我们一定不可以自慰。讲文明！”

三、自慰后

家长拿着以下图片，说：“自慰后，要洗手。有时，自慰后，阴茎会流出精液，所以厕所关上门、房间关上门和拉上窗帘后，我们要用纸巾擦干净阴茎上

[1] 本主题中，与勃起、流出精液有关的“阴茎”一般特指龟头至根部的部分。其他“阴茎”如无特别说明，一般泛指男性的外生殖器。

的精液；擦阴茎时轻轻地，不要弄痛自己；擦完要洗手。如果精液弄到其他地方，我们也要用纸巾擦干净。如果我们能马上洗澡，可以直接把精液洗干净，把弄脏的裤子、被子洗干净。讲文明！讲卫生！”

✲贝贝洗手。

✲在厕所/房间，贝贝用纸巾擦干净阴茎上的精液。贝贝洗手。

✲在厕所/房间，贝贝用纸巾擦干净内裤上的精液。贝贝洗手。

✲在房间，贝贝用纸巾擦干净被子上的精液。贝贝洗手。

✲在厕所/房间，贝贝用纸巾擦干净地上的精液。贝贝洗手。

✲在浴室，贝贝洗澡，洗干净阴茎上的精液。贝贝洗干净裤子、被子。

知“性”家长这样评

（1）**您的孩子**会在公共场所自慰吗？

很多时候不会 □　　有时会 □

很多时候会 □　　不清楚孩子会不会 □

您教过孩子不能在公共场所自慰吗？

基本没教过 □　　有时教 □　　经常教 □

（2）自慰前，**您的孩子**会洗手吗？

很多时候不会 □　　有时会 □

很多时候会 □　　不清楚孩子会不会 □

您教过孩子先洗手再自慰吗？

基本没教过 □　　有时教 □　　经常教 □

（3）自慰时，**您的孩子**会太用力，甚至弄痛或弄伤自己吗？

很多时候不会 □　　有时会 □

很多时候会 □　　不清楚孩子会不会 □

您教过孩子自慰时不能太用力吗？

基本没教过 □　　有时教 □　　经常教 □

（4）自慰后，**您的孩子**会洗手吗？

很多时候不会 □　　有时会 □

很多时候会 □　　不清楚孩子会不会 □

您教过孩子自慰后要洗手吗？

基本没教过 □　　有时教 □　　经常教 □

（5）如果精液弄脏阴茎、衣服或其他地方，**您的孩子**会清洁干净吗？

很多时候不会 □　　有时会 □

很多时候会 □　　不清楚孩子会不会 □

您教过孩子要清洁干净被精液弄脏的阴茎、衣服或其他地方吗？

基本没教过 □　　有时教 □　　经常教 □

主题11　选内裤

知“性”家长这样教

温馨提示

家长可以用歌诀《选内裤》来教：

我要穿男内裤。买内裤，去内衣店，去超市。自己选，包装上、标签上，看到“男”，看尺寸。不会选，找家人，找服务员，请帮我。在外面，不试穿。买回家，洗干净，才能穿。

一、认识孩子所穿的内裤

（一）认识男内裤

（1）根据孩子所穿的内裤尺寸，家长买回一条包装的男内裤和一条散装的、挂有标签的男内裤。

（2）家长拿着包装的男内裤，指着包装盒、包装袋上的文字或图案，说：“这是男内裤，包装上可以看到‘男’字或男孩的图案。你要穿男内裤。”

（3）家长拿着散装的男内裤，指着标签上的文字，说：“这是男内裤，标签上可以看到‘男’字。你要穿男内裤。”

（二）认识内裤尺寸

（1）家长拿着包装的男内裤，指着包装盒、包装袋上的尺寸“Size：××（例如，Size：S）”，说：“内裤的大小也可以叫内裤的尺寸、尺码、码数。每条内裤都有尺寸。这条内裤的尺寸是××码（例如，这条内裤的尺寸是小码），包装上可以看到尺寸。你要穿××码的男内裤（例如，你要穿小码的男内裤）。”

（2）家长拿着散装的男内裤，指着标签上的尺寸“Size：××”，说：“这条内裤的尺寸是××码，标签上可以看到尺寸。你要穿××码的男内裤。”

二、和孩子买内裤

（1）家长带孩子去内衣店或超市，说：“现在，你要学习为自己买内裤。买内裤，去内衣店，去超市。在这些地方买内裤比较安全。”

（2）家长让孩子看包装盒、包装袋、标签上的“男”字或男性图案，找到男内裤。

家长让孩子看包装盒、包装袋、标签上的尺寸，找到适合孩子穿的内裤尺寸。

家长说：“自己选，包装上、标签上，看到‘男’，看尺寸。先选男内裤，再从里面选符合自己尺寸的内裤。”

（3）如果孩子不会选内裤，家长再让孩子告诉服务员：“服务员，我不会选内裤，请帮我。”并解释：“卖内裤的服务员肯定知道怎么选内裤。所以，我们不会选内裤，可以告诉服务员，请服务员帮忙。”

（4）家长带孩子回家后，让孩子洗干净内裤再穿，说：“买内裤，在外面，不试穿。买回家，洗干净，才能穿。”

知“性”家长这样评

（1）**您的孩子**会找男内裤吗？

很多时候不会 □　　有时会 □

很多时候会 □　　不清楚孩子会不会 □

您教过孩子怎么找男内裤吗？

基本没教过 □　　有时教 □　　经常教 □

（2）**您的孩子**会在男内裤里找到适合自己所穿的尺寸吗？

很多时候不会 □　　有时会 □

很多时候会 □　　不清楚孩子会不会 □

您教过孩子怎么找适合自己所穿尺寸的内裤吗？

基本没教过 □　　有时教 □　　经常教 □

（3）**您的孩子**知道要去内衣店或超市买内裤吗？

很多时候不知道 □　　有时知道 □

很多时候知道 □　　不清楚孩子知不知道 □

您教过孩子要去内衣店或超市买内裤吗？

基本没教过 □　　有时教 □　　经常教 □

（4）如果**您的孩子**不会买内裤，他知道可以找服务员帮忙吗？

很多时候不知道 □　　有时知道 □

很多时候知道 □　　不清楚孩子知不知道 □

您教过孩子可以找服务员帮忙买内裤吗？

基本没教过 □　　有时教 □　　经常教 □

（5）买内裤时，**您的孩子**会在内衣店或超市试穿内裤吗？

很多时候不会 □　　有时会 □

很多时候会 □　　不清楚孩子会不会 □

您教过孩子不能在外面试穿内裤吗？

基本没教过 □　　有时教 □　　经常教 □

（6）买到内裤后，**您的孩子**会洗干净再穿吗？

很多时候不会 □　　有时会 □

很多时候会 □　　不清楚孩子会不会 □

您教过孩子买回来的内裤要先洗干净再穿吗？

基本没教过 □　　有时教 □　　经常教 □

主题12　使用电动刮胡刀、选刮胡刀

知“性”家长这样教

温馨提示

(1) 本主题最好由男性家长（例如，爸爸）教孩子。

(2) 家长需要参照“主题7　男孩、女孩慢慢地长大”中“三、从儿童慢慢地长大成青少年”之“(一) 孩子从儿童慢慢地长大成青少年”，先教孩子认识自己在青春期的身体变化。

(3) 孩子开始长胡子时，家长才需要教他使用刮胡刀，不用太早教。从卫生的角度来说，家长需要为孩子买一把刮胡刀，专门供他使用。

(4) 考虑到刮胡子的安全性，家长最好教孩子使用电动刮胡刀。

市场上的电动刮胡刀有很多种，本书只呈现一种电动刮胡刀的使用方法。家长需要结合孩子所买的电动刮胡刀，教他使用方法。

如果孩子的能力比较强，家长可以教孩子看说明书，了解使用方法。

(5) 家长可以用歌诀《使用电动刮胡刀》来教：

每一天，刮胡子，讲卫生！用电动刮胡刀，先洗脸。保护盖，先取下；开开关，照镜子，沿嘴唇，刮胡子。看一看，摸一摸，有胡子，继续刮；没胡子，关开关。刮完了，洗洗脸。要清洁刮胡刀，刀头盖，先打开；拿刷子，扫一扫。看一看，没干净，继续扫；干净了，刀头盖，再关上；保护盖，再套上；洗刷子。刮胡刀没电了，换电池或充电。换电池，先打开电池仓，放电池，再关上电池仓。

充电时，关开关，看看灯，充满了，拔电源。不会做，找家人，找老师，请帮我。

家长可以用歌诀《选刮胡刀》来教：

买刮胡刀，去商场，去超市。自己选，包装上，看“手动”，看“电动”。不会选，找家人，找服务员，请帮我。

一、认识刮胡刀

（1）家长拿着一把手动刮胡刀，在自己的脸上做刮胡子的假动作，说：“这是刮胡刀，也可以叫剃须刀，用来刮胡子。这把刮胡刀不需要用电，就能用来刮胡子，我们把它叫作手动刮胡刀。”

（2）家长拿着一把电动刮胡刀，在自己的脸上做刮胡子的假动作，说：“这也是刮胡刀，也用来刮胡子。这把刮胡刀必须有电才可以用来刮胡子，我们把它叫作电动刮胡刀。”

（3）家长拿着盒装的手动刮胡刀、电动刮胡刀，指着包装盒上的文字，说：“包装上，看‘手动’，看‘电动’，我们就知道它是哪种刮胡刀。”

二、刮胡子

（1）家长让孩子洗脸、擦干脸，说：“用电动刮胡刀，先洗脸，这样刮胡子时才不会把脸弄痛。如果说明书上写着‘电动刮胡刀不能水洗’，请记住先把脸上的水擦干，以免弄坏刮胡刀。”

（2）家长一边教孩子取下电动刮胡刀的保护盖，按动电动刮胡刀的电源开关，照着镜子，沿着嘴唇移动电动刮胡刀，摸嘴唇的四周，按动电动刮胡刀的电源开关，一边说：“保护盖，先取下；开开关，照镜子，沿嘴唇，刮胡子。看一看，摸一摸，有胡子，继续刮；没胡子，关开关。”

（3）家长让孩子洗脸，说：“刮完了，洗洗脸。我们要把刮下来的、黏在脸上的胡子洗掉。讲卫生！”

（4）家长指着孩子的嘴唇，说：“如果嘴唇附近长青春痘，皮肤发热、发痒，有其他皮肤病，我们一定不能刮胡子。等青春痘没有了，等皮肤好了，我们才可以继续刮胡子。”

温馨提示

每天早上，孩子洗脸时，家长可以教他刮胡子，强调："我们慢慢地从儿童长大成青少年，会长出胡子，要用刮胡刀。长胡子后，每天早上洗脸后，刮胡子，讲卫生！"

三、清洁电动刮胡刀

（1）孩子刮完胡子，家长说："刮胡子时，很多胡子会掉进电动刮胡刀里。所以，每次刮完胡子，我们要马上清洁电动刮胡刀，讲卫生！现在，我们学习清洁电动刮胡刀。"

（2）家长一边教孩子打开电动刮胡刀的刀头盖，一边说："要清洁刮胡刀，先打开刀头盖。"

（3）家长一边教孩子拿着清洁刷清扫电动刮胡刀的刀头，清洁干净后关上刀头盖，套上保护盖，一边说："拿刷子，扫一扫。看一看，没干净，继续扫；干净了，刀头盖，再关上；保护盖，再套上。如果说明书上写着'电动刮胡刀不能水洗'，我们要注意不能用水冲洗里面的胡子，以免弄坏刮胡刀。请记住，必须关上开关，才能清洁刮胡刀。"

（4）家长一边教孩子用水清洗清洁刷，一边说："清洁完刮胡刀，还要用水把刷子洗干净。"

四、给电动刮胡刀换电池或充电

（1）刮胡刀还有电时，家长按动电源开关，指着指示灯，说："如果我们打开刮胡刀时能听到声音，表示刮胡刀还有电。这个时候，指示灯是这样的。"

（2）刮胡刀没有电时，家长按动电源开关，指着指示灯，说："如果我们打开刮胡刀时听不到声音，表示刮胡刀可能没有电。这个时候，指示灯是这样的。于是，我们要给刮胡刀换电池或充电。"

（3）如果电动刮胡刀是干电池式，没电时，家长一边教孩子换干电池，一边说："换电池，先打开电池仓，放电池，再关上电池仓。要记住，按照电池仓里面的图案去放电池，不要放错方向。"

换电池后，家长再让孩子按动电动刮胡刀的电源开关，解释："如果换了电池，我们打开刮胡刀，还是听不到声音，表示刮胡刀可能坏了。"

（4）如果电动刮胡刀是充电式的，没电时，家长一边教孩子用电源线、充电器、充电底座等设备充电，一边说："充电时，关开关，看看灯，充满了，拔电源。要记住，必须关上开关，才能充电。”

充电后，家长再让孩子按动电动刮胡刀的电源开关，解释：“如果充了电，我们打开刮胡刀，还是听不到声音，表示刮胡刀可能坏了。”

五、和孩子买刮胡刀

（1）家长带孩子去商场或超市，说：“现在，我们学习买刮胡刀，可以去商场或超市买。在这些地方买刮胡刀比较安全。”

（2）家长让孩子看包装盒、包装袋、标签上的“电动”或“手动”文字，说：“如果刮胡刀有盒子装着，我们可以在包装盒上找到‘手动’或‘电动’文字。所以，自己选，包装上，看‘手动’，看‘电动’，我们就知道它是哪种刮胡刀。”

（3）如果孩子不会选刮胡刀，家长可以让孩子告诉服务员：“服务员，我不会选刮胡刀，请帮我。”并解释：“卖刮胡刀的服务员肯定知道怎么选刮胡刀。所以，我们不会选刮胡刀，可以告诉服务员，请服务员帮忙。”

知“性”家长这样评

（1）**您的孩子**会区分电动刮胡刀和手动刮胡刀吗？

很多时候不会 □　　有时会 □

很多时候会 □　　不清楚孩子会不会 □

您教过孩子怎样区分电动刮胡刀和手动刮胡刀吗？

基本没教过 □　　有时教 □　　经常教 □

（2）刮胡子前，**您的孩子**会洗脸吗？

很多时候不会 □　　有时会 □

很多时候会 □　　不清楚孩子会不会 □

您教过孩子先洗脸再刮胡子吗？

基本没教过 □　　有时教 □　　经常教 □

（3）**您的孩子**会刮胡子吗？

很多时候不会 □　　有时会 □

很多时候会 □　　不清楚孩子会不会 □

您教过孩子刮胡子吗？

基本没教过 □　　有时教 □　　经常教 □

（4）刮完胡子，**您的孩子**会洗脸吗？

很多时候不会 □　　有时会 □

很多时候会 □　　不清楚孩子会不会 □

您教过孩子刮完胡子要洗脸吗？
基本没教过 □　　有时教 □　　经常教 □

（5）刮完胡子，**您的孩子**会清洁刮胡刀吗？
很多时候不会 □　　有时会 □
很多时候会 □　　不清楚孩子会不会 □
您教过孩子刮完胡子要清洁刮胡刀吗？
基本没教过 □　　有时教 □　　经常教 □

（6）**您的孩子**会看电动刮胡刀有没有电吗？
很多时候不会 □　　有时会 □
很多时候会 □　　不清楚孩子会不会 □
您教过孩子怎样看电动刮胡刀有没有电吗？
基本没教过 □　　有时教 □　　经常教 □

（7）**您的孩子**会给电动刮胡刀换电池或充电吗？
很多时候不会 □　　有时会 □
很多时候会 □　　不清楚孩子会不会 □
您教过孩子怎样给电动刮胡刀换电池或充电吗？
基本没教过 □　　有时教 □　　经常教 □

（8）**您的孩子**知道要去商场或超市买刮胡刀吗？
很多时候不知道 □　　有时知道 □
很多时候知道 □　　不清楚孩子知不知道 □
您教过孩子要去商场或超市买刮胡刀吗？
基本没教过 □　　有时教 □　　经常教 □

（9）如果不会买刮胡刀，**您的孩子**知道可以找服务员帮忙吗？
很多时候不知道 □　　有时知道 □
很多时候知道 □　　不清楚孩子知不知道 □
您教过孩子可以找服务员帮忙买刮胡刀吗？
基本没教过 □　　有时教 □　　经常教 □

主题13　拥抱

知“性”家长这样教

温馨提示

（1）本主题中，“拥抱”包括“面对面的拥抱”“侧面的拥抱”“背后的拥抱”三种情况。

（2）家长需要参照“主题1　男孩　女孩”，先教孩子知道自己和别人的性别；参照“主题34　身边的人”，先教孩子区分家人、老师及同学等其他人。

（3）随着孩子逐渐进入青春期，他需要学习“不能随便拥抱异性”的社会规范。所以，家长需要教这个年龄段的孩子“只能和认识的同性拥抱”。等孩子需要和异性婚恋后，家长再教他如何和亲密的异性拥抱。

如果家长认为“孩子能和异性家人拥抱”，必须综合考量孩子的能力。如果孩子的能力比较强，家长可以教孩子“能和异性家人拥抱，不能和其他异性拥抱”。如果孩子的能力比较弱，家长最好教孩子“只能和认识的同性拥抱，能和认识的异性拉手”，具体做法可参照“主题41　拉手”。

（4）家长可以用歌诀《抱一抱》来教：

“男”“女”是性别。我和男孩是同性，我和女孩是异性。我们的身体，肩膀可以抱，腰也可以抱。认识的同性，可以抱一抱，也可以不抱。我想抱认识的同性，先要问一问，同意才能抱，不同意不抱。认识的同性要抱我，我喜欢就抱，不喜欢不抱。认识的异性、不认识的人，一定不能抱。如果有坏人，强行要抱，我要大声喊，我要快点跑，去告诉家人，去告诉老师。

如果孩子实在不知道“自己和谁是同性、异性”，家长可以把歌诀改成：

我们的身体，肩膀可以抱，腰也可以抱。认识的男孩，可以抱一抱，也可以不抱。我想抱认识的男孩，先要问一问，同意才能抱，不同意不抱。认识的男孩要抱我，我喜欢就抱，不喜欢不抱。认识的女孩、不认识的人，一定不能抱。如果有坏人，强行要抱，我要大声喊，我要快点跑，去告诉家人，去告诉老师。

(5) 关于怎么教孩子反抗坏人及不主动做出侵害行为，家长可参考“主题4　看隐私部位等身体隐私”相关内容。

家长需要向孩子强调“只要其他人做‘用力抱我’‘用力拉着我要我去抱’这些动作，他就是坏人，我就要反抗”，而不需要孩子关注坏人所说的话。

一、孩子认识的同性、异性

（1）家人甲问孩子：“你是男孩，还是女孩？”

家人甲指着自己，问孩子：“我是男孩，还是女孩？”

家人甲指着家人乙，问孩子：“他是男孩，还是女孩？”

（2）孩子说出所有家人的性别后，家人甲说：“我们每个人都有性别。‘男’‘女’就是我们的性别。”

（3）一个家人让孩子和其他男性家人坐在一起，依次指着他们说：“你是男孩，××也是男孩。你们的性别一样，叫同性。你和男孩是同性。你和××是同性（例如，你是男孩，爸爸也是男孩。你和爸爸是同性）。”

一个家人让孩子和女性家人坐在一起，依次指着他们说：“你是男孩，××是女孩。你们的性别不一样，叫异性。你和女孩是异性。你和××是异性（例如，你是男孩，妈妈是女孩。你和妈妈是异性）。”

（4）家长拿着一些人物图片（例如，孩子的家人，老师，其他同学，其他同学的家长，保洁员等学校其他工作人员，孩子的亲戚，孩子在校园外的朋友，孩子的邻居，医生、警察、保安、环卫工人、服务员等穿制服的、孩子不认识的人，不穿制服的、孩子不认识的人），问孩子：“你认识谁？”

孩子不知道时，家长直接拿出相应的人物图片，说：“这是××，你认识××（例如，这是张老师，你认识张老师）。”

（5）孩子找到认识的人的图片后，家长问孩子：“在你认识的这些人中，你和谁是同性？”

孩子不知道时，家长直接拿着相应的人物图片，说：“你认识××。你和××是同性。你认识的同性有××（例如，你认识爸爸。你和爸爸是同性。你认识的同性有爸爸）。”

（6）孩子找到认识的人的图片后，家长问孩子：“在你认识的这些人中，你和谁是异性？”

孩子不知道时，家长直接拿着相应的人物图片，说：“你认识××。你和××是异性。你认识的异性有××（例如，你认识妈妈。你和妈妈是异性。你认识的异性有妈妈）。”

二、孩子主动拥抱别人

（一）拥抱认识的同性

（1）在家里，家人甲指着其他男性家人，问孩子：“你认识他。你和他是同性。你喜欢认识的同性，可以和他拉拉手，也可以抱抱他。现在，你想抱一抱谁？”

（2）如果看到孩子不想拥抱任何男性家人，家人甲不需要再要求，并解释：“认识的同性，我不喜欢，可以不抱。”

（3）如果看到孩子找到男性家人乙，家人甲让孩子张开双手作拥抱状，问男性家人乙：“我可以抱你吗？”

对于不会说话的孩子，家人甲让他做“张开双手作拥抱状（但不触碰男性家人乙）”的动作后，先停下来，看看男性家人乙的反应。

家人甲解释：“我想抱认识的同性，先要问一问。”

孩子问完，男性家人乙决定是否同意拥抱。

（4）孩子问男性家人乙后，如果男性家人乙同意拥抱，家人甲让孩子拥抱男性家人乙，解释：“我想抱认识的同性，先要问一问，同意才能抱。肩膀可以抱，腰也可以抱；抱的时候，可能还会碰到他的脖子、背；抱的时候轻轻地，不要弄痛他。讲文明！”

如果男性家人乙不同意拥抱，家人甲让孩子不拥抱男性家人乙，并解释：“我想抱认识的同性，先要问一问，不同意不抱。讲文明！”

温馨提示

（1）在外面，如果看到孩子想拥抱认识的同性，家长可以参照上面的做法来教他。

（2）家长可以拿着老师自制的绘本《我想抱认识的同性》来教。在此，以“认识的同性同意抱我”为例说明：

贝贝看到爸爸。贝贝张开双手作拥抱状，问：“爸爸，我可以抱你吗？”爸爸点头，对贝贝说：“好。”贝贝和爸爸拥抱。

（二）不拥抱认识的异性

如果看到孩子主动拥抱认识的异性，家长马上阻止，解释：“认识的异性，一定不能抱。如果喜欢认识的异性，我可以和她拉手。讲文明！”

（三）不拥抱不认识的人

如果看到孩子主动拥抱不认识的人，家长马上阻止，解释：“不认识的人，一定不能抱。讲文明！”

三、别人要拥抱孩子

（一）别人要拥抱孩子（没有强行要求）

1. 认识的同性要拥抱孩子

（1）家长提前和孩子认识的男性邻居、亲友沟通，设计情境：让他们主动拥抱孩子。

（2）认识的男性邻居、亲友想拥抱孩子时，如果看到孩子想要拥抱对方，家长让孩子拥抱，解释：“认识的同性要抱我，我喜欢就抱。肩膀可以抱，腰也可以抱；抱的时候，可能还会碰到他的脖子、背；抱的时候轻轻地，不要弄痛他。讲文明！”

如果看到孩子不想拥抱对方，家长让孩子摇头、摆手，跟着说“我不要抱”，解释：“认识的同性要抱我，不喜欢不抱。”

温馨提示

家长可以拿着老师自制的绘本《认识的同性要抱我》来教。在此，以“我不想抱认识的同性”为例说明：

男老师看到贝贝。贝贝认识男老师。男老师想拥抱贝贝。贝贝推开男老师，摇头、摆手，说：“老师，我不要抱。”贝贝和男老师不拥抱。

2. 认识的异性要拥抱孩子

（1）家长提前和孩子认识的女性邻居、亲友沟通，设计情境：让她们主动拥抱孩子。

（2）认识的女性邻居、亲友想拥抱孩子时，家长让孩子摇头、摆手，跟着说“我不要抱”，解释：“认识的异性，一定不能抱。如果喜欢认识的异性，我可以和她拉手。讲文明！”

温馨提示

家长可以拿着老师自制的绘本《认识的异性要抱我》来教：

女同学小红看到贝贝。贝贝认识小红。小红想拥抱贝贝。贝贝推开小红，摇头、摆手，说：“小红，我不要抱。”贝贝和小红不拥抱。

3. 不认识的人要拥抱孩子

家长拿着老师自制的绘本《不认识的人要抱我》，给孩子讲故事：

（1）家长拿着“陌生哥哥张开双手作拥抱状，对贝贝说：‘你长得真可爱！我们抱一抱。’”的图片，说：“这是陌生哥哥。贝贝不认识他。他要抱贝贝。”

（2）家长拿着“贝贝推开陌生哥哥的手，摇头、摆手，说：‘我不要抱。’贝贝和陌生哥哥不拥抱。”的图片，说：“不认识的人可能是坏人，随便抱不认识的人，很危险。贝贝不抱陌生哥哥。”

（3）家长说：“不认识的人，一定不能抱。讲文明！”

（二）坏人强行拥抱孩子

家长拿着老师自制的绘本《坏人强行抱我》，给孩子讲故事。在此，以“我不想抱认识的同性时，他强行抱我”为例说明：

（1）家长拿着“男施害者要拥抱男生”的图片，说：“男生认识这个叔叔。男生和叔叔是同性。叔叔要抱男生。”

家长拿着“男生推开男施害者的手，摇头、摆手，说：‘我不要抱。’”的图片，说：“男生不想抱叔叔。”

（2）家长拿着“男施害者再次要拥抱男生，对男生说：‘我们很久没见了，抱一抱吧。’”的图片，说：“叔叔强行抱男生，他就是坏人。”

（3）家长拿着“男生喊‘不要’，跑离现场”的图片，说：“男生大声喊，快点跑。”

家长拿着“男生找到老师后说：‘有坏人强行抱我。’”的图片，说：“男生把坏人做的事情告诉老师。”

（4）家长拿着“警察摁住男施害者，说：‘有人报警说，你强行抱他。跟我去公安局。’”的图片，说：“因为坏人强行要抱别人，所以警察把他抓起来。”

（5）家长总结说：“如果有坏人强行抱我，我要大声喊，我要快点跑，去告诉家人，去告诉老师。我一定不能强行抱别人。”

温馨提示

“坏人强行拥抱孩子”包括“孩子不想拥抱认识的同性时，他强行拥抱孩子”“认识的异性强行拥抱孩子”和“不认识的人强行拥抱孩子”三种情况。

四、别人要孩子拥抱其他人

（一）别人要孩子拥抱其他人（没有强行要求）

1. 别人要孩子拥抱认识的同性

（1）在家里，家人甲指着男性家人乙，对孩子说：“你认识他。你和他是同性。他很喜欢你，你抱一抱他吧。”

（2）如果看到孩子不想拥抱男性家人乙，家人甲让孩子摇头、摆手，跟着说“我不要抱”，解释：“认识的同性，我不喜欢，可以不抱。”

如果看到孩子想拥抱男性家人乙，家人甲让孩子问男性家人乙：“我可以抱你吗？”

对于不会说话的孩子，家人甲让他做“张开双手作拥抱状（但不触碰男性家人乙）”的动作后，先停下来，看看男性家人乙的反应。

家人甲解释：“我想抱认识的同性，先要问一问。”

孩子问完，男性家人乙决定是否同意拥抱。

（3）孩子问男性家人乙后，如果男性家人乙同意拥抱，家人甲让孩子拥抱男性家人乙，并解释：“我想抱认识的同性，先要问一问，同意才能抱。肩膀可以抱，腰也可以抱；抱的时候，可能还会碰到他的脖子、背；抱的时候轻轻地，不要弄痛他。讲文明！”

如果男性家人乙不同意拥抱，家人甲让孩子不拥抱，解释：“我想抱认识的同性，先要问一问，不同意不抱。讲文明！”

温馨提示

（1）在外面，家长可以提前和孩子认识的同性邻居、亲友沟通，设计下面的情境：家长要孩子和认识的同性邻居、亲友拥抱，有的邻居、亲友同意和孩子拥抱，有的邻居、亲友不同意和孩子拥抱。家长可以参照上面的做法来教孩子。

（2）家长可以拿着老师自制的绘本《别人要我抱认识的同性》来教。在此，以“认识的同性不同意抱我”为例说明：

爸爸看到贝贝和表弟在一起。爸爸说：“贝贝，你和表弟很长时间没有见面了，你去抱抱表弟吧。”贝贝张开双手作拥抱状，问：“表弟，我可以抱你吗？”表弟摇头、摆手，对贝贝说：“我不要抱。”贝贝和表弟不拥抱。

2. 别人要孩子拥抱认识的异性

家长拿着老师自制的绘本《别人要我抱认识的异性》，给孩子讲故事：

（1）家长拿着“陌生阿姨指着邻居妹妹，问贝贝：‘你认识她吗？’贝贝点头，说：‘认识。’”的图片，说：“这是邻居妹妹。贝贝认识她。贝贝和她是认识的异性。”

（2）家长拿着“陌生阿姨问贝贝：‘你能抱得起妹妹吗？’”的图片，说：“别人要贝贝抱认识的异性。”

（3）家长拿着“贝贝摇头、摆手，说：‘我不要抱。’贝贝和邻居妹妹不拥抱”的图片，说：“男孩、女孩慢慢地长大成青少年，不能再拥抱了。所以，即使贝贝认识邻居妹妹，也不能抱她。贝贝不抱邻居妹妹。”

（4）家长总结说：“认识的异性，一定不能抱。如果喜欢认识的异性，我可以和她拉手。讲文明！”

3. 别人要孩子拥抱不认识的人

家长拿着老师自制的绘本《别人要我抱不认识的人》，给孩子讲故事：

（1）家长拿着“邻居叔叔指着一个弟弟，问贝贝：‘你认识他吗？’贝贝摇头、摆手，说：‘不认识。’”的图片，说：“这是陌生弟弟。贝贝不认识他。”

（2）家长拿着“邻居叔叔问贝贝：‘你能抱得起弟弟吗？’”的图片，说：“别人要贝贝抱不认识的人。”

（3）家长拿着“贝贝摇头、摆手，说：‘我不要抱。’贝贝和陌生弟弟不拥抱”的图片，说：“不认识的人可能是坏人，随便抱不认识的人，很危险。贝贝不抱陌生弟弟。”

（4）家长总结说：“不认识的人，一定不能抱。讲文明！”

（二）坏人强行要孩子拥抱别人

家长拿着老师自制的绘本《坏人强行要我抱别人》，给孩子讲故事。在此，以“认识的同性不同意抱我时，坏人强行要我抱他”为例说明：

（1）家长拿着“男/女施害者指着另一个男孩，问男生：‘你认识他吗？’男生点头，说：‘认识。’”的图片，说：“男生认识这个男孩。男生和这个男孩是同性。”

家长再拿着“男/女施害者对男生说：‘他很喜欢你，你去抱抱他吧。’”的图片，说：“陌生叔叔/阿姨要男生抱认识的同性。”

家长再拿着“男生问那个男孩：‘我可以抱你吗？’”的图片，说：“男生想抱认识的同性。”

家长再拿着“那个男孩摇头、摆手，对男生说：‘我不要抱。’男生和那个男孩没有拥抱”的图片，说：“认识的同性不同意抱，男生不抱他。”

（2）家长拿着“男/女施害者再次抓住男生的手，伸向那个男孩，对男生说：‘快去抱抱！’”的图片，说：“陌生叔叔/阿姨要男生抱认识的同性，认识的同性不同意，他还是强行要男生抱那个人，他就是坏人。”

（3）家长拿着“男生喊‘不要’，跑离现场”的图片，说：“男生大声喊，快点跑。”

家长拿着“男生找到老师后说：‘有坏人强行要我抱别人。’”的图片，说：“男生把坏人做的事情告诉老师。”

（4）家长拿着“警察摁住男/女施害者，说：‘有人报警说，你强行要他去抱别人。跟我去公安局。’”的图片，说：“因为坏人强行要男生去抱别人，所以警察把他抓起来。”

（5）家长总结说：“如果有坏人强行要我抱别人，我要大声喊，我要快点跑，去告诉家人，去告诉老师。我一定不能强行要别人去抱其他人。”

温馨提示

“坏人强行要孩子拥抱别人”包括“认识的同性不同意拥抱孩子时，坏人强行要孩子拥抱他”“孩子不想拥抱认识的同性时，坏人强行要孩子拥抱他”“坏人强行要孩子拥抱认识的异性”和“坏人强行要孩子拥抱不认识的人”四种情况。

知“性”家长这样评

（1）**您的孩子**知道哪些人是自己认识的同性吗？

很多时候不知道 □　　有时知道 □

很多时候知道 □　　不清楚孩子知不知道 □

您教过孩子哪些人是他认识的同性吗？

基本没教过 □　　有时教 □　　经常教 □

（2）**您的孩子**知道哪些人是自己认识的异性吗？

很多时候不知道 □　　有时知道 □

很多时候知道 □　　不清楚孩子知不知道 □

您教过孩子哪些人是他认识的异性吗？

基本没教过 □　　有时教 □　　经常教 □

（3）**您的孩子**会随便抱认识的异性吗？

很多时候不会 □　　有时会 □

很多时候会 □　　不清楚孩子会不会 □

您教过孩子不能随便抱认识的异性吗？

基本没教过 □　　有时教 □　　经常教 □

（4）**您的孩子**会抱不认识的人吗？

很多时候不会 □　　有时会 □

很多时候会 □　　不清楚孩子会不会 □

您教过孩子不能抱不认识的人吗？

基本没教过 □　　有时教 □　　经常教 □

（5）**您的孩子**想抱认识的同性时，会先问对方，不随便抱吗？

很多时候不会 □　　有时会 □

很多时候会 □　　不清楚孩子会不会 □

您教过孩子想抱认识的同性前要先问对方吗？

基本没教过 □　　有时教 □　　经常教 □

（6）想抱认识的同性且他同意时，**您的孩子**会抱他吗？

很多时候不会 □　　有时会 □

很多时候会 □　　不清楚孩子会不会 □

您教过孩子认识的同性同意时才可以抱他吗？

基本没教过 □　　有时教 □　　经常教 □

（7）想抱认识的同性但他不同意时，**您的孩子**会抱他吗？

很多时候不会 □　　有时会 □

很多时候会 □　　　　不清楚孩子会不会 □

您教过孩子认识的同性不同意时不可以抱他吗？

基本没教过 □　　　　有时教 □　　　　经常教 □

（8）认识的同性要抱**您的孩子**且孩子喜欢时，孩子会抱他吗？

很多时候不会 □　　　　有时会 □

很多时候会 □　　　　不清楚孩子会不会 □

您教过孩子喜欢时可以抱认识的同性吗？

基本没教过 □　　　　有时教 □　　　　经常教 □

（9）认识的同性要抱**您的孩子**但孩子不喜欢时，孩子会抱他吗？

很多时候不会 □　　　　有时会 □

很多时候会 □　　　　不清楚孩子会不会 □

您教过孩子不喜欢时可以不抱认识的同性吗？

基本没教过 □　　　　有时教 □　　　　经常教 □

（10）和认识的同性拥抱时，**您的孩子**会太用力，甚至弄痛或弄伤对方吗？

很多时候不会 □　　　　有时会 □

很多时候会 □　　　　不清楚孩子会不会 □

您教过孩子拥抱时不能太用力吗？

基本没教过 □　　　　有时教 □　　　　经常教 □

（11）**您的孩子**会强行要别人和其他人拥抱吗？

很多时候不会 □　　　　有时会 □

很多时候会 □　　　　不清楚孩子会不会 □

您教过孩子不能强行要别人和其他人拥抱吗？

基本没教过 □　　　　有时教 □　　　　经常教 □

（12）如果有坏人强行抱**您的孩子**，他知道要反抗吗？

很多时候不知道 □　　　　有时知道 □

很多时候知道 □　　　　不清楚孩子知不知道 □

您教过孩子坏人强行抱自己时要反抗吗？

基本没教过 □　　　　有时教 □　　　　经常教 □

（13）如果有坏人强行抱**您的孩子**，他知道要把坏人做的事情告诉家人或老师吗？

很多时候不知道 □　　　　有时知道 □

很多时候知道 □　　　　不清楚孩子知不知道 □

您教过孩子要把坏人做的事情告诉家人或老师吗？

基本没教过 □　　　　有时教 □　　　　经常教 □

（14）如果有坏人强行要**您的孩子**抱别人，他知道要反抗吗？

很多时候不知道 □　　有时知道 □

很多时候知道 □　　不清楚孩子知不知道 □

您教过孩子坏人强行要自己抱别人时要反抗吗？

基本没教过 □　　有时教 □　　经常教 □

（15）如果有坏人强行要**您的孩子**抱别人，他知道要把坏人做的事情告诉家人或老师吗？

很多时候不知道 □　　有时知道 □

很多时候知道 □　　不清楚孩子知不知道 □

您教过孩子要把坏人做的事情告诉家人或老师吗？

基本没教过 □　　有时教 □　　经常教 □

主题14　应对“别人穿暴露的衣服”的性信息

知“性”家长这样教

温馨提示

（1）本主题中，“暴露的衣服”指吊带装、低胸装、露脐装、超短裙、超短裤、泳衣、泳裤、内衣裤等衣服（并没有裸露隐私部位）。

“‘别人穿暴露的衣服’的性信息”指有关“别人穿暴露的衣服”的内容。这些内容可以以视频、图片、实物、真人等形式出现在电视、电影、互联网、报纸、杂志、书籍、广告牌、宣传单等传媒或载体中，也可以不依赖于任何传媒或载体而出现在生活中。

（2）孩子对暴露的衣服感兴趣时，家长才需要教本主题。

（3）家长可以用歌诀《文明地看别人穿暴露的衣服》来教：

别人穿暴露的衣服，我可以不看，可以离远看，隔一臂距离，做文明的人。

一、穿暴露的衣服

（1）在家里，看到“别人穿暴露的衣服”的性信息时（例如，在电视上看到别人穿吊带装；在杂志上看到别人穿泳裤），家长指着穿暴露衣服的人，说：“露出肩膀、肚子、腰、大腿等大部分身体部位的衣服，叫暴露的衣服。他们穿暴露的衣服。”

家长指着泳裤，说：“在海边、泳池、表演台，我们能只穿着泳裤。在其他地方，我们不能只穿着泳裤。讲文明！”

家长指着内裤，说：“厕所关上门，房间关上门和拉上窗帘，我们能只穿着内裤。在其他地方，我们一定要穿着外裤，遮住内裤。讲文明！”

家长指着超短裤，说：“如果我们穿这种暴露的裤子，露出太多身体部位，很容易让别人看到我们的隐私部位，很危险。”家长再指着长裤、短裤，说：“平时，我们能穿长裤或短裤，最多只露出小腿和膝盖，这样不容易让别人看到我们的隐私部位，比较安全。”

（2）家长带孩子去商场、超市或内衣店，指着货架上的衣服，告诉孩子哪些是暴露的衣服、能不能穿这些衣服、能在哪里穿这些衣服。

二、文明地看“别人穿暴露的衣服”的性信息

（1）在家里，看到“别人穿暴露的衣服”的性信息时（例如，在电视上看到别人穿吊带装；在杂志上看到别人穿泳裤），家长让孩子伸出手臂，离这些性信息至少一臂距离后站着，放下手臂，解释：“如果别人穿暴露的衣服时我想看，可以像这样离远去看，隔一臂距离，讲文明！请记住，这就是隔一臂距离，以后想看不用伸手了，像这样离远去看就行了。”

（2）在外面，看到“别人穿暴露的衣服”的性信息时（例如，在街上看到别人穿超短裙），如果孩子选择不看，家长可强调：“别人穿暴露的衣服，我可以不看。”如果孩子选择看，家长则让孩子不要伸手测量距离，而是目测隔一臂距离地看。

如果看到孩子出现其他不文明的行为（例如，指、摸、用东西碰），家长马上阻止，解释：“别人穿暴露的衣服，可以离远看，隔一臂距离，做文明的人。”

知“性”家长这样评

（1）在公共场所（海边、泳池、表演台除外），**您的孩子**会只穿着泳裤吗？

很多时候不会 □　　有时会 □

很多时候会 □　　不清楚孩子会不会 □

您教过孩子<u>不能</u>在公共场所（海边、泳池、表演台除外）只穿着泳裤吗？

基本没教过 □　　有时教 □　　经常教 □

（2）在公共场所，**您的孩子**会只穿着内裤吗？

很多时候不会 □　　有时会 □

很多时候会 □　　不清楚孩子会不会 □

（6）**您的孩子**会每天洗阴茎吗？

很多时候不会 □　　有时会 □

很多时候会 □　　不清楚孩子会不会 □

您教过孩子要每天洗阴茎吗？

基本没教过 □　　有时教 □　　经常教 □

您教过孩子不能在公共场所只穿着内裤吗？

基本没教过 □　　有时教 □　　经常教 □

（3）如果想看“别人穿暴露的衣服”的性信息，**您的孩子**知道至少隔着一臂距离去看，不能指、摸、用东西碰吗？

很多时候不知道 □　　有时知道 □

很多时候知道 □　　不清楚孩子知不知道 □

您教过孩子怎样文明地看“别人穿暴露的衣服”的性信息吗？

基本没教过 □　　有时教 □　　经常教 □

主题15　应对“别人露出隐私部位”的性信息

知“性”家长这样教

温馨提示

（1）本主题中，“‘别人露出隐私部位’的性信息”指有关“别人裸露隐私部位”的内容。这些内容可以以视频、图片、实物、真人等形式出现在电视、电影、互联网、报纸、杂志、书籍、广告牌、宣传单等传媒或载体中，也可以不依赖于任何传媒或载体而出现在生活中。

（2）家长需要参照“主题3　指和说隐私部位等身体隐私”，先教孩子认识男性、女性的隐私部位及怎么说隐私部位。

（3）关于怎么教孩子反抗坏人及不主动做出侵害行为，家长可参考“主题4　看隐私部位等身体隐私”相关内容。

“施害者”的口语可以涉及各种身体隐私，身体隐私包括的范围可参考“主题3　指和说隐私部位等身体隐私”相关内容。

（4）目前，互联网上充斥着大量色情信息。如果孩子会上网，家长需要及时采取净化网络的措施（例如，使用儿童安全路由器；操作系统设置内容审查程序；使用儿童安全电脑桌面）①，密切关注孩子浏览过哪些网站，教孩子“别人露出隐私部位，我要快走开，一定不能看”。

（5）如果家长想看人体艺术或涉及情色的内容，不应在孩子的面前看，看完后要保管好或清除干净（例如，把人体写真画册放在

① 王囡．现代父母进阶之路：如何5招搞定网络色情．微信公众号“保护豆豆”．

抽屉里锁好，隐藏电脑里存放的涉及情色内容的文件夹，清空在网页上查看情色内容后留下的浏览记录），避免孩子也看到“别人露出隐私部位”的性信息。

一、文明地说“别人露出隐私部位”的性信息

（1）家人甲拿着“某女性裸露胸部/阴部/屁股”“某男性裸露阴茎①/屁股”的图片，让孩子看。

（2）家人乙让孩子快步走开，尽量远离图片或背对图片，解释：“别人露出隐私部位，我要快走开，一定不能看。讲文明！”

（3）家人乙小声对家人丙说“我看到有人露出××（例如，露出阴茎）”，向孩子解释：“找到家人后，我能小声说，做文明的人。”

温馨提示

（1）“某女性裸露胸部/阴部/屁股”“某男性裸露阴茎/屁股”的图片可以由教师准备给家长。

（2）家长可以用歌诀《文明地说别人露出隐私部位》来教：

别人露出隐私部位，我要快走开，一定不能看。说隐私部位，找到家人后，找到老师后，我能小声说，做文明的人。

虽然裸露隐私部位可以是一种人体艺术，但是大多数智障孩子无法区分艺术和色情。所以，为有效指导孩子反抗坏人要求看色情内容，家长需要教孩子不能观看任何形式的裸露隐私部位。

（3）家长需要参照“主题4　看隐私部位等身体隐私”，和孩子复习“脱衣服露出隐私部位，就会看到隐私部位。所以，如果有人要我露出隐私部位，有人要我脱他或别人的衣服露出他或这个人的隐私部位，有人直接脱他或别人的衣服露出他或这个人的隐私部位，我要大声喊，我要快点跑，去告诉家人，去告诉老师。厕所关上门，房间关上门和拉上窗帘，我能露出我的隐私部位。在其他地方，我

① 本主题中的“阴茎”均泛指男性的外生殖器。

一定要穿好衣服，遮住隐私部位。讲文明！我一定不能脱别人的衣服，令别人露出隐私部位”。

二、坏人强行要孩子看“别人露出隐私部位”的视频、图片、实物

家长拿着老师自制的绘本《坏人强行要我看“别人露出隐私部位”的视频、图片、实物》，给孩子讲故事。在此，以“坏人强行要我看‘女性露出胸部’”的图片为例说明：

（1）家长拿着“男/女施害者给男生看‘某女性裸露胸部’的图片”的图片，说：“陌生叔叔/阿姨要男生看别人露出胸部。”

家长拿着“男生摇头、摆手，说‘我不看’，离开男/女施害者。”的图片，说：“男生快走开，不看别人露出胸部。”

（2）家长拿着“男/女施害者再次拉着男生，对男生说：‘你仔细看看她的胸部啊！’”的图片，说：“陌生叔叔/阿姨强行要男生看别人露出胸部，他就是坏人。”

（3）家长拿着“男生喊‘不要’，跑离现场”的图片，说：“男生大声喊，快点跑。”

家长拿着“男生找到老师后说：‘有坏人强行要我看别人露出胸部。’”的图片，说：“男生把坏人做的事情告诉老师。”

（4）家长拿着“警察摁住男/女施害者，说：‘有人报警说，你强行要他看别人露出胸部。跟我去公安局。’”的图片，说：“因为坏人强行要男生看别人露出胸部，所以警察把他抓起来。”

（5）家长拿着“男/女施害者硬要把‘某女性裸露胸部’的图片递到男生眼前”的图片，参照上面的做法教孩子。

（6）家长总结说：“如果有坏人强行要我看别人露出胸部，我要大声喊，我要快点跑，去告诉家人，去告诉老师。我一定不能要别人看露出胸部的人。”

温馨提示

（1）“坏人强行要孩子看‘别人露出隐私部位’的视频、图片、实物”中，视频、图片、实物必须是某人裸露某个或某些隐私部位。

（2）家长可以用歌诀《坏人强行要我看别人露出隐私部位》来教：

如果有坏人，强行要我看别人露出隐私部位，我要大声喊，我要快点跑，去告诉家人，去告诉老师。

家长需要向孩子强调“只要其他人做‘用力拉着我，要我看别人露出隐私部位’‘硬要把别人露出隐私部位的东西递到我面前（即使没有用力拉着我）’这些动作，他就是坏人，我就要反抗”，而不需要孩子关注坏人所说的话。

（3）家长需要参照“主题4　看隐私部位等身体隐私”中“五、坏人要孩子看别人的隐私部位”，和孩子复习反抗“坏人要我看真人的隐私部位”的内容。

三、坏人要孩子摸视频、图片、实物的人体隐私部位

家长拿着老师自制的绘本《坏人要我摸视频、图片、实物的人体隐私部位》，给孩子讲故事。在此，以“坏人要我摸图片里女性的胸部”为例说明：

（1）家长拿着“男/女施害者说‘我们来摸一摸这个女人的胸部’，拉着男生的手去摸图片里女性的胸部”的图片，说：“坏人要男生摸别人的胸部。”

（2）家长拿着“男生喊‘不要’，跑离现场”的图片，说：“男生大声喊，快点跑。”

家长拿着“男生找到老师后说：‘有坏人要我摸别人的胸部。’”的图片，说：“男生把坏人做的事情告诉老师。”

（3）家长拿着“警察摁住男/女施害者，说：‘有人报警说，你要他摸别人的胸部。跟我去公安局。’”的图片，说：“因为坏人要男生摸别人的胸部，所以警察把他抓起来。”

（4）家长总结说：“如果有坏人要我摸别人的胸部，我要大声喊，我要快点跑，去告诉家人，去告诉老师。我一定不能要别人摸其他人的胸部。”

温馨提示

（1）“坏人要我摸视频、图片、实物的人体隐私部位”中，视频、图片、实物可以是某人裸露某个或某些隐私部位，也可以是某人穿暴露或不暴露的衣服。

（2）家长可以用歌诀《坏人要我摸隐私部位》来教：

如果有坏人，要我摸隐私部位，我要大声喊，我要快点跑，去告诉家人，去告诉老师。

家长需要向孩子强调“只要其他人做‘要我摸别人的隐私部位’这个动作，他就是坏人，我就要反抗”，而不需要孩子关注坏人所说的话。

（3）家长需要参照“主题5　摸隐私部位等身体隐私”中“五、坏人要孩子摸别人的隐私部位”，和孩子复习反抗“坏人要我摸真人的隐私部位”的内容。

四、坏人要孩子用东西碰视频、图片、实物的人体隐私部位

家长拿着老师自制的绘本《坏人要我用东西碰视频、图片、实物的人体隐私部位》[①]，给孩子讲故事。在此，以“坏人要我用东西碰图片里女性的胸部”为例说明：

（1）家长拿着“男/女施害者说：‘用纸巾帮她擦胸部的汗吧’，拉着男生的手去用纸巾碰图片里女性的胸部。”的图片，说：“坏人要男生用纸巾碰别人的胸部。”

（2）家长拿着“男生喊‘不要’，跑离现场”的图片，说：“男生大声喊，快点跑。”

家长拿着“男生找到老师后说：‘有坏人要我用纸巾碰别人的胸部。’”的图片，说：“男生把坏人做的事情告诉老师。”

（3）家长拿着“警察摁住男/女施害者，说：‘有人报警说，你要他用纸巾碰别人的胸部。跟我去公安局。’”的图片，说：“因为坏人要男生用东西碰别人的胸部，所以警察把他抓起来。”

（4）家长总结说：“如果有坏人要我用东西碰别人的胸部，我要大声喊，我要快点跑，去告诉家人，去告诉老师。我一定不能要别人用东西碰其他人的胸部。”

---

① 详见微信公众号“番禺培智学校”→“特殊教育”→“性教育课程”→《预防侵害教学课件》故事4。

温馨提示

（1）“坏人要我用东西碰视频、图片、实物的人体隐私部位”中，视频、图片、实物可以是某人裸露某个或某些隐私部位，也可以是某人穿暴露或不暴露的衣服。

（2）家长可以用歌诀《坏人要我用东西碰隐私部位》来教：

如果有坏人，要我用东西碰隐私部位，我要大声喊，我要快点跑，去告诉家人，去告诉老师。

家长需要向孩子强调“只要其他人做‘要我用东西碰别人的隐私部位’这个动作，他就是坏人，我就要反抗”，而不需要孩子关注坏人所说的话。

（3）家长需要参照“主题6　用东西碰隐私部位等身体隐私”中“五、坏人要孩子用东西碰别人的隐私部位”，和孩子复习反抗“坏人要我用东西碰真人的隐私部位”的内容。

知“性”家长这样评

（1）**您的孩子**会盯着看“别人露出隐私部位”的性信息吗？

很多时候不会 □　　有时会 □

很多时候会 □　　不清楚孩子会不会 □

您教过孩子不能盯着看“别人露出隐私部位”的性信息吗？

基本没教过 □　　有时教 □　　经常教 □

（2）**您的孩子**会和家人、教师以外的人说“有人露出隐私部位”吗？

很多时候不会 □　　有时会 □

很多时候会 □　　不清楚孩子会不会 □

您教过孩子不能和家人、教师以外的人说“有人露出隐私部位”吗？

基本没教过 □　　有时教 □　　经常教 □

（3）**您的孩子**会大声说“别人露出隐私部位”吗？

很多时候不会 □　　有时会 □

很多时候会 □　　不清楚孩子会不会 □

您教过孩子不能大声说“别人露出隐私部位”吗？

基本没教过 □　　有时教 □　　经常教 □

（4）**您的孩子**会教唆别人看“露出隐私部位的人”的视频、图片、实物吗？

很多时候不会 □　　有时会 □

很多时候会 □　　不清楚孩子会不会 □

您教过孩子不能教唆别人看“露出隐私部位的人”的视频、图片、实物吗？

基本没教过 □　　有时教 □　　经常教 □

（5）如果有坏人强行要**您的孩子**看“别人露出隐私部位”的视频、图片、实物，他知道要反抗吗？

很多时候不知道 □　　有时知道 □

很多时候知道 □　　不清楚孩子知不知道 □

您教过孩子坏人强行要自己看“别人露出隐私部位”的视频、图片、实物时要反抗吗？

基本没教过 □　　有时教 □　　经常教 □

（6）如果有坏人强行要**您的孩子**看“别人露出隐私部位”的视频、图片、实物，他知道要把坏人做的事情告诉家人或老师吗？

很多时候不知道 □　　有时知道 □

很多时候知道 □　　不清楚孩子知不知道 □

您教过孩子要把坏人做的事情告诉家人或老师吗？

基本没教过 □　　有时教 □　　经常教 □

（7）在公共场所，**您的孩子**会摸视频、图片、实物的人体隐私部位吗？

很多时候不会 □　　有时会 □

很多时候会 □　　不清楚孩子会不会 □

您教过孩子不能在公共场所摸视频、图片、实物的人体隐私部位吗？

基本没教过 □　　有时教 □　　经常教 □

（8）**您的孩子**会教唆别人摸视频、图片、实物的人体隐私部位吗？

很多时候不会 □　　有时会 □

很多时候会 □　　不清楚孩子会不会 □

您教过孩子不能教唆别人摸视频、图片、实物的人体隐私部位吗？

基本没教过 □　　有时教 □　　经常教 □

（9）如果有坏人要**您的孩子**摸视频、图片、实物的人体隐私部位，他知道要反抗吗？

很多时候不知道 □　　有时知道 □

很多时候知道 □　　不清楚孩子知不知道 □

您教过孩子坏人要自己摸视频、图片、实物的人体隐私部位时要反抗吗？

基本没教过 □　　有时教 □　　经常教 □

（10）如果有坏人要**您的孩子**摸视频、图片、实物的人体隐私部位，他知道要把坏人做的事情告诉家人或老师吗？

很多时候不知道 □　　有时知道 □

很多时候知道 □　　不清楚孩子知不知道 □

您教过孩子要把坏人做的事情告诉家人或老师吗？

基本没教过 □　　有时教 □　　经常教 □

（11）在公共场所，**您的孩子**会用东西碰视频、图片、实物的人体隐私部位吗？

很多时候不会 □　　有时会 □

很多时候会 □　　不清楚孩子会不会 □

您教过孩子不能在公共场所用东西碰视频、图片、实物的人体隐私部位吗？

基本没教过 □　　有时教 □　　经常教 □

（12）**您的孩子**会教唆别人用东西碰视频、图片、实物的人体隐私部位吗？

很多时候不会 □　　有时会 □

很多时候会 □　　不清楚孩子会不会 □

您教过孩子不能教唆别人用东西碰视频、图片、实物的人体隐私部位吗？

基本没教过 □　　有时教 □　　经常教 □

（13）如果有坏人要**您的孩子**用东西碰视频、图片、实物的人体隐私部位，他知道要反抗吗？

很多时候不知道 □　　有时知道 □

很多时候知道 □　　不清楚孩子知不知道 □

您教过孩子坏人要自己用东西碰视频、图片、实物的人体隐私部位时要反抗吗？

基本没教过 □　　有时教 □　　经常教 □

（14）如果有坏人要**您的孩子**用东西碰视频、图片、实物的人体隐私部位，他知道要把坏人做的事情告诉家人或老师吗？

很多时候不知道 □　　有时知道 □

很多时候知道 □　　不清楚孩子知不知道 □

您教过孩子要把坏人做的事情告诉家人或老师吗？

基本没教过 □　　有时教 □　　经常教 □

女孩篇

主题 16　女孩　男孩

知“性”家长这样教

一、孩子是女孩

（1）教孩子洗澡，上厕所，穿、脱内裤时，家长指着孩子的阴部，说：“你有阴部。你是女孩。”

> **温馨提示**
>
> 如果孩子完全不知道自己是女孩，家长只需要指着孩子的阴部说“你有这个身体部位，你是女孩”，暂时不用说“阴部”这个身体部位的名称，避免孩子同时学习“女孩”“阴部”两个新概念。

（2）家长可以用下面的方法，进一步让孩子知道自己是女孩。

①家长问孩子：“你是女孩吗？”／“你是不是女孩？”

孩子不知道时，家长让她点头或跟着说“我是女孩”。

②几个家人和孩子坐在一起。家长问孩子：“谁是女孩？”／“女孩在哪里？”

孩子不知道时，家长让她举手或跟着说“我是女孩”。

二、××是男孩，还是女孩

温馨提示

（1）如果孩子完全不知道别人是男孩还是女孩，家长需要先教她知道家人的性别，再教她知道家人以外的人的性别。另外，家长需要先教孩子知道其他女性的性别，再教她知道其他男性的性别。

（2）如果孩子已经知道自己是女孩，也知道其他同龄小朋友的性别，家长可以用“男人”/“男性”、“女人”/“女性”来称呼成年人的性别。

但是，如果孩子不是很清楚自己是女孩，或不是很清楚其他同龄小朋友的性别，家长可以继续用“男孩”“女孩”来称呼成年人的性别，暂时不说“男性”/“男人”、“女性”/“女人”。

（一）家人的性别

1. 女性家人的性别

（1）一个家人依次指着女性家人（例如，姐姐、妹妹、妈妈、奶奶），说：“姐姐是女孩，妹妹是女孩，妈妈是女孩，奶奶是女孩。她们都是女孩，和你一样。”

（2）家长可以用下面的方法，进一步让孩子知道女性家人的性别。

①一个家人指着某个女性家人，问孩子：“她是女孩吗？”/“她是不是女孩？”

孩子不知道时，家人让她点头或跟着说“她是女孩”。

②几个家人和孩子坐在一起。一个家人问孩子：“谁是女孩？请你找出来。”/“女孩在哪里？请你找出来。”

孩子不知道时，这个家人让她指着某个女性家人，跟着说“××是女孩（例如，妈妈是女孩）”。

2. 男性家人的性别

（1）一个家人依次指着男性家人（例如，哥哥、弟弟、爸爸、爷爷），说：“哥哥是男孩，弟弟是男孩，爸爸是男孩，爷爷是男孩。他们是男孩，和你不一样。”

（2）家长可以用下面的方法，进一步让孩子知道男性家人的性别。

①一个家人指着某个男性家人，问孩子：“他是男孩吗？”/“他是不是男孩？”

孩子不知道时，这个家人让她点头或跟着说“他是男孩”。

②几个家人和孩子坐在一起。一个家人问孩子：“谁是男孩？请你找出来。”/“男孩在哪里？请你找出来。”

孩子不知道时，这个家人让她指着某个男性家人，跟着说“××是男孩（例如，爸爸是男孩）”。

（二）孩子和家人的性别

（1）家长问孩子：“你是男/女孩吗?”/“你是不是男/女孩?”/“你是男孩，还是女孩?”

孩子不知道时，家长让她点头/摇头或跟着说“我是女孩”。

（2）家长指着自己，问孩子：“我是男/女孩吗?”/“我是不是男/女孩?”/“我是男孩，还是女孩?”

孩子不知道时，家长让她点头/摇头或跟着说“你是男/女孩”。

（3）家人甲指着家人乙，问孩子：“他是男/女孩吗?”/“他是不是男/女孩?”/“他是男孩，还是女孩?”

孩子不知道时，家人甲让她点头/摇头或跟着说“他是男/女孩”。

（4）几个家人和孩子坐在一起。一个家人问孩子：“谁是男/女孩？请你找出来。”/“男/女孩在哪里？请你找出来。”

孩子不知道时，这个家人让她举手或跟着说“我是女孩”；这个家人让她指着某个家人，跟着说“××是男/女孩”。

（三）家人以外的人的性别

孩子看电视或看故事书时，孩子和邻居小朋友玩耍时，有亲友做客时，家长可以指着电视或书上的某个人物、某个小朋友、某个亲友，问孩子：“他是男/女孩吗?”/“他是不是男/女孩?”/“他是男孩，还是女孩?”

孩子不知道时，家长让她点头/摇头或跟着说“他是男/女孩”。

三、男孩、女孩的发型和服装

（1）家长拿着一些男性（短头发）、女性（短头发、长头发）的图片，指着他们的头发，说：“男孩的头发一般是短短的，有些女孩的头发是长长的。”

（2）家长拿着一些男性（穿裤子）、女性（穿裤子、穿裙子）的图片，指着他们的衣服，说：“男孩一般穿裤子，有些女孩穿裙子。”

温馨提示

如果女性家人刚好长头发或穿裙子，家长可以教孩子比较男、女性家人的发型或服装。

知"性"家长这样评

（1）**您的孩子**知道自己是女孩吗？

很多时候不知道 □　　有时知道 □

很多时候知道 □　　不清楚孩子知不知道 □

您教过孩子自己是女孩吗？

基本没教过 □　　有时教 □　　经常教 □

（2）**您的孩子**知道别人是男孩，还是女孩吗？

很多时候不知道 □　　有时知道 □

很多时候知道 □　　不清楚孩子知不知道 □

您教过孩子别人是男孩，还是女孩吗？

基本没教过 □　　有时教 □　　经常教 □

（3）**您的孩子**知道"男孩的头发一般是短短的，有些女孩的头发是长长的"吗？

很多时候不知道 □　　有时知道 □

很多时候知道 □　　不清楚孩子知不知道 □

您教过孩子"男孩的头发一般是短短的，有些女孩的头发是长长的"吗？

基本没教过 □　　有时教 □　　经常教 □

（4）**您的孩子**知道"男孩一般穿裤子，有些女孩穿裙子"吗？

很多时候不知道 □　　有时知道 □

很多时候知道 □　　不清楚孩子知不知道 □

您教过孩子"男孩一般穿裤子，有些女孩穿裙子"吗？

基本没教过 □　　有时教 □　　经常教 □

主题17　女孩上厕所

知"性"家长这样教

温馨提示

（1）本主题中，家长主要教孩子怎样根据性别进入相应的厕所、采取相应的大小便姿势，上厕所时怎么保护自己的身体隐私、尊重别人的身体隐私。至于大小便时脱裤子、擦屁股、冲水、洗手、整理好衣裤等技能训练，不属于性教育的范畴，在本书中不呈现。但家长应教孩子从前往后地擦屁股，避免把肛门处的细菌带到阴道口、尿道口。

（2）家长需要参照"主题16　女孩　男孩"，先教孩子知道自己和别人的性别。

（3）家长可以用歌诀《上厕所》来教：

大小便，上厕所。在门口，看标志。我要进女厕所。男孩进男厕所。人很多，排队等，不贴近。门关着，敲敲门，有人吗？有人答，换一个；没人答，轻轻推；推不开，换一个；推开了，有人在，换一个；推开了，没人在，可以进。进厕所，关上门。大便时，小便时，我坐着、我蹲着。提裤子，拉衣服，整齐了，冲冲水，才开门。洗完手，我就走。

一、进厕所大小便

（一）孩子进女厕所大小便

（1）孩子想大小便时，家长把孩子带到厕所门口（包括家里的厕所门口、外面的厕所门口），指着厕所，说："大小便，上厕所。讲文明！"

> **温馨提示**
>
> 孩子的年龄比较小时，家长必须让她到厕所大小便，帮助她从小养成不随地大小便的良好习惯。

（2）如果孩子知道去厕所大小便，但是不知道去男厕所还是去女厕所，家长每次带她外出时，把她带到厕所门口，指着厕所标志，说："在门口，看标志。我要进女厕所。"

> **温馨提示**
>
> （1）外面的厕所标志有很多种。所以，和孩子外出时（例如，去超市，去公园，去餐厅），家长需要留意不同地方的厕所标志，抓住每个机会教孩子认识女厕所的标志。
>
> （2）如果厕所标志上的人物在发型和服装上有明显的特征（例如，男厕所标志是穿裤子、短头发的人物，女厕所标志是穿裙子、长头发的人物），或厕所标志上有"男"或"女"字，家长可以教孩子看"标志里面的人是男孩还是女孩；旁边写的字是'男'还是'女'"，帮助孩子区分男厕所、女厕所。

（二）别人进厕所大小便

在外面上厕所时，男性家人进男厕所前，指着厕所标志，对孩子说："我是男孩，我要进男厕所。男孩进男厕所。"

女性家人进女厕所前，指着厕所标志，对孩子说："我是女孩，我要进女厕所。女孩进女厕所。"

> **温馨提示**
>
> 孩子不是很清楚自己要去女厕所大小便时，家长暂时不需要让她学习"男孩进男厕所"。

二、等着上厕所的人多，排队，不贴近别人

（1）等着上厕所的人比较多时，家长让孩子排队，说：“人很多，排队等。讲文明！”

（2）如果孩子会排队，但是排队时贴着前面的人，家长让孩子后退几步，伸出前臂，使前臂与地面平行、与上臂约成90°①，说：“排队时，我们可以这样伸出手，和前面的人隔着这样的距离，就不会贴近前面的人。讲文明！”

> **温馨提示**
>
> （1）“前臂与地面平行、与上臂约成90度”的动作只是对家长的示范要求，并非规定每个孩子必须做到。实际操作中，家长需要根据学生的动作能力做出调整。
>
> （2）如果孩子的能力比较强，家长可以教孩子目测距离。
>
> 如果孩子的能力比较弱，家长需要教孩子通过伸手的方式帮助自己不故意贴近前面的人。
>
> （3）家长可以和孩子在家里玩排队游戏，练习怎么和前面的人不贴近（不一定等到孩子上厕所时才练习）。

三、厕所门关着，敲门

（1）厕所门关着时，家长说：“厕所门关着，里面可能有人。”

（2）家长让孩子敲一敲厕所门，说：“门关着，敲敲门。讲文明！”

如果孩子说话比较清楚，家长让她一边敲门，一边问“有人吗”。

（3）敲门后，家长说：“听一听，里面有没有人说话。”

①如果听到厕所里面有人说话，家长让孩子到另一个厕所，说：“有人答，换一个。讲文明！”

②如果听不到厕所里面有人说话，家长让孩子推门，说：“没人答，轻轻推，看一看里面到底有没有人。请注意，推门时要轻轻地。”

③如果厕所门推不开，家长让孩子到另一个厕所，说：“推不开，换一个。讲文明！”

④如果厕所门被推开，看到里面有人，家长让孩子马上道歉，并到另一个厕所，说：“推开了，有人在，换一个。讲文明！”

⑤如果厕所门被推开，看到里面没有人，家长让孩子进这个厕所，说：

---

① 前臂即手腕到手肘的部分。上臂即手肘到肩膀的部分。

"推开了，没人在，可以进。"

温馨提示

（1）如果孩子的能力比较强，家长可以教孩子看各种厕所门锁的开/关状态。

例如，看到厕所门锁上的字是"开"，家长可以让孩子推门，说："推推门，看一看，有人吗?"看到厕所门锁上的字是"关"，家长可以让孩子到另一个厕所，说："有人在这里上厕所，我们要换一个。"

（2）生活中，家长需要培养孩子的敲门意识，例如，进入别人的房间前要敲门。

四、关门大小便

孩子准备在马桶或蹲厕大小便时，家长让她进厕所，先转身，再看着厕所门，把门关上，说："让别人看到我们大小便，很羞的。所以，进厕所，关上门。先转身，眼睛看着门，再关门。讲文明！"

温馨提示

（1）孩子的年龄比较小时，家长必须让她大小便时关门，帮助她从小养成良好的习惯。

（2）如果孩子的手指比较灵活，家长可以教孩子锁门。

五、男孩、女孩的大小便姿势

（一）孩子大小便时坐着或蹲着

（1）孩子准备大便时，家长把孩子带到马桶边，让她脱裤子坐在马桶上，说："大便时，我坐着。"

孩子准备大便时，家长把孩子带到蹲厕边，让她脱裤子蹲在蹲厕上，说："大便时，我蹲着。"

（2）孩子准备小便时，家长把孩子带到马桶边，让她脱裤子坐在马桶上，说："小便时，我坐着。"

孩子准备小便时，家长把孩子带到蹲厕边，让她脱裤子蹲在蹲厕上，说："小便时，我蹲着。"

（二）别人的大小便姿势

（1）家长拿着"男孩坐在马桶上大便""女孩坐在马桶上大便""男孩蹲

在蹲厕上大便”“女孩蹲在蹲厕上大便”的卡通图片，说：“大便时，男孩和女孩都坐着或蹲着，一样的。”

（2）家长拿着“男孩站着小便”“女孩坐在马桶上小便”“女孩蹲在蹲厕上小便”的卡通图片，说：“小便时，男孩站着，女孩坐着或蹲着，不一样。”

六、大小便后，先穿整齐，再走出厕所

孩子大小便后，准备离开厕所时，家长让她把裤子提好、把衣服拉好，说：“提裤子，拉衣服，整齐了，再开门。讲文明！”

温馨提示

（1）孩子的年龄比较小时，家长必须让她穿戴整齐再走出厕所，帮助她从小养成良好的习惯。

（2）生活中，家长需要培养孩子穿戴整齐的意识，例如，离开自己的房间、离开家时要穿戴整齐。

知“性”家长这样评

（1）**您的孩子**会进女厕所大小便吗？

很多时候不会 □　　有时会 □

很多时候会 □　　不清楚孩子会不会 □

您教过孩子进女厕所大小便吗？

基本没教过 □　　有时教 □　　经常教 □

（2）**您的孩子**知道别人大小便时是进男厕所还是进女厕所吗？

很多时候不知道 □　　有时知道 □

很多时候知道 □　　不清楚孩子知不知道 □

您教过孩子别人进哪个厕所大小便吗？

基本没教过 □　　有时教 □　　经常教 □

（3）等着上厕所的人比较多时，**您的孩子**会排队吗？

很多时候不会 □　　有时会 □

很多时候会 □　　不清楚孩子会不会 □

您教过孩子排队上厕所吗？

基本没教过 □　　有时教 □　　经常教 □

（4）排队上厕所时，**您的孩子**会故意贴着前面的人吗？

很多时候不会 □　　有时会 □

很多时候会 □　　　　　不清楚孩子会不会 □

您教过孩子排队上厕所时不能故意贴着前面的人吗？

基本没教过 □　　　　　有时教 □　　　　　经常教 □

（5）厕所门关着时，**您的孩子**会先敲门问一问，或看厕所的门锁吗？

很多时候不会 □　　　　　有时会 □

很多时候会 □　　　　　不清楚孩子会不会 □

您教过孩子厕所门关着时先敲门问一问，或看厕所的门锁吗？

基本没教过 □　　　　　有时教 □　　　　　经常教 □

（6）厕所里面有人时，**您的孩子**会继续进这个厕所大小便吗？

很多时候不会 □　　　　　有时会 □

很多时候会 □　　　　　不清楚孩子会不会 □

您教过孩子不能进有人的厕所大小便吗？

基本没教过 □　　　　　有时教 □　　　　　经常教 □

（7）在马桶或蹲厕大小便时，**您的孩子**会关门吗？

很多时候不会 □　　　　　有时会 □

很多时候会 □　　　　　不清楚孩子会不会 □

您教过孩子上厕所关门吗？

基本没教过 □　　　　　有时教 □　　　　　经常教 □

（8）大便时，**您的孩子**会坐在马桶上或蹲在蹲厕上吗？

很多时候不会 □　　　　　有时会 □

很多时候会 □　　　　　不清楚孩子会不会 □

您教过孩子坐着或蹲着大便吗？

基本没教过 □　　　　　有时教 □　　　　　经常教 □

（9）小便时，**您的孩子**会坐在马桶上或蹲在蹲厕上吗？

很多时候不会 □　　　　　有时会 □

很多时候会 □　　　　　不清楚孩子会不会 □

您教过孩子坐着或蹲着小便吗？

基本没教过 □　　　　　有时教 □　　　　　经常教 □

（10）**您的孩子**知道“大便时，男孩和女孩都坐着或蹲着；小便时，男孩站着，女孩坐着或蹲着”吗？

很多时候不知道 □　　　　　有时知道 □

很多时候知道 □　　　　　不清楚孩子知不知道 □

您教过孩子别人的大小便姿势吗？

基本没教过 □　　　　　有时教 □　　　　　经常教 □

（11）**您的孩子**会把衣服整理好，再走出厕所吗？

很多时候不会 □　　有时会 □

很多时候会 □　　不清楚孩子会不会 □

您教过孩子把衣服整理好，再走出厕所吗？

基本没教过 □　　有时教 □　　经常教 □

主题 18　指和说隐私部位等身体隐私

知“性”家长这样教

温馨提示

（1）本主题中，“指隐私部位等身体隐私”指“手与身体隐私不接触，仍然有一段距离”。“主题 20　摸隐私部位等身体隐私”中，“摸身体隐私”指“手与身体隐私的触碰”（例如，用手指抓、捏、挠，用手掌擦、拍，用手肘揉），既包括直接触碰（例如，脱衣服去摸，伸进衣服去摸），也包括隔着衣服触碰。如果孩子的能力比较强，家长需要让孩子区分“指”和“摸”。如果孩子的能力比较弱，家长不需要让孩子区分“指”和“摸”。

（2）家长需要参照“主题 16　女孩　男孩”，先教孩子知道自己和别人的性别；参照“主题 34　身边的人”中“一、孩子的家人”“二、孩子的老师”和“三、穿制服的人”之“（一）医生”，先教孩子知道哪些人是家人、教师、医生。

（3）家长可以用歌诀《我们的隐私部位》来教：

男孩和女孩有隐私部位。男孩的阴茎①、男孩的屁股是隐私部位。女孩的胸部、女孩的阴部、女孩的屁股是隐私部位。

生活中，如果听到孩子用俚语说隐私部位（例如，把“阴茎”叫成“小鸡鸡”），家长必须教她说隐私部位的科学名称。

家长可以用歌诀《我能指我的隐私部位》来教：

---

① 本主题中的“阴茎”均泛指男性的外生殖器。

我的隐私部位不舒服，我找人帮忙。找到家人后，找到老师后，人少的地方，我能指我的隐私部位。家人和老师带我看医生，找到医生后，我能指我的隐私部位。

为避免孩子指真人的隐私部位，家长只能用图片来教孩子男、女性隐私部位的名称和位置，不能指着自己或其他家人的隐私部位来教。

家长可以用歌诀《我能说隐私部位》来教：

说隐私部位，找到家人后，找到老师后，我能小声说。家人和老师带我看医生，找到医生后，我能说我的隐私部位。

考虑到大家在生活中不一定只会说自己的隐私部位（例如，看到公园里的人体雕塑时，有些人可能对它的隐私部位感兴趣，想说一说。此时，只要他面对合适的人，使用合适的方法，就能说隐私部位），家长需要教孩子“可以说隐私部位，但要找到家人、老师才能说，要小声说”。

（4）本主题中，身体隐私包括：①隐私部位（男性的阴茎、屁股，女性的胸部、阴部、屁股）；②隐私部位的具体结构（例如，阴毛、阴囊、包皮、龟头、阴唇、阴道口）；③与隐私部位相关的分泌物和物品（例如，精液、白带、经血，身上的内衣裤、护垫、卫生巾；④与隐私部位相关的事情（例如，勃起，射精，自慰，清洗生殖器，穿、脱或调整内衣裤，月经来潮，贴换护垫或卫生巾）。

本主题以隐私部位为例，让家长了解怎么教孩子“不随便指自己的隐私部位、不指别人的隐私部位、不随便说自己及别人的隐私部位”。家长可以参照相关的做法来教孩子“不随便指、说其他身体隐私”。

一、女孩的隐私部位

（一）女孩的胸部

（1）家长拿着裸体女孩的卡通图片，指着胸部，小声说：“这是胸部，说的时候要小声。讲文明！”

（2）家长问孩子：“找一找，你的胸部在哪里？”

孩子不知道时，家长直接拉着她的手，指着孩子自己的胸部，小声说：“胸部。”

如果孩子说话比较清楚，她找到自己的胸部后，家长再问："说一说，这个身体部位叫什么名字？"

孩子不知道时，家长直接让她小声跟着说"胸部"，强调："要小声说'胸部'。讲文明！"

（3）家长拿着裸体女孩的卡通图片，问孩子："找一找，女孩的胸部在哪里？"

孩子不知道时，家长直接拉着她的手，指着图片上的胸部，小声说："胸部。"

如果孩子说话比较清楚，她找到图片上的胸部后，家长再问："说一说，这个身体部位叫什么名字？"

孩子不知道时，家长直接让她小声跟着说"胸部"，强调："要小声说'胸部'。讲文明！"

（4）孩子找到自己的、图片上的胸部后，家长拿着小背心[1]或胸罩，小声说："女孩的胸部很重要，变大后要穿上这些内衣。我们一定要保护好自己的胸部，也一定不能伤害别人的胸部。"

（二）女孩的阴部

（1）家长拿着裸体女孩的卡通图片，指着阴部，小声说："这是阴部，说的时候要小声。讲文明！"

（2）家长问孩子："找一找，你的阴部在哪里？"

孩子不知道时，家长直接拉着她的手，指着孩子自己的阴部，小声说："阴部。"

如果孩子说话比较清楚，她找到自己的阴部后，家长再问："说一说，这个身体部位叫什么名字？"

孩子不知道时，家长直接让她小声跟着说"阴部"，强调："要小声说'阴部'。讲文明！"

（3）家长拿着裸体女孩的卡通图片，问孩子："找一找，女孩的阴部在哪里？"

孩子不知道时，家长直接拉着她的手，指着图片上的阴部，小声说："阴部。"

如果孩子说话比较清楚，她找到图片上的阴部后，家长再问："说一说，这个身体部位叫什么名字？"

孩子不知道时，家长直接让她小声跟着说"阴部"，强调："要小声说'阴部'。讲文明！"

---

① 本主题中，"小背心"指半截的、没有前扣或背扣的胸罩。

（4）孩子找到自己的、图片上的阴部后，家长小声说：“女孩的阴部很重要，不能碰到硬的东西。我们一定要保护好自己的阴部不受伤，也一定不能伤害别人的阴部。”

（三）女孩的屁股

（1）家长拿着裸体女孩的卡通图片，指着屁股，小声说：“这是屁股，说的时候要小声。讲文明！”

（2）家长问孩子：“找一找，你的屁股在哪里？”

孩子不知道时，家长直接拉着她的手，指着孩子自己的屁股，小声说：“屁股。”

如果孩子说话比较清楚，她找到自己的屁股后，家长再问：“说一说，这个身体部位叫什么名字？”

孩子不知道时，家长直接让她小声跟着说“屁股”，强调：“要小声说‘屁股’。讲文明！”

（3）家长拿着裸体女孩的卡通图片，问孩子：“找一找，女孩的屁股在哪里？”

孩子不知道时，家长直接拉着她的手，指着图片上的屁股，小声说：“屁股。”

如果孩子说话比较清楚，她找到图片上的屁股后，家长再问：“说一说，这个身体部位叫什么名字？”

孩子不知道时，家长直接让她小声跟着说“屁股”，强调：“要小声说‘屁股’。讲文明！”

（四）女孩的隐私部位有胸部、阴部、屁股

（1）家长拿着女孩裸体、只穿内裤和小背心的卡通图片，依次指着胸部、阴部、屁股，小声说：“胸部、阴部、屁股有一个共同的名字，叫隐私部位。隐私部位一定要用衣服遮住，不能随便让别人看到。女孩的隐私部位有胸部、阴部、屁股。要小声说‘胸部、阴部、屁股’。讲文明！”

（2）家长问孩子：“找一找，你的隐私部位在哪里？”

孩子不知道时，家长直接拉着她的手，依次指着孩子自己的胸部、阴部、屁股，小声说：“我的隐私部位有胸部、阴部、屁股。”

如果孩子说话比较清楚，她找到自己的胸部、阴部、屁股后，家长再问：“说一说，你有哪些隐私部位？”

孩子不知道时，家长直接让她小声跟着说“我的隐私部位有胸部、阴部、屁股”，强调：“要小声说‘胸部、阴部、屁股’。讲文明！”

（3）家长拿着裸体女孩的卡通图片，问孩子：“找一找，女孩的隐私部位在哪里？”

孩子不知道时，家长直接拉着她的手，依次指着图片上的胸部、阴部、屁股，小声说："女孩的隐私部位有胸部、阴部、屁股。"

如果孩子说话比较清楚，她找到图片上的胸部、阴部、屁股后，家长再问："说一说，女孩有哪些隐私部位？"

孩子不知道时，家长直接让她小声跟着说"女孩的隐私部位有胸部、阴部、屁股"，强调："要小声说'胸部、阴部、屁股'。讲文明！"

二、男孩的隐私部位

（一）男孩的阴茎

（1）家长拿着裸体男孩的卡通图片，指着阴茎，小声说："这是阴茎，说的时候要小声。讲文明！"

（2）家长拿着裸体男孩的卡通图片，问孩子："找一找，男孩的阴茎在哪里？"

孩子不知道时，家长直接拉着她的手，指着图片上的阴茎，小声说："阴茎。"

如果孩子说话比较清楚，她找到图片上的阴茎后，家长再问："说一说，这个身体部位叫什么名字？"

孩子不知道时，家长直接让她小声跟着说"阴茎"，强调："要小声说'阴茎'。讲文明！"

（3）孩子找到图片上的阴茎后，家长小声说："男孩的阴茎也很重要，也不能碰到硬的东西，不能用力拉扯。所以，我们一定不能伤害别人的阴茎。"

（二）男孩的屁股

（1）家长拿着裸体男孩的卡通图片，指着屁股，小声说："这是屁股，说的时候要小声。讲文明！"

（2）家长拿着裸体男孩的卡通图片，问孩子："找一找，男孩的屁股在哪里？"

孩子不知道时，家长直接拉着她的手，指着图片上的屁股，小声说："屁股。"

如果孩子说话比较清楚，她找到图片上的屁股后，家长再问："说一说，这个身体部位叫什么名字？"

孩子不知道时，家长直接让她小声跟着说"屁股"，强调："要小声说'屁股'。讲文明！"

（三）男孩的隐私部位有阴茎、屁股

（1）家长拿着男孩裸体、只穿内裤的卡通图片，依次指着阴茎、屁股，小声说："阴茎、屁股有一个共同的名字，叫隐私部位。隐私部位一定要用衣

服遮住，不能随便让别人看到。男孩的隐私部位有阴茎、屁股。要小声说‘阴茎、屁股’。讲文明！”

（2）家长拿着裸体男孩的卡通图片，问孩子：“找一找，男孩的隐私部位在哪里？”

孩子不知道时，家长直接拉着她的手，依次指着图片上的阴茎、屁股，小声说：“男孩的隐私部位有阴茎、屁股。”

如果孩子说话比较清楚，她找到图片上的阴茎、屁股后，家长再问：“说一说，男孩有哪些隐私部位？”

孩子不知道时，家长直接让她小声跟着说“男孩的隐私部位有阴茎、屁股”，强调：“要小声说‘阴茎、屁股’。讲文明！”

三、指和说隐私部位

家长拿着老师自制的绘本《我能指、说我的隐私部位》，给孩子讲故事。在此，以“指、说阴部”为例说明：

（1）家长拿着“毛毛和妈妈在家里。妈妈的一些朋友到毛毛家做客。毛毛表情痛苦”的图片，说：“毛毛觉得阴部不舒服。”

（2）家长拿着“毛毛拉着妈妈，先把妈妈带到人少的地方，再指着自己的阴部”的图片，说：“妈妈是家人，家人和毛毛最亲密。所以，毛毛想告诉妈妈，找妈妈帮忙。让其他人看到我们指阴部，很羞的。所以，毛毛在人少的地方，才能指自己的阴部。”

家长扮演毛毛，小声说“妈妈，我的阴部不舒服”，解释：“让其他人听到我们说‘阴部’，很羞的。所以，毛毛要小声说阴部不舒服。”

（3）家长拿着“妈妈带毛毛看医生”的图片，说：“毛毛生病了，阴部不舒服。妈妈带毛毛找医生帮忙。”

家长拿着“毛毛指着自己的阴部，对医生说：‘医生，我的阴部不舒服。’”的图片，说：“生病时，我们可以找医生帮忙。所以，毛毛能对着医生指自己的阴部、说自己的阴部不舒服。”

（4）家长拿着“毛毛对着老师指自己的阴部，和老师说阴部”的图片，参照上面的做法教孩子。

（5）家长总结说：“阴部不舒服，找到家人后，找到老师后，人少的地方，我能指我的阴部，我能小声说。家人和老师带我看医生，找到医生后，我能指我的阴部，我能说我的阴部。我一定不能指别人的阴部。讲文明！”

温馨提示

很多孩子要理解“人少的地方”比较困难。生活中，孩子需要指自己的隐私部位时，家长需要重点帮助她们形成“要拉着家人离开原来的地方，到另一个地方”的意识。

如果孩子的能力比较强，家长可以教孩子利用家长的身体或身边的其他物体遮挡自己去指隐私部位。

如果孩子说话比较清楚，不一定要到人少的地方指隐私部位，在人多的地方可以只是说隐私部位，但是注意要和家长说，要小声说。

知“性”家长这样评

温馨提示

本主题以隐私部位为例，让家长了解怎样评价孩子指和说此类部位，以及怎样评价自己教孩子指和说此类部位。家长可以参照相关的做法来评价孩子指和说其他身体隐私，以及评价自己教孩子指和说其他身体隐私。

（1）**您的孩子**知道自己的隐私部位有胸部、阴部、屁股吗?

很多时候不知道 □　　有时知道 □

很多时候知道 □　　不清楚孩子知不知道 □

您教过孩子自己的隐私部位有胸部、阴部、屁股吗?

基本没教过 □　　有时教 □　　经常教 □

（2）**您的孩子**知道其他女孩的隐私部位有胸部、阴部、屁股吗?

很多时候不知道 □　　有时知道 □

很多时候知道 □　　不清楚孩子知不知道 □

您教过孩子其他女孩的隐私部位有胸部、阴部、屁股吗?

基本没教过 □　　有时教 □　　经常教 □

（3）**您的孩子**知道男孩的隐私部位有阴茎、屁股吗?

很多时候不知道 □　　有时知道 □

很多时候知道 □　　不清楚孩子知不知道 □

您教过孩子男孩的隐私部位有阴茎、屁股吗?

基本没教过 □　　有时教 □　　经常教 □

（4）**您的孩子**会伤害自己的阴部吗（例如，把阴部撞在硬的东西上）？
很多时候不会 □　　有时会 □
很多时候会 □　　不清楚孩子会不会 □
您教过孩子不能伤害自己的阴部吗？
基本没教过 □　　有时教 □　　经常教 □

（5）**您的孩子**会伤害别人的阴茎、阴部吗（例如，用力拉扯阴茎，踢阴部）？
很多时候不会 □　　有时会 □
很多时候会 □　　不清楚孩子会不会 □
您教过孩子不能伤害别人的阴茎、阴部吗？
基本没教过 □　　有时教 □　　经常教 □

（6）**您的孩子**会对着家人、老师、医生以外的人指自己的隐私部位吗？
很多时候不会 □　　有时会 □
很多时候会 □　　不清楚孩子会不会 □
您教过孩子不能对着家人、老师、医生以外的人指自己的隐私部位吗？
基本没教过 □　　有时教 □　　经常教 □

（7）在人多的地方，**您的孩子**会指自己的隐私部位吗？
很多时候不会 □　　有时会 □
很多时候会 □　　不清楚孩子会不会 □
您教过孩子在人多的地方不能指自己的隐私部位吗？
基本没教过 □　　有时教 □　　经常教 □

（8）**您的孩子**会指别人的隐私部位吗？
很多时候不会 □　　有时会 □
很多时候会 □　　不清楚孩子会不会 □
您教过孩子不能指别人的隐私部位吗？
基本没教过 □　　有时教 □　　经常教 □

（9）**您的孩子**会和家人、老师、医生以外的人说隐私部位吗？
很多时候不会 □　　有时会 □
很多时候会 □　　不清楚孩子会不会 □
您教过孩子不能和家人、老师、医生以外的人说隐私部位吗？
基本没教过 □　　有时教 □　　经常教 □

请注意，如果孩子不会说话，家长不用评这题。

（10）说隐私部位时，**您的孩子**会大声说吗？
很多时候不会 □　　有时会 □

很多时候会 □　　　　不清楚孩子会不会 □

您教过孩子不能大声说隐私部位吗？

基本没教过 □　　　　有时教 □　　　　经常教 □

请注意，如果孩子不会说话，家长不用评这题。

主题19　看隐私部位等身体隐私[①]

知“性”家长这样教

温馨提示

（1）家长需要参照“主题16　女孩　男孩”，先教孩子知道自己和别人的性别；参照“主题34　身边的人”中“一、孩子的家人”“二、孩子的老师”和“三、穿制服的人”之“（一）医生”，先教孩子知道哪些人是家人、老师、医生；参照“主题18　指和说隐私部位等身体隐私”中“一、女孩的隐私部位”“二、男孩的隐私部位”，先教孩子知道自己和别人的隐私部位。

（2）家长可以用歌诀《我能看我的隐私部位》来教：

厕所关上门，房间关上门和拉上窗帘，我能看我的隐私部位，一定要洗手。

家长可以用歌诀《坏人看隐私部位》来教：

如果有坏人，看隐私部位，我要大声喊，我要快点跑，去告诉家人，去告诉老师。

---

① 我校学生大部分是寄宿生，周日到周四均住校。他们在宿舍的生活主要由生活辅导教师负责。鉴于生活辅导教师需指导、照顾女生的起居（如洗澡），有时免不了看到女生的身体隐私，学校与家长达成共识：女生大小便，洗澡，穿、脱衣服以及遇到隐私部位不舒服、处理月经等女性特有健康问题时，女教师能看女生的身体隐私，能要女生看女生自己的身体隐私；男教师不能看女生的身体隐私，不能要女生看女生自己的身体隐私。

如果孩子的能力比较强，家长需要向孩子强调“如果其他人只是说要看我的隐私部位、要我看我的隐私部位、要我看他或别人的隐私部位，即使他没有做‘脱衣服’的动作，他也是坏人，我也要反抗”。

如果孩子的能力比较弱，家长需要向孩子强调“只要其他人做‘（要我）脱我的衣服露出隐私部位’‘（要我）脱他或别人的衣服露出隐私部位’① 这些动作，他就是坏人，我就要反抗”，而不需要孩子关注坏人所说的话。

（3）关于怎么教孩子预防性侵害，家长可以使用以下两种方法：

一种是拿着绘本给孩子讲故事。本书所提及的预防性侵害绘本是我校老师自制的，所有角色都是成年人。其中，“施害者”由学校工作人员乔装扮演，或由校外志愿者扮演；“学生”由学校工作人员或校外志愿者穿校服扮演；“警察”由学校工作人员或校外志愿者穿警服扮演。

绘本中“警察抓获施害者”的情节用来帮助孩子观察获知施害者的后果，以克制对这种错误行为的模仿，预防她们成为施害者（虽然生活中坏人不一定必然被警察抓获，或者坏人的行为性质并未过于恶劣，但是考虑到智障孩子直观形象的思维特点，家长需要教孩子“警察会把坏人抓起来”）。

另一种是设计真实情境来教孩子反抗。例如，孩子独自玩游戏时，家人甲、邻居、亲友乔装扮演坏人，脱孩子的裤子，看孩子的阴部（请注意，这些人必须对外貌进行乔装，并且只做出尽可能贴近真实情境的施害动作）。家人乙躲在附近，如果看到孩子不会反抗，就马上出现，提醒她大声喊、快点跑。离开“坏人”比较远距离后，家人乙一边安抚孩子，一边问“刚才发生什么事情”“那边有坏人，坏人做了什么”等，教她尽可能完整地说“有坏人看我的阴部”（请注意，孩子向家人乙报告时，“坏人”不能出现）。

---

① 生活中，别人脱他或其他人的衣服（并没有拉着孩子的手要孩子脱），要孩子看他们的隐私部位时，孩子可以首先拒绝看（例如，尽量远离）。若别人继续强行要求孩子看时（例如，用力拉着孩子；与孩子不发生身体接触，但堵住道路，不允许孩子离开），孩子再反抗。

如果孩子的能力比较强，家长可以教孩子采取上述的应对方法：先拒绝看，被强行要求看时再反抗。

如果孩子的能力比较弱，家长需要直接教孩子反抗，不需要让孩子区分对待别人是否强行要自己看。

如果孩子在生活中出现性侵害行为（例如，脱别人的衣服，看别人的隐私部位），家长可以和老师沟通，把孩子带到学校保安室，给予严厉的批评教育，以帮助孩子深刻地意识到“做这样的坏人会被警察/保安抓起来”。

（4）本主题中，身体隐私包括的范围可参考“主题18　指和说隐私部位等身体隐私”相关内容。

本主题以隐私部位为例，让家长了解怎么教孩子“不随便看自己的隐私部位、不看别人的隐私部位”（在此，“看”指脱衣服去看裸露的隐私部位）。家长可以参照相关的做法来教孩子“不随便看自己的其他身体隐私、不看别人的其他身体隐私”。教“身体隐私”时，家长不一定需要向孩子解释“身体隐私包括什么”。

（5）关于怎样知道孩子是否遭遇到性侵害，以及家长应该怎样应对孩子真的遇到性侵害事件，本书建议①：

第一，留意孩子的变化。

孩子出现以下迹象时，家长需要警觉其可能受到性侵害：内衣裤被撕破或遗失；胸部、生殖器、肛门、大腿内侧等受伤；对别人或人偶做出模仿性行为的动作（很大可能是因为他观看过或亲身体验过性行为）；自言自语“不可以告诉别人”“我会杀了你”等；对某些人、某些地方变得特别抵触；变得胆怯、情绪低落、经常哭泣，或脾气暴躁、打人、扔东西、伤害自己的身体；某些生活技能退化或丧失，如变得随地大小便；改变饮食或睡眠的习惯，如出现梦游；对“性”有很大的兴趣，如使用带有生殖器的名词说脏话，和别人谈论性行为、怀孕相关话题，等等。

请注意，受到性侵害的孩子不一定出现上述所有迹象，出现上述迹象也不一定意味着孩子受到性侵害。家长需要做的是，细心留意孩子身体、情绪、行为的变化，以便尽早制止相关的性侵害行为。例如，教孩子洗澡，穿、脱衣服时，家长需要留意她的隐私部位是否受伤；孩子还没有洗内衣裤时，家长可以检查上面有没有其他分泌物。

第二，了解孩子的受害细节。

---

① TERRI COUWENHOVEN. 智能障碍者的性教育：谁来教？教什么？如何教？［M］. 林纯真，刘琼瑛，译. 台北：心理出版社，2013：279－290；胡萍. 善解童贞5：防范性侵害［M］. 南京：江苏凤凰科学技术出版社，2017：115－140；胡佳威. 如何及时发现并应对性侵害. 微信公众号“保护豆豆”.

通常情况下，孩子不会在“受到性侵害”这类事情上撒谎。所以，如果孩子把类似事情告诉家长，家长需要重视，并马上肯定她的做法：“你把这些事情告诉我是很棒的！现在你是安全的，有我保护你。”

在孩子情绪稳定的前提下，家长需要结合其认知能力及语言理解、表达能力，采取相应的措施来了解受害细节，包括使用图片进行提问（例如，出示男性、女性的图片后询问“坏人是男的，还是女的”），注意变换询问句式（例如，询问“坏人摸了你身体哪里，指给我看”“坏人摸了你的胸部，还是阴部”“坏人摸了你的阴部吗”“坏人有没有摸你的胸部”等）。

与孩子交谈时，家长还需要控制好紧张、吃惊、愤怒等情绪，以免孩子错误地以为是自己做错了而不敢继续告知。

家长最好对与孩子的交谈过程进行录音或录像，以便和老师、警察等人的询问结果相互印证。

第三，报警，告诉老师。

如果孩子真的受到性侵害，依据我国教育部、公安部、共青团中央、全国妇联于 2013 年 9 月 3 日联合发布的《关于做好预防少年儿童遭受性侵工作的意见》，家长要立即报警，并告诉老师。

《中华人民共和国未成年人保护法》第五十六条明确规定：“公安机关、人民检察院、人民法院办理未成年人遭受性侵害的刑事案件，应当保护被害人的名誉。”所以，家长需要相信：报警不仅能阻止坏人继续伤害自己的孩子，还能保护更多的孩子。

如果孩子的身体受到伤害，家长不能立刻让孩子洗澡或洗干净内衣裤等，需要带她去医院接受检查（最好有警察陪同），收集坏人的犯罪证据。

第四，做好心理疏导工作。

家长需要密切关注孩子在家的情绪和行为，并与老师积极沟通孩子在学校的状况，及时对孩子的心理进行疏导。

家长还需要关注自己的情绪和行为，例如，不要在孩子面前发泄自己的情绪，或反复说性侵害事件。

必要时，家长可以求助于妇联、残联等机构或心理咨询师、社工等专业人士，拨打“守护童年”援助热线 4001600011、青少年服务热线 12355、妇女维权公益服务热线 12338 等。

第五，尽量不让孩子再接触到坏人。

如果因为没有足够的证据或其他原因，坏人没有受到法律的制裁，家长必须设法让孩子不再接触到这个坏人，这才是对孩子最好的保护。

请家长一定要记住，发生性侵害不是孩子的错，也不是家长的错。家长不应该指责孩子“我不是教过你要反抗吗，你怎么还不会保护自己呢”，家人之间也不应该互相抱怨“你怎么没有看管好孩子”。一家人更应该互相扶持，共同陪伴孩子走出性侵害的阴影。

一、孩子脱自己的衣服，看自己的隐私部位

家长拿着老师自制的绘本《我能脱我的衣服，看我的隐私部位》，给孩子讲故事。在此，以“看阴部”为例说明：

（1）家长拿着“毛毛洗手”的图片，说：“毛毛觉得阴部不舒服，想看一看。毛毛先洗手。”

（2）家长拿着“毛毛进厕所关门后，脱裤子，看自己的阴部”的图片，说：“厕所关上门，毛毛才能看自己的阴部。”

（3）家长拿着“毛毛提上裤子，再洗手”的图片，说：“看完阴部，毛毛洗手。”

（4）家长拿着“毛毛进房间，关上门，拉上窗帘，脱裤子，看自己的阴部”的图片，参照上面的做法教孩子。

（5）家长总结说：“让其他人看到我们的阴部，很羞的。所以，厕所关上门，房间关上门和拉上窗帘，我才能看我的阴部。我一定不能看别人的阴部。讲文明！先洗手，再看我的阴部；看完我的阴部，要洗手。讲卫生！”

温馨提示

（1）考虑到隐私部位不舒服时，大家一般会既“看”又“摸”地检查，家长需要教孩子“脱衣服去看隐私部位前要洗手”。

（2）关于“脱衣服去看和摸自己的隐私部位是否必须洗手”的问题，家长需要综合考量孩子的能力：

如果孩子的能力比较强，家长需要教孩子“脱衣服去看和摸自己的胸部，可以不洗手。脱衣服去看和摸自己的阴部、屁股，一定要洗手”。

如果孩子的能力比较弱，家长需要教孩子“脱衣服去看和摸自己的隐私部位，一定要洗手”。

二、别人要脱孩子的衣服，看孩子的隐私部位

（一）家人、女老师、医生要脱孩子的衣服，看孩子的隐私部位

家长拿着老师自制的绘本《家人、女老师、医生要脱我的衣服，看我的隐私部位》，给孩子讲故事。在此，以“看阴部”为例说明：

（1）家长拿着“毛毛说：‘妈妈，我的阴部不舒服，请您帮我看看。’”的图片，说：“毛毛想找妈妈检查自己的阴部。”

家长拿着“妈妈把毛毛带进厕所关门后，脱她的裤子，看她的阴部”的图片，说：“妈妈是家人，家人和毛毛最亲密。所以，妈妈能看毛毛的阴部。”

（2）家长拿着“妈妈带毛毛看医生”的图片，说：“毛毛生病了，阴部不舒服。妈妈带毛毛找医生帮忙。”

家长拿着“医生脱毛毛的裤子，看她的阴部”的图片，说：“生病时，我们可以找医生帮忙。所以，阴部不舒服，医生能看毛毛的阴部。”

（3）家长拿着“女老师看毛毛的阴部”的图片，参照上面的做法教孩子。

（4）家长总结说：“我的阴部不舒服时，家人、女老师、医生能看我的阴部。其他人要看我的阴部，他就是坏人。”

温馨提示

家长需要教孩子“大小便，洗澡，穿、脱衣服，隐私部位不舒服时，家人、女老师、医生能看我的隐私部位”。

（二）坏人要脱孩子的衣服，看孩子的隐私部位

家长拿着老师自制的绘本《坏人要脱我的衣服，看我的隐私部位》，给孩子讲故事。在此，以“看阴部”为例说明：

（1）家长拿着“男/女施害者脱女生的裤子，看女生的阴部”的图片，说：“坏人要看女生的阴部。”

（2）家长拿着“女生喊‘不要’，跑离现场”的图片，说：“女生大声喊，快点跑。”

家长拿着“女生找到老师后说：‘有坏人要看我的阴部。’”的图片，说：“女生把坏人做的事情告诉老师。”

（3）家长拿着“警察摁住男/女施害者，说：‘有人报警说，你看她的阴部。跟我去公安局。’”的图片，说：“因为坏人要看女生的阴部，所以警察把他抓起来。”

（4）家长总结说：“只有家人、女老师和医生能看我的阴部。其他人要看我的阴部，他就是坏人。如果有坏人要看我的阴部，我要大声喊，我要快点跑，去告诉家人，去告诉老师。我一定不能看别人的阴部。”

三、别人要孩子脱孩子自己的衣服，看孩子自己的隐私部位

（一）家人、女老师、医生要孩子脱孩子自己的衣服，看孩子自己的隐私部位

家长拿着老师自制的绘本《家人、女老师、医生要我脱我的衣服，看我的隐私部位》，给孩子讲故事。在此，以“看阴部”为例说明：

（1）家长拿着“爸爸说：‘毛毛，你现在看看自己阴部上的伤好了吗’”的图片，说：“爸爸要毛毛看她自己的阴部。”

家长拿着“毛毛洗手”“毛毛进厕所关门后，脱裤子，看自己的阴部”“毛毛提上裤子，再洗手”的图片，说：“爸爸是家人，家人和毛毛最亲密。所以，爸爸能要毛毛看她自己的阴部。毛毛要听爸爸的话，看她自己的阴部。”

（2）家长拿着“爸爸带毛毛看医生”的图片，说：“毛毛生病了，阴部不舒服。爸爸带毛毛找医生帮忙。”

家长拿着“医生说：‘你看看自己阴部哪里不舒服?’毛毛脱裤子，看自己的阴部”的图片，说：“生病时，我们可以找医生帮忙。所以，阴部不舒服，医生能要毛毛看她自己的阴部。毛毛要听医生的话，看她自己的阴部。”

（3）家长拿着“毛毛听爸爸的话，进房间，关上门，拉上窗帘，脱裤子，看她自己的阴部”的图片，参照上面的做法教孩子。

（4）家长拿着“女老师要毛毛看她自己的阴部”的图片，参照上面的做法教孩子。

（5）家长总结说：“我的阴部不舒服时，家人、女老师、医生能要我看我的阴部。其他人要我看我的阴部，他就是坏人。”

温馨提示

家长需要教孩子“大小便，洗澡，穿、脱衣服，隐私部位不舒服时，家人、女老师、医生能要我看我的隐私部位”。

（二）坏人要孩子脱孩子自己的衣服，看孩子自己的隐私部位

家长拿着老师自制的绘本《坏人要我脱我的衣服，看我的隐私部位》，给孩子讲故事。在此，以“看阴部”为例说明：

（1）家长拿着“男/女施害者说‘天气太热了。来，把阴部露出来透透气’，拉着女生的手去脱她自己的裤子，让女生看她自己的阴部”的图片，说：“坏人要女生看她自己的阴部。”

（2）家长拿着“女生喊‘不要’，跑离现场”的图片，说：“女生大声喊，快点跑。”

家长拿着“女生找到老师后说：‘有坏人要我看我的阴部。’”的图片，说：“女生把坏人做的事情告诉老师。”

（3）家长拿着“警察摁住男/女施害者，说：‘有人报警说，你要她看她自己的阴部。跟我去公安局。’”的图片，说：“因为坏人要女生看她自己的阴部，所以警察把坏人抓起来。”

（4）家长总结说：“只有家人、女老师和医生能要我看我的阴部。其他人要我看我的阴部，他就是坏人。如果有坏人要我看我的阴部，我要大声喊，我要快点跑，去告诉家人，去告诉老师。我一定不能要别人看她自己的阴部。”

四、坏人要孩子看坏人的隐私部位

家长拿着老师自制的绘本《坏人要我看他的隐私部位》，和孩子讲故事。在此，以“看阴部”为例说明：

（1）家长拿着“女施害者说‘你帮我看看阴部长阴毛了吗’，拉着女生的手去脱女施害者的裤子，看她的阴部”的图片，说：“坏人要女生看她的阴部。”

（2）家长拿着“女生喊‘不要’，跑离现场”的图片，说：“女生大声喊，快点跑。”

家长拿着“女生找到老师后说：‘有坏人要我看她的阴部。’”的图片，说：“女生把坏人做的事情告诉老师。”

（3）家长拿着“警察摁住女施害者，说：‘有人报警说，你要她看你的阴部。跟我去公安局。’”的图片，说：“因为坏人要女生看她的阴部，所以警察把她抓起来。”

（4）家长拿着“女施害者直接脱她的裤子，要女生看她的阴部”的图片，参照上面的做法教孩子。

（5）家长总结说：“如果有坏人要我看她的阴部，我要大声喊，我要快点跑，去告诉家人，去告诉老师。我一定不能要别人看我的阴部。”

五、坏人要孩子看别人的隐私部位[1]

家长拿着老师自制的绘本《坏人要我看别人的隐私部位》，给孩子讲故事。在此，以“看阴部”为例说明：

（1）家长拿着“男/女施害者说‘你看看她的阴部’，拉着女生的手去脱另一个女性的裤子，看她的阴部”的图片，说：“坏人要女生看别人的阴部。”

（2）家长拿着“女生喊‘不要’，跑离现场”的图片，说：“女生大声喊，快点跑。”

家长拿着“女生找到老师后说：‘有坏人要我看别人的阴部。’”的图片，说：“女生把坏人做的事情告诉老师。”

（3）家长拿着“警察摁住男/女施害者，说：‘有人报警说，你要她看别人的阴部。跟我去公安局。’”的图片，说：“因为坏人要女生看别人的阴部，所以警察把他抓起来。”

（4）家长拿着“男/女施害者直接脱别人的裤子，要女生看别人的阴部”的图片，参照上面的做法教孩子。

（5）家长总结说：“如果有坏人要我看别人的阴部，我要大声喊，我要快点跑，去告诉家人，去告诉老师。我一定不能要别人看其他人的阴部。”

知“性”家长这样评

温馨提示

本主题以隐私部位为例，让家长了解怎样评价孩子看此类部位，以及怎样评价自己教孩子看此类部位。家长可以参照相关的做法来评价孩子看其他身体隐私，以及评价自己教孩子看其他身体隐私。

（1）在公共场所，**您的孩子**会脱自己的衣服，看自己的隐私部位吗？

很多时候不会 □　　有时会 □

很多时候会 □　　不清楚孩子会不会 □

您教过孩子在公共场所不能看自己的隐私部位吗？

基本没教过 □　　有时教 □　　经常教 □

（2）**您的孩子**会脱别人的衣服，看别人的隐私部位吗？

很多时候不会 □　　有时会 □

[1] 本主题中，“看别人的隐私部位”指看真人的隐私部位。

很多时候会 ☐ 不清楚孩子会不会 ☐

您教过孩子不能看别人的隐私部位吗？

基本没教过 ☐ 有时教 ☐ 经常教 ☐

（3）**您的孩子**会教唆别人脱孩子自己的衣服，看孩子自己的隐私部位吗？

很多时候不会 ☐ 有时会 ☐

很多时候会 ☐ 不清楚孩子会不会 ☐

您教过孩子不能教唆别人看孩子自己的隐私部位吗？

基本没教过 ☐ 有时教 ☐ 经常教 ☐

（4）**您的孩子**会教唆别人看此人或其他人的隐私部位吗？

很多时候不会 ☐ 有时会 ☐

很多时候会 ☐ 不清楚孩子会不会 ☐

您教过孩子不能教唆别人看此人或其他人的隐私部位吗？

基本没教过 ☐ 有时教 ☐ 经常教 ☐

（5）您或医生要脱**您的孩子**的衣服，看她的隐私部位时，她会反抗吗？

很多时候不会 ☐ 有时会 ☐

很多时候会 ☐ 不清楚孩子会不会 ☐

您教过孩子家人或医生要看自己的隐私部位时不要反抗吗？

基本没教过 ☐ 有时教 ☐ 经常教 ☐

（6）如果有坏人要脱**您的孩子**的衣服，看她的隐私部位，她知道要反抗吗？

很多时候不知道 ☐ 有时知道 ☐

很多时候知道 ☐ 不清楚孩子知不知道 ☐

您教过孩子坏人要看自己的隐私部位时要反抗吗？

基本没教过 ☐ 有时教 ☐ 经常教 ☐

（7）如果有坏人要脱**您的孩子**的衣服，看她的隐私部位，她知道要把坏人做的事情告诉家人或老师吗？

很多时候不知道 ☐ 有时知道 ☐

很多时候知道 ☐ 不清楚孩子知不知道 ☐

您教过孩子要把坏人做的事情告诉家人或老师吗？

基本没教过 ☐ 有时教 ☐ 经常教 ☐

（8）您或医生要**您的孩子**脱孩子自己的衣服，看孩子自己的隐私部位时，她会反抗吗？

很多时候不会 ☐ 有时会 ☐

很多时候会 ☐ 不清楚孩子会不会 ☐

您教过孩子家人或医生要孩子看孩子自己的隐私部位时不要反抗吗？

基本没教过 □　　有时教 □　　经常教 □

（9）如果有坏人要**您的孩子**脱孩子自己的衣服，看孩子自己的隐私部位，她知道要反抗吗？

很多时候不知道 □　　有时知道 □

很多时候知道 □　　不清楚孩子知不知道 □

您教过孩子坏人要孩子看孩子自己的隐私部位时要反抗吗？

基本没教过 □　　有时教 □　　经常教 □

（10）如果有坏人要**您的孩子**脱孩子自己的衣服，看孩子自己的隐私部位，她知道要把坏人做的事情告诉家人或老师吗？

很多时候不知道 □　　有时知道 □

很多时候知道 □　　不清楚孩子知不知道 □

您教过孩子要把坏人做的事情告诉家人或老师吗？

基本没教过 □　　有时教 □　　经常教 □

（11）如果有坏人要**您的孩子**看别人（包括坏人）的隐私部位，她知道要反抗吗？

很多时候不知道 □　　有时知道 □

很多时候知道 □　　不清楚孩子知不知道 □

您教过孩子坏人要自己看别人（包括坏人）的隐私部位时要反抗吗？

基本没教过 □　　有时教 □　　经常教 □

（12）如果有坏人要**您的孩子**看别人（包括坏人）的隐私部位，她知道要把坏人做的事情告诉家人或老师吗？

很多时候不知道 □　　有时知道 □

很多时候知道 □　　不清楚孩子知不知道 □

您教过孩子要把坏人做的事情告诉家人或老师吗？

基本没教过 □　　有时教 □　　经常教 □

主题20　摸隐私部位等身体隐私[①]

知“性”家长这样教

温馨提示

（1）本主题中，“摸身体隐私”指“手与身体隐私的触碰”（例如，用手指抓、捏、挠，用手掌擦、拍，用手肘揉），既包括直接触碰（例如，脱衣服去摸，伸进衣服去摸），也包括隔着衣服触碰。“主题18　指和说隐私部位等身体隐私”中，“指隐私部位等身体隐私”指“手与身体隐私不接触，仍然有一段距离”。如果孩子的能力比较强，家长需要让孩子区分“指”和“摸”。如果孩子的能力比较弱，家长不需要让孩子区分“指”和“摸”。

（2）家长需要参照“主题16　女孩　男孩”，先教孩子知道自己和别人的性别；参照“主题34　身边的人”中“一、孩子的家人”“二、孩子的老师”和“三、穿制服的人”之“（一）医生”，先教孩子知道哪些人是家人、老师、医生；参照“主题18　指和说隐私部位等身体隐私”中“一、女孩的隐私部位”“二、男孩的隐私部位”，先教孩子知道自己和别人的隐私部位。

（3）家长可以用歌诀《我能摸我的隐私部位》来教：

---

① 我校学生大部分是寄宿生，周日到周四均住校。他们在宿舍的生活主要由生活辅导教师负责。鉴于生活辅导教师需指导、照顾女生的起居（如洗澡），有时免不了摸到女生的身体隐私，学校与家长达成共识：女生大小便，洗澡，穿、脱衣服以及遇到隐私部位不舒服、处理月经等女性特有健康问题时，女教师能摸女生的身体隐私，能要女生摸女生自己的身体隐私；男教师不能摸女生的身体隐私，不能要女生摸女生自己的身体隐私。

厕所关上门，房间关上门和拉上窗帘，我能摸我的隐私部位，一定要洗手。

家长可以用歌诀《坏人摸隐私部位》来教：

如果有坏人，摸隐私部位，我要大声喊，我要快点跑，去告诉家人，去告诉老师。

如果孩子的能力比较强，家长需要向孩子强调“如果有人只是说要摸我的隐私部位、要我摸我的隐私部位、要我摸他或别人的隐私部位，即使他没有做‘摸’的动作，他也是坏人，我也要反抗”。

如果孩子的能力比较弱，家长需要向孩子强调“只要其他人做‘（要我）摸我的隐私部位’‘要我摸他或别人的隐私部位’这些动作，他就是坏人，我就要反抗”，而不需要孩子关注坏人所说的话。

（4）关于怎么教孩子反抗坏人及不主动做出侵害行为，家长可参考“主题 19　看隐私部位等身体隐私”相关内容。

（5）本主题中，身体隐私包括：①隐私部位（男性的阴茎、屁股，女性的胸部、阴部、屁股）；②隐私部位的具体结构（例如，阴毛、阴囊、包皮、龟头、阴唇、阴道口）；③隐私部位附近的部位［男性的大腿，女性的腋下（包括腋毛）、大腿］；④与隐私部位相关的分泌物和物品（例如，精液、白带、经血，身上的内衣裤、护垫、卫生巾）。

本主题以隐私部位为例，让家长了解怎么教孩子“不随便摸自己的隐私部位、不摸别人的隐私部位”。家长可以参照相关的做法来教孩子“不随便摸自己的其他身体隐私、不摸别人的其他身体隐私”。教“身体隐私”时，家长不一定需要和孩子解释“身体隐私包括什么”。

（6）关于怎样知道孩子是否遭遇性侵害，以及家长应该怎样应对孩子真的遇到性侵害事件，家长可参考“主题 19　看隐私部位等身体隐私”相关内容。

一、孩子摸自己的隐私部位

家长拿着老师自制的绘本《我能摸我的隐私部位》，给孩子讲故事。在此，以“摸阴部”为例说明：

（1）家长拿着“毛毛洗手”的图片，说：“毛毛觉得阴部不舒服，想摸一摸。毛毛先洗手。”

（2）家长拿着“毛毛进厕所关门后，脱裤子，摸自己的阴部”的图片，说：“厕所关上门，毛毛才能摸自己的阴部。”

（3）家长拿着“毛毛提上裤子，再洗手”的图片，说：“摸完阴部，毛毛洗手。”

（4）家长拿着“毛毛进房间，关上门，拉上窗帘，脱裤子，摸自己的阴部”的图片，参照上面的做法教孩子。

（5）家长总结说：“让其他人看到我们摸阴部，很羞的。所以，厕所关上门，房间关上门和拉上窗帘，我才能摸我的阴部。我可以直接摸，也可以隔着衣服摸。我一定不能摸别人的阴部。讲文明！先洗手，再摸我的阴部；摸完我的阴部，要洗手。讲卫生！”

温馨提示

（1）关于“摸自己的隐私部位是否必须在关门的厕所或关门并拉上窗帘的房间进行”的问题，家长需要综合考量孩子的能力。

如果孩子的能力比较强，家长需要教孩子“摸自己的胸部、屁股，如果隔着外衣裤，只是有时摸几下，不一定要在关门的厕所或关门并拉上窗帘的房间里。摸自己的阴部，一定要在关门的厕所或关门并拉上窗帘的房间里”。

如果孩子的能力比较弱，家长需要教孩子“摸自己的隐私部位，一定要在关门的厕所或关门并拉上窗帘的房间里”。

（2）关于“摸自己的隐私部位是否必须洗手”的问题，家长需要综合考量孩子的能力。

如果孩子的能力比较强，家长需要教孩子“摸自己的胸部，可以不洗手。摸自己的屁股，如果隔着外裤或裙子，可以不洗手。摸自己的阴部，一定要洗手”。

如果孩子的能力比较弱，家长需要教孩子“摸自己的隐私部位，一定要洗手”。

二、别人要摸孩子的隐私部位

（一）家人、女老师、医生要摸孩子的隐私部位

家长拿着老师自制的绘本《家人、女老师、医生要摸我的隐私部位》，给孩子讲故事。在此，以“摸阴部”为例说明：

（1）家长拿着“毛毛说：‘妈妈，我的阴部不舒服，请您帮我看看。’”的图片，说：“毛毛想找妈妈检查自己的阴部。”

家长拿着“妈妈把毛毛带进厕所关门后，脱她的裤子，摸她的阴部”的图片，说：“妈妈是家人，家人和毛毛最亲密。所以，妈妈能摸毛毛的阴部。”

（2）家长拿着“妈妈带毛毛看医生”的图片，说：“毛毛生病了，阴部不舒服。妈妈带毛毛找医生帮忙。”

家长拿着“医生脱毛毛的裤子，摸她的阴部”的图片，说：“生病时，我们可以找医生帮忙。所以，毛毛阴部不舒服，医生能摸她的阴部。”

（3）家长拿着“女老师摸毛毛的阴部”的图片，参照上面的做法教孩子。

（4）家长总结说：“我的阴部不舒服时，家人、女老师、医生能摸我的阴部。其他人要摸我的阴部，他就是坏人。”

温馨提示：

家长需要教孩子“大小便，洗澡，穿、脱衣服，隐私部位不舒服时，家人、女老师、医生能摸我的隐私部位”。

（二）坏人要摸孩子的隐私部位

家长拿着老师自制的绘本《坏人要摸我的隐私部位》[①]，给孩子讲故事。在此，以“摸阴部”为例说明：

（1）家长拿着“男/女施害者要摸女生的阴部”的图片，说：“坏人要摸女生的阴部。”

（2）家长拿着“女生喊‘不要’，跑离现场”的图片，说：“女生大声喊，快点跑。”

家长拿着“女生找到老师后说：‘有坏人要摸我的阴部。’”的图片，说：“女生把坏人做的事情告诉老师。”

（3）家长拿着“警察摁住男/女施害者，说：‘有人报警说，你要摸她的阴部。跟我去公安局。’”的图片，说：“因为坏人要摸女生的阴部，所以警察把他抓起来。”

（4）家长总结说：“只有家人、女老师和医生能摸我的阴部。其他人要摸我的阴部，他就是坏人。如果有坏人要摸我的阴部，我要大声喊，我要快点跑，去告诉家人，去告诉老师。我一定不能摸别人的阴部。”

---

① 详见微信公众号“番禺培智学校”→“特殊教育”→“性教育课程”→《预防侵害教学课件》故事2。

三、别人要孩子摸孩子自己的隐私部位

（一）家人、女老师、医生要孩子摸孩子自己的隐私部位

家长拿着老师自制的绘本《家人、女老师、医生要我摸我的隐私部位》，给孩子讲故事。在此，以“摸阴部”为例说明：

（1）家长拿着“爸爸说：‘毛毛，你现在摸摸自己的阴部，看上面的伤好了吗？’”的图片，说：“爸爸要毛毛摸她自己的阴部。”

家长拿着“毛毛洗手”“毛毛进厕所关门后，脱裤子，摸自己的阴部”“毛毛提上裤子，再洗手”的图片，说：“爸爸是家人，家人和毛毛最亲密。所以，爸爸能要毛毛摸她自己的阴部。毛毛要听爸爸的话，摸她自己的阴部。”

（2）家长拿着“爸爸带毛毛看医生”的图片，说：“毛毛生病了，阴部不舒服。爸爸带毛毛找医生帮忙。”

家长拿着“医生说：‘你现在摸摸自己的阴部，看哪里不舒服？’毛毛脱裤子，摸自己的阴部”的图片，说：“生病时，我们可以找医生帮忙。所以，阴部不舒服，医生能要毛毛摸她自己的阴部。毛毛要听医生的话，摸她自己的阴部。”

（3）家长拿着“毛毛听爸爸的话，进房间，关上门，拉上窗帘，脱裤子，摸她自己的阴部”的图片，参照上面的做法教孩子。

（4）家长拿着“女老师要毛毛摸她自己的阴部”的图片，参照上面的做法教孩子。

（5）家长总结说：“我的阴部不舒服时，家人、女老师、医生能要我摸我的阴部。其他人要我摸我的阴部，他就是坏人。”

> **温馨提示**
>
> 家长需要教孩子“大小便，洗澡，穿、脱衣服，隐私部位不舒服时，家人、女老师、医生能要我摸我的隐私部位”。

（二）坏人要孩子摸孩子自己的隐私部位

家长拿着老师自制的绘本《坏人要我摸我的隐私部位》，给孩子讲故事。在此，以“摸阴部”为例说明：

（1）家长拿着“男/女施害者说‘阴部在这里’，拉着女生的手去摸她自己的阴部”的图片，说：“坏人要女生摸她自己的阴部。”

（2）家长拿着“女生喊‘不要’，跑离现场”的图片，说：“女生大声

喊，快点跑。”

家长拿着“女生找到老师后说：‘有坏人要我摸我的阴部。’”的图片，说：“女生把坏人做的事情告诉老师。”

（3）家长拿着“警察摁住男/女施害者，说：‘有人报警说，你要她摸她自己的阴部。跟我去公安局。’”的图片，说：“因为坏人要女生摸她自己的阴部，所以警察把他抓起来。”

（4）家长总结说：“只有家人、女老师和医生能要我摸我的阴部。其他人要我摸我的阴部，他就是坏人。如果有坏人要我摸我的阴部，我要大声喊，我要快点跑，去告诉家人，去告诉老师。我一定不能要别人摸她自己的阴部。”

四、坏人要孩子摸坏人的隐私部位

家长拿着老师自制的绘本《坏人要我摸坏人的隐私部位》，给孩子讲故事。在此，以“摸阴部”为例说明：

（1）家长拿着“女施害者说‘纸巾贴在我的阴部上，你帮我拿出来吧’，拉着女生的手去摸女施害者的阴部”的图片，说：“坏人要女生摸她的阴部。”

（2）家长拿着“女生喊‘不要’，跑离现场”的图片，说：“女生大声喊，快点跑。”

家长拿着“女生找到老师后说：‘有坏人要我摸她的阴部。’”的图片，说：“女生把坏人做的事情告诉老师。”

（3）家长拿着“警察摁住女施害者，说：‘有人报警说，你要她摸你的阴部。跟我去公安局。’”的图片，说：“因为坏人要女生摸她的阴部，所以警察把她抓起来。”

（4）家长总结说：“如果有坏人要我摸她的阴部，我要大声喊，我要快点跑，去告诉家人，去告诉老师。我一定不能要别人摸我的阴部。”

五、坏人要孩子摸别人的隐私部位①

家长拿着老师自制的绘本《坏人要我摸别人的隐私部位》，给孩子讲故事。在此，以“摸阴部”为例说明：

（1）家长拿着“男/女施害者说‘你帮她揉一揉阴部’，拉着女生的手去摸另一个女性的阴部”的图片，说：“坏人要女生摸别人的阴部。”

（2）家长拿着“女生喊‘不要’，跑离现场”的图片，说：“女生大声喊，快点跑。”

家长拿着“女生找到老师后说：‘有坏人要我摸别人的阴部。’”的图片，

---

① 本主题中，“摸别人的隐私部位”指摸真人的隐私部位。

说："女生把坏人做的事情告诉老师。"

（3）家长拿着"警察摁住男/女施害者，说：'有人报警说，你要她摸别人的阴部。跟我去公安局。'"的图片，说："因为坏人要女生摸别人的阴部，所以警察把他抓起来。"

（4）家长总结说："如果有坏人要我摸别人的阴部，我要大声喊，我要快点跑，去告诉家人，去告诉老师。我一定不能要别人摸其他人的阴部。"

知"性"家长这样评

温馨提示

本主题以隐私部位为例，让家长了解怎样评价孩子摸此类部位，以及怎样评价自己教孩子摸此类部位。家长可以参照相关的做法来评价孩子摸其他身体隐私，以及评价自己教孩子摸其他身体隐私。

（1）**您的孩子**在摸自己的隐私部位前会洗手吗？

很多时候不会 □　　有时会 □

很多时候会 □　　不清楚孩子会不会 □

您教过孩子先洗手，再摸自己的隐私部位吗？

基本没教过 □　　有时教 □　　经常教 □

（2）**您的孩子**在摸自己的隐私部位时会太用力，甚至弄痛或弄伤自己吗？

很多时候不会 □　　有时会 □

很多时候会 □　　不清楚孩子会不会 □

您教过孩子不能太用力摸自己的隐私部位吗？

基本没教过 □　　有时教 □　　经常教 □

（3）**您的孩子**在摸自己的隐私部位后会洗手吗？

很多时候不会 □　　有时会 □

很多时候会 □　　不清楚孩子会不会 □

您教过孩子摸自己的隐私部位后要洗手吗？

基本没教过 □　　有时教 □　　经常教 □

（4）在公共场所，**您的孩子**会摸自己的隐私部位吗？

很多时候不会 □　　有时会 □

很多时候会 □　　不清楚孩子会不会 □

您教过孩子在公共场所不能摸自己的隐私部位吗？

基本没教过 □　　有时教 □　　经常教 □

（5）**您的孩子**会摸别人的隐私部位吗？

很多时候不会 □　　有时会 □

很多时候会 □　　不清楚孩子会不会 □

您教过孩子不能摸别人的隐私部位吗？

基本没教过 □　　有时教 □　　经常教 □

（6）**您的孩子**会教唆别人摸孩子自己的隐私部位吗？

很多时候不会 □　　有时会 □

很多时候会 □　　不清楚孩子会不会 □

您教过孩子不能教唆别人摸孩子自己的隐私部位吗？

基本没教过 □　　有时教 □　　经常教 □

（7）**您的孩子**会教唆别人摸此人或其他人的隐私部位吗？

很多时候不会 □　　有时会 □

很多时候会 □　　不清楚孩子会不会 □

您教过孩子不能教唆别人摸此人或其他人的隐私部位吗？

基本没教过 □　　有时教 □　　经常教 □

（8）您或医生要摸**您的孩子**的隐私部位时，她会反抗吗？

很多时候不会 □　　有时会 □

很多时候会 □　　不清楚孩子会不会 □

您教过孩子家人或医生要摸自己的隐私部位时不要反抗吗？

基本没教过 □　　有时教 □　　经常教 □

（9）如果有坏人要摸**您的孩子**的隐私部位，她知道要反抗吗？

很多时候不知道 □　　有时知道 □

很多时候知道 □　　不清楚孩子知不知道 □

您教过孩子坏人要摸自己的隐私部位时要反抗吗？

基本没教过 □　　有时教 □　　经常教 □

（10）如果有坏人要摸**您的孩子**的隐私部位，她知道要把坏人做的事情告诉家人或老师吗？

很多时候不知道 □　　有时知道 □

很多时候知道 □　　不清楚孩子知不知道 □

您教过孩子要把坏人做的事情告诉家人或老师吗？

基本没教过 □　　有时教 □　　经常教 □

（11）您或医生要**您的孩子**摸孩子自己的隐私部位时，她会反抗吗？

很多时候不会 □　　有时会 □

很多时候会 □　　不清楚孩子会不会 □

您教过孩子家人或医生要孩子摸孩子自己的隐私部位时<u>不要</u>反抗吗？

基本没教过 □　　有时教 □　　经常教 □

（12）如果有坏人要**您的孩子**摸孩子自己的隐私部位，她知道要反抗吗？

很多时候不知道 □　　有时知道 □

很多时候知道 □　　不清楚孩子知不知道 □

您教过孩子坏人要孩子摸孩子自己的隐私部位时要反抗吗？

基本没教过 □　　有时教 □　　经常教 □

（13）如果有坏人要**您的孩子**摸孩子自己的隐私部位，她知道要把坏人做的事情告诉家人或老师吗？

很多时候不知道 □　　有时知道 □

很多时候知道 □　　不清楚孩子知不知道 □

您教过孩子要把坏人做的事情告诉家人或老师吗？

基本没教过 □　　有时教 □　　经常教 □

（14）如果有坏人要**您的孩子**摸别人（包括坏人）的隐私部位，她知道要反抗吗？

很多时候不知道 □　　有时知道 □

很多时候知道 □　　不清楚孩子知不知道 □

您教过孩子坏人要自己摸别人（包括坏人）的隐私部位时要反抗吗？

基本没教过 □　　有时教 □　　经常教 □

（15）如果有坏人要**您的孩子**摸别人（包括坏人）的隐私部位，她知道要把坏人做的事情告诉家人或老师吗？

很多时候不知道 □　　有时知道 □

很多时候知道 □　　不清楚孩子知不知道 □

您教过孩子要把坏人做的事情告诉家人或老师吗？

基本没教过 □　　有时教 □　　经常教 □

主题21　用东西碰隐私部位等身体隐私[①]

知“性”家长这样教

温馨提示

（1）本主题中，“用东西碰身体隐私”中，“东西”包括纸巾、棉签、沐浴球、毛巾、仿真生殖器等任何物体；“碰”包括来回磨蹭、拍打、敲击等任何形式的接触，既包括直接触碰（例如，脱衣服去用东西碰，伸进衣服去用东西碰），也包括隔着衣服触碰。

（2）家长需要参照“主题16　女孩　男孩”，先教孩子知道自己和别人的性别；参照“主题34　我身边的人”中“一、孩子的家人”“二、孩子的老师”和“三、穿制服的人”之“（一）医生”，先教孩子知道哪些人是家人、老师、医生；参照“主题18　指和说隐私部位等身体隐私”中“一、女孩的隐私部位”“二、男孩的隐私部位”，先教孩子知道自己和别人的隐私部位。

（3）家长可以用歌诀《我能用东西碰我的隐私部位》来教：

厕所关上门，房间关上门和拉上窗帘，我能用东西碰我的隐私部位，一定要洗手。

---

① 我校学生大部分是寄宿生，周日到周四均住校。他们在宿舍的生活主要由生活辅导教师负责。鉴于生活辅导教师需指导、照顾女生的起居（如洗澡），有时免不了用物品触碰到女生的身体隐私，学校与家长达成共识：女生大小便，洗澡，穿、脱衣服以及遇到隐私部位不舒服、处理月经等女性特有健康问题时，女教师能用物品触碰女生的身体隐私，能要女生用物品触碰女生自己的身体隐私；男教师不能用物品触碰女生的身体隐私，不能要女生用物品触碰女生自己的身体隐私。

家长可以用歌诀《坏人用东西碰隐私部位》来教：

如果有坏人，用东西碰隐私部位，我要大声喊，我要快点跑，去告诉家人，去告诉老师。

如果孩子的能力比较强，家长需要向孩子强调“如果有人只是说要用东西碰我的隐私部位、要我用东西碰我的隐私部位、要我用东西碰他或别人的隐私部位，即使他没有做‘用东西碰’的动作，他也是坏人，我也要反抗”。

如果孩子的能力比较弱，家长需要向孩子强调“只要其他人做‘（要我）用东西碰我的隐私部位’‘要我用东西碰他或别人的隐私部位’这些动作，他就是坏人，我就要反抗”，而不需要孩子关注坏人所说的话。

（4）关于怎么教孩子反抗坏人及不主动做出侵害行为，家长可参考“主题19　看隐私部位等身体隐私”相关内容。

（5）本主题中，身体隐私包括的范围可参考“主题20　摸隐私部位等身体隐私”相关内容。

本主题以隐私部位为例，让家长了解怎么教孩子“不随便用东西碰自己的隐私部位、不用东西碰别人的隐私部位”。家长可以参照相关的做法来教孩子“不随便用东西碰自己的其他身体隐私、不用东西碰别人的其他身体隐私”。教“身体隐私”时，家长不一定需要向孩子解释“身体隐私包括什么”。

（6）关于怎样知道孩子是不是遭遇性侵害，以及家长应该怎样应对孩子真的遇到性侵害事件，家长可参考“主题19　看隐私部位等身体隐私”相关内容。

一、孩子用东西碰自己的隐私部位

家长拿着老师自制的绘本《我能用东西碰我的隐私部位》，给孩子讲故事。在此，以“用东西碰阴部”为例说明：

（1）家长拿着“毛毛洗手”的图片，说：“毛毛觉得阴部不舒服，想用药膏涂。毛毛先洗手。”

（2）家长拿着“毛毛进厕所关门后，脱裤子，用棉签蘸着药膏涂自己的阴部”的图片，说：“厕所关上门，毛毛才能用药膏涂自己的阴部。”

（3）家长拿着“毛毛提上裤子，再洗手”的图片，说：“用药膏涂完阴部，毛毛洗手。”

（4）家长拿着“毛毛进房间，关上门，拉上窗帘，脱裤子，用棉签蘸着药膏涂自己的阴部”的图片，参照上面的做法教孩子。

（5）家长总结说：“让其他人看到我们用药膏涂阴部，很羞的。所以，厕所关上门，房间关上门和拉上窗帘，我才能用药膏涂我的阴部。除了药膏，我还能用纸巾、毛巾等东西碰我的阴部。我一定不能用东西碰别人的阴部。讲文明！先洗手，再用东西碰我的阴部；用东西碰完我的阴部，要洗手。讲卫生！”

温馨提示

（1）关于“用东西碰自己的隐私部位是否必须在关门的厕所或关门并拉上窗帘的房间进行”的问题，家长需要综合考量孩子的能力。

如果孩子的能力比较强，家长需要教孩子“用东西碰自己的胸部、屁股（例如，用纸巾擦），如果隔着外衣裤，只是有时碰几下，不一定要在关门的厕所或关门并拉上窗帘的房间里。用东西碰自己的阴部，一定要在关门的厕所或关门并拉上窗帘的房间里”。

如果孩子的能力比较弱，家长需要教孩子“用东西碰自己的隐私部位，一定要在关门的厕所或关门并拉上窗帘的房间里”。

（2）关于“用东西碰自己的隐私部位是否必须洗手”的问题，家长需要综合考量孩子的能力。

如果孩子的能力比较强，家长需要教孩子“用东西碰自己的胸部，可以不洗手。用东西碰自己的屁股，如果隔着外裤或裙子，可以不洗手。用东西碰自己的阴部，一定要洗手”。

如果孩子的能力比较弱，家长需要教孩子“用东西碰自己的隐私部位，一定要洗手”。

二、别人要用东西碰孩子的隐私部位

（一）家人、女老师、医生要用东西碰孩子的隐私部位

家长拿着老师自制的绘本《家人、女老师、医生要用东西碰我的隐私部位》，给孩子讲故事。在此，以“用东西碰阴部”为例说明：

（1）家长拿着“毛毛说：‘妈妈，我的阴部不舒服，请您帮我用药膏涂一下。’”的图片，说：“毛毛想找妈妈用药膏涂自己的阴部。”

家长拿着“妈妈把毛毛带进厕所关门后，脱她的裤子，用棉签蘸着药膏

涂她的阴部”的图片，说：“妈妈是家人，家人和毛毛最亲密。所以，妈妈能用药膏涂毛毛的阴部。”

（2）家长拿着“妈妈带毛毛看医生”的图片，说：“毛毛生病了，阴部不舒服。妈妈带毛毛找医生帮忙。”

家长拿着“医生脱毛毛的裤子，用棉签蘸着药膏涂她的阴部”的图片，说：“生病时，我们可以找医生帮忙。所以，阴部不舒服，医生能用药膏涂毛毛的阴部。”

（3）家长拿着“女老师用药膏涂毛毛的阴部”的图片，参照上面的做法教孩子。

（4）家长总结说：“我的阴部不舒服时，家人、女老师、医生能用药膏涂我的阴部。除了药膏，家人、女老师、医生还能用纸巾、毛巾等其他东西碰我的阴部。其他人要用东西碰我的阴部，他就是坏人。”

温馨提示

家长需要教孩子“大小便，洗澡，穿、脱衣服，隐私部位不舒服时，家人、女老师、医生能用东西碰我的隐私部位”。

（二）坏人要用东西碰孩子的隐私部位

家长拿着老师自制的绘本《坏人要用东西碰我的隐私部位》，给孩子讲故事。在此，以“用东西碰阴部”为例说明：

（1）家长拿着“男/女施害者要用纸巾碰女生的阴部”的图片，说：“坏人要用纸巾碰女生的阴部。”

（2）家长拿着“女生喊‘不要’，跑离现场”的图片，说：“女生大声喊，快点跑。”

家长拿着“女生找到老师后说：‘有坏人要用纸巾碰我的阴部。’”的图片，说：“女生把坏人做的事情告诉老师。”

（3）家长拿着“警察摁住男/女施害者，说：‘有人报警说，你要用纸巾碰她的阴部。跟我去公安局。’”的图片，说：“因为坏人要用东西碰女生的阴部，所以警察把他抓起来。”

（4）家长总结说：“只有家人、女老师和医生能用东西碰我的阴部。其他人要用东西碰我的阴部，他就是坏人。如果有坏人要用东西碰我的阴部，我要大声喊，我要快点跑，去告诉家人，去告诉老师。我一定不能用东西碰别人的阴部。”

三、别人要孩子用东西碰孩子自己的隐私部位

（一）家人、女老师、医生要孩子用东西碰孩子自己的隐私部位

家长拿着老师自制的绘本《家人、女老师、医生要我用东西碰我的隐私部位》，给孩子讲故事。在此，以“用东西碰阴部”为例说明：

（1）家长拿着“妈妈说：‘毛毛，你现在给阴部涂药膏吧’”的图片，说：“妈妈要毛毛用药膏涂她自己的阴部。”

家长拿着“毛毛洗手”“毛毛进厕所关门后，脱裤子，用棉签蘸着药膏涂自己的阴部”“毛毛提上裤子，再洗手”的图片，说：“妈妈是家人，家人和毛毛最亲密。所以，妈妈能要毛毛用药膏涂她自己的阴部。毛毛要听妈妈的话，用药膏涂她自己的阴部。”

（2）家长拿着“妈妈带毛毛看医生”的图片，说：“毛毛生病了，阴部不舒服。妈妈带毛毛找医生帮忙。”

家长拿着“医生说：‘你现在给阴部涂药膏吧。’毛毛脱裤子，用棉签蘸着药膏涂自己的阴部”的图片，说：“生病时，我们可以找医生帮忙。所以，毛毛阴部不舒服，医生能要毛毛用药膏涂她自己的阴部。毛毛要听医生的话，用药膏涂她自己的阴部。”

（3）家长拿着“毛毛听妈妈的话，进房间，关上门，拉上窗帘，脱裤子，用棉签蘸着药膏涂她自己的阴部”的图片，参照上面的做法教孩子。

（4）家长拿着“女老师要毛毛用药膏涂她自己的阴部”的图片，参照上面的做法教孩子。

（5）家长总结说：“我的阴部不舒服时，家人、女老师、医生能要我用药膏涂我的阴部。除了药膏，家人、女老师、医生还能要我用纸巾、毛巾等其他东西碰我的阴部。其他人要我用东西碰我的阴部，他就是坏人。”

> **温馨提示**
>
> 家长需要教孩子“大小便，洗澡，穿、脱衣服，隐私部位不舒服时，家人、女老师、医生能要我用东西碰我的隐私部位”。

（二）坏人要孩子用东西碰孩子自己的隐私部位

家长拿着老师自制的绘本《坏人要我用东西碰我的隐私部位》，给孩子讲故事。在此，以“用东西碰阴部”为例说明：

（1）家长拿着“女生拿着小勺子，男/女施害者说‘小勺子可以给阴部按摩’，拉着女生的手去用小勺子碰女生的阴部”的图片，说：“坏人要女生

用小勺子碰她自己的阴部。”

（2）家长拿着“女生喊‘不要’，跑离现场”的图片，说：“女生大声喊，快点跑。”

家长拿着“女生找到老师后说：‘有坏人要我用小勺子碰我的阴部。’”的图片，说：“女生把坏人做的事情告诉老师。”

（3）家长拿着“警察摁住男/女施害者，说：‘有人报警说，你要她用小勺子碰她自己的阴部。跟我去公安局。’”的图片，说：“因为坏人要女生用东西碰她自己的阴部，所以警察把他抓起来。”

（4）家长总结说：“只有家人、女老师和医生能要我用东西碰我的阴部。其他人要我用东西碰我的阴部，他就是坏人。如果有坏人要我用东西碰我的阴部，我要大声喊，我要快点跑，去告诉家人，去告诉老师。我一定不能要别人用东西碰她自己的阴部。”

四、坏人要孩子用东西碰坏人的隐私部位

家长拿着老师自制的绘本《坏人要我用东西碰坏人的隐私部位》，给孩子讲故事。在此，以“用东西碰阴部”为例说明：

（1）家长拿着“女生拿着冰袋，女施害者说‘用冰袋凉一凉我的阴部，好吗’，拉着女生的手去用冰袋碰女施害者的阴部”的图片，说：“坏人要女生用冰袋碰她的阴部。”

（2）家长拿着“女生喊‘不要’，跑离现场”的图片，说：“女生大声喊，快点跑。”

家长拿着“女生找到老师后说：‘有坏人要我用冰袋碰她的阴部。’”的图片，说：“女生把坏人做的事情告诉老师。”

（3）家长拿着“警察摁住女施害者，说：‘有人报警说，你要她用冰袋碰你的阴部。跟我去公安局。’”的图片，说：“因为坏人要女生用东西碰她的阴部，所以警察把她抓起来。”

（4）家长总结说：“如果有坏人要我用东西碰她的阴部，我要大声喊，我要快点跑，去告诉家人，去告诉老师。我一定不能要别人用东西碰我的阴部。”

五、坏人要孩子用东西碰别人的隐私部位[1]

家长拿着老师自制的绘本《坏人要我用东西碰别人的隐私部位》，给孩子讲故事。在此，以“用东西碰阴部”为例说明：

（1）家长拿着“女生拿着学生证，男/女施害者说‘你用学生证碰一下

---

① 本主题中，“用东西碰别人的隐私部位”指用东西碰真人的隐私部位。

她的阴部’，拉着女生的手去用学生证碰另一个女性的阴部”的图片，说：“坏人要女生用学生证碰别人的阴部。”

（2）家长拿着“女生喊‘不要’，跑离现场”的图片，说：“女生大声喊，快点跑。”

家长拿着“女生找到老师后说：‘有坏人要我用学生证碰别人的阴部。’”的图片，说：“女生把坏人做的事情告诉老师。”

（3）家长拿着“警察摁住男/女施害者，说：‘有人报警说，你要她用学生证碰别人的阴部。跟我去公安局。’”的图片，说：“因为坏人要女生用东西碰别人的阴部，所以警察把他抓起来。”

（4）家长总结说：“如果有坏人要我用东西碰别人的阴部，我要大声喊，我要快点跑，去告诉家人，去告诉老师。我一定不能要别人用东西碰其他人的阴部。”

知“性”家长这样评

温馨提示

本主题以隐私部位为例，让家长了解怎样评价孩子用东西碰此类部位，以及怎样评价自己教孩子用东西碰此类部位。家长可以参照相关的做法来评价孩子用东西碰其他身体隐私，以及评价自己教孩子用东西碰其他身体隐私。

（1）**您的孩子**在用东西碰自己的隐私部位前会洗手吗？

很多时候不会 □　　有时会 □

很多时候会 □　　不清楚孩子会不会 □

您教过孩子先洗手，再用东西碰自己的隐私部位吗？

基本没教过 □　　有时教 □　　经常教 □

（2）**您的孩子**在用东西碰自己的隐私部位时会太用力，甚至弄痛或弄伤自己吗？

很多时候不会 □　　有时会 □

很多时候会 □　　不清楚孩子会不会 □

您教过孩子<u>不能</u>太用力用东西碰自己的隐私部位吗？

基本没教过 □　　有时教 □　　经常教 □

（3）**您的孩子**在用东西碰自己的隐私部位后会洗手吗？

很多时候不会 □　　有时会 □

很多时候会 ☐　　不清楚孩子会不会 ☐

您教过孩子用东西碰自己的隐私部位后要洗手吗？

基本没教过 ☐　　有时教 ☐　　经常教 ☐

（4）在公共场所，**您的孩子**会用东西碰自己的隐私部位吗？

很多时候不会 ☐　　有时会 ☐

很多时候会 ☐　　不清楚孩子会不会 ☐

您教过孩子在公共场所<u>不能</u>用东西碰自己的隐私部位吗？

基本没教过 ☐　　有时教 ☐　　经常教 ☐

（5）**您的孩子**会用东西碰别人的隐私部位吗？

很多时候不会 ☐　　有时会 ☐

很多时候会 ☐　　不清楚孩子会不会 ☐

您教过孩子<u>不能</u>用东西碰别人的隐私部位吗？

基本没教过 ☐　　有时教 ☐　　经常教 ☐

（6）**您的孩子**会教唆别人用东西碰孩子自己的隐私部位吗？

很多时候不会 ☐　　有时会 ☐

很多时候会 ☐　　不清楚孩子会不会 ☐

您教过孩子<u>不能</u>教唆别人用东西碰孩子自己的隐私部位吗？

基本没教过 ☐　　有时教 ☐　　经常教 ☐

（7）**您的孩子**会教唆别人用东西碰此人或其他人的隐私部位吗？

很多时候不会 ☐　　有时会 ☐

很多时候会 ☐　　不清楚孩子会不会 ☐

您教过孩子<u>不能</u>教唆别人用东西碰此人或其他人的隐私部位吗？

基本没教过 ☐　　有时教 ☐　　经常教 ☐

（8）您或医生要用东西碰**您的孩子**的隐私部位时，她会反抗吗？

很多时候不会 ☐　　有时会 ☐

很多时候会 ☐　　不清楚孩子会不会 ☐

您教过孩子家人或医生要用东西碰自己的隐私部位时<u>不要</u>反抗吗？

基本没教过 ☐　　有时教 ☐　　经常教 ☐

（9）如果有坏人要用东西碰**您的孩子**的隐私部位，她知道要反抗吗？

很多时候不知道 ☐　　有时知道 ☐

很多时候知道 ☐　　不清楚孩子知不知道 ☐

您教过孩子坏人要用东西碰自己的隐私部位时要反抗吗？

基本没教过 ☐　　有时教 ☐　　经常教 ☐

（10）如果有坏人要用东西碰**您的孩子**的隐私部位，她知道要把坏人做的事情告诉家人或老师吗？

很多时候不知道 ☐　　有时知道 ☐

很多时候知道 □　　不清楚孩子知不知道 □

您教过孩子要把坏人做的事情告诉家人或老师吗？

基本没教过 □　　有时教 □　　经常教 □

(11) 您或医生要**您的孩子**用东西碰孩子自己的隐私部位时，她会反抗吗？

很多时候不会 □　　有时会 □

很多时候会 □　　不清楚孩子会不会 □

您教过孩子家人或医生要孩子用东西碰孩子自己的隐私部位时<u>不要</u>反抗吗？

基本没教过 □　　有时教 □　　经常教 □

(12) 如果有坏人要**您的孩子**用东西碰孩子自己的隐私部位，她知道要反抗吗？

很多时候不知道 □　　有时知道 □

很多时候知道 □　　不清楚孩子知不知道 □

您教过孩子坏人要孩子用东西碰孩子自己的隐私部位时要反抗吗？

基本没教过 □　　有时教 □　　经常教 □

(13) 如果有坏人要**您的孩子**用东西碰孩子自己的隐私部位，她知道要把坏人做的事情告诉家人或老师吗？

很多时候不知道 □　　有时知道 □

很多时候知道 □　　不清楚孩子知不知道 □

您教过孩子要把坏人做的事情告诉家人或老师吗？

基本没教过 □　　有时教 □　　经常教 □

(14) 如果有坏人要**您的孩子**用东西碰别人（包括坏人）的隐私部位，她知道要反抗吗？

很多时候不知道 □　　有时知道 □

很多时候知道 □　　不清楚孩子知不知道 □

您教过孩子坏人要自己用东西碰别人（包括坏人）的隐私部位时要反抗吗？

基本没教过 □　　有时教 □　　经常教 □

(15) 如果有坏人要**您的孩子**用东西碰别人（包括坏人）的隐私部位，她知道要把坏人做的事情告诉家人或老师吗？

很多时候不知道 □　　有时知道 □

很多时候知道 □　　不清楚孩子知不知道 □

您教过孩子要把坏人做的事情告诉家人或老师吗？

基本没教过 □　　有时教 □　　经常教 □

主题22　女孩、男孩慢慢地长大

知“性”家长这样教

一、从胎儿慢慢地长大成婴儿

（1）家长拿着自己的结婚照，说：“爸爸很喜欢妈妈，妈妈也很喜欢爸爸。后来，爸爸、妈妈结婚了。”

（2）家长拿着孩子妈妈的怀孕照，说：“看，妈妈的肚子大大的。这个时候，你是胎儿，在妈妈的肚子里。我们很爱你，希望你健健康康，所以妈妈吃很多东西，让你在妈妈的肚子里吸收着很多东西。我们很爱你，希望你开开心心，所以我们给你买了很多新衣服、新玩具。一天一天过去了，你长得越来越大，妈妈的肚子也变得越来越大。”

（3）家长拿着孩子的婴儿照、“妈妈等家人抱着孩子”的照片，说：“十个月后，妈妈的肚子很痛，爸爸赶紧把妈妈送进医院。在医生的帮忙下，妈妈把你生出来，你不在妈妈的肚子里了，妈妈的肚子不再是大大的。出生后，你是婴儿。你出生后，我们都很开心，我们都很爱你。”

温馨提示

（1）如果没有孩子妈妈的怀孕照、孩子的婴儿照，家长可以拿着老师自制的绘本《女孩毛毛/男孩贝贝慢慢地从胎儿长大成婴儿》来教（家长需要把“女孩慢慢地从胎儿长大成婴儿”“男孩慢慢地从胎儿长大成婴儿”都教给孩子），绘本内容如下：

爸爸很喜欢妈妈，妈妈也很喜欢爸爸。后来，他们结婚了。爸爸、妈妈结婚后，有一天，妈妈的肚子里多了一个毛毛/贝贝。在妈妈的肚子里，毛毛/贝贝是胎儿。刚开始，妈妈经常呕吐，觉得很不舒服；妈妈经常想睡觉，觉得很累。爸爸、妈妈很爱毛毛/贝贝，希望毛毛/贝贝健健康康。所以，爸爸煮很多东西给妈妈吃，妈妈吃得津津有味。通过和妈妈连接的脐带，肚子里面的毛毛/贝贝吸收着妈妈吃的东西。毛毛/贝贝的爷爷、奶奶、外公、外婆也很爱毛毛/贝贝，希望毛毛/贝贝开开心心。所以，他们给毛毛/贝贝买了很多新衣服、新玩具。一天又一天过去了，毛毛/贝贝长得越来越大，妈妈的肚子也变得越来越大。妈妈的肚子变得很大时，走路和蹲下都很辛苦。爸爸爱妈妈，知道妈妈很辛苦，会帮忙做家务，扫地、拖地、擦桌子……十个月后，妈妈的肚子很痛，爸爸赶紧把妈妈送进医院。在医生的帮忙下，妈妈把毛毛/贝贝生出来，毛毛/贝贝不在妈妈的肚子里了。出生后，毛毛/贝贝是婴儿。爸爸、妈妈、爷爷、奶奶、外公、外婆抱着婴儿毛毛/贝贝，都很开心。他们都很爱毛毛/贝贝。

（2）生活中看到怀孕的女性或婴儿，家长可以教孩子“谁是胎儿，胎儿在妈妈的肚子里”“谁是婴儿”。

二、从婴儿慢慢地长大成儿童

（1）家长拿着“家人用奶瓶喂孩子”“家人教孩子吃东西”“孩子自己吃东西”的照片，说：“你是婴儿时，爸爸、妈妈喂你吃东西。慢慢地，爸爸、妈妈教你吃东西。在爸爸、妈妈的照顾和教育下，你从婴儿长大成儿童，会自己吃东西了。”

（2）家长拿着“家人抱着孩子走路”“家人教孩子走路”“孩子自己走路”的照片，说：“你是婴儿时，爸爸、妈妈抱着你走路。慢慢地，爸爸、妈妈教你走路。在爸爸、妈妈的照顾和教育下，你从婴儿长大成儿童，会自己走路了。”

（3）家长拿着“家人帮孩子刷牙”“家人教孩子刷牙”“孩子自己刷牙”的照片，说：“你是婴儿时，爸爸、妈妈帮你刷牙。慢慢地，爸爸、妈妈教你刷牙。在爸爸、妈妈的照顾和教育下，你从婴儿长大成儿童，会自己刷牙了。”

（4）家长拿着“家人帮孩子洗澡”“家人教孩子洗澡”“孩子自己洗澡”的照片，说：“你是婴儿时，爸爸、妈妈帮你洗澡。慢慢地，爸爸、妈妈教你洗澡。在爸爸、妈妈的照顾和教育下，你从婴儿长大成儿童，会自己洗澡了。”

(5) 家长拿着“家人帮孩子穿衣服”“家人教孩子穿衣服”“孩子自己穿衣服”的照片，说：“你是婴儿时，爸爸、妈妈帮你穿衣服。慢慢地，爸爸、妈妈教你穿衣服。在爸爸、妈妈的照顾和教育下，你从婴儿长大成儿童，会自己穿衣服了。”

(6) 家长拿着“家人帮孩子换尿布、擦屁股”“家人教孩子上厕所”“孩子自己上厕所”的照片，说：“你是婴儿时，爸爸、妈妈帮你换尿布、擦屁股。慢慢地，爸爸、妈妈教你上厕所。在爸爸、妈妈的照顾和教育下，你从婴儿长大成儿童，会自己上厕所了。”

(7) 家长总结说：“在爸爸、妈妈的照顾和教育下，你慢慢地长大，从婴儿长大成儿童。”

温馨提示

(1) 如果有老师教育孩子的照片，家长可以拿来教孩子“爸爸、妈妈很爱你，老师很关心你。在爸爸、妈妈、老师的照顾和教育下，你慢慢地长大，从婴儿长大成儿童”。

(2) 如果没有“家人用奶瓶喂孩子”“家人教孩子吃东西”“孩子自己吃东西”等照片，家长可以拿着老师自制的绘本《女孩毛毛/男孩贝贝慢慢地从婴儿长大成儿童》来教（家长需要把“女孩慢慢地从婴儿长大成儿童”“男孩慢慢地从婴儿长大成儿童”都教给孩子），绘本内容如下：

毛毛/贝贝是婴儿时，爸爸、妈妈喂毛毛/贝贝吃东西。慢慢地，爸爸、妈妈、老师教毛毛/贝贝吃东西。在爸爸、妈妈、老师的照顾和教育下，毛毛/贝贝从婴儿长大成儿童，会自己吃东西了。毛毛/贝贝是婴儿时，爸爸、妈妈抱着毛毛/贝贝走路。慢慢地，爸爸、妈妈、老师教毛毛/贝贝走路。在爸爸、妈妈、老师的照顾和教育下，毛毛/贝贝从婴儿长大成儿童，会自己走路了。毛毛/贝贝是婴儿时，爸爸、妈妈帮毛毛/贝贝刷牙。慢慢地，爸爸、妈妈、老师教毛毛/贝贝刷牙。在爸爸、妈妈、老师的照顾和教育下，毛毛/贝贝从婴儿长大成儿童，会自己刷牙了。毛毛/贝贝是婴儿时，爸爸、妈妈帮毛毛/贝贝洗澡。慢慢地，爸爸、妈妈、老师教毛毛/贝贝洗澡。在爸爸、妈妈、老师的照顾和教育下，毛毛/贝贝从婴儿长大成儿童，会自己洗澡了。毛毛/贝贝是婴儿时，爸爸、妈妈帮毛毛/贝贝穿衣服。

慢慢地，爸爸、妈妈、老师教毛毛/贝贝穿衣服。在爸爸、妈妈、老师的照顾和教育下，毛毛/贝贝从婴儿长大成儿童，会自己穿衣服了。毛毛/贝贝是婴儿时，爸爸、妈妈帮毛毛/贝贝换尿布、擦屁股。慢慢地，爸爸、妈妈、老师教毛毛/贝贝上厕所。在爸爸、妈妈、老师的照顾和教育下，毛毛/贝贝从婴儿长大成儿童，会自己上厕所了。毛毛/贝贝生病时，爸爸、妈妈喂毛毛/贝贝吃药。如果毛毛/贝贝在学校生病，老师喂毛毛/贝贝吃药。在爸爸、妈妈、老师的照顾下，毛毛/贝贝病好了。在爸爸、妈妈、老师的照顾和教育下，毛毛/贝贝慢慢地长大，从婴儿长大成儿童。

(3) 生活中看到家人照顾婴儿、儿童时，家长可以教孩子“谁是婴儿，家人怎样照顾他”“谁是儿童，家人教他做什么，他会自己做什么”。

三、从儿童慢慢地长大成青少年

温馨提示

(1) 家长需要参照“主题16　女孩　男孩”，先教孩子知道自己和别人的性别。

(2) “女孩的胸部变大、穿小背心[①]或胸罩、长腋毛、长阴毛、有白带、来月经、用护垫或卫生巾”“男孩长阴毛”属于身体隐私。家长需要教孩子“不随便指、说、看、摸、用东西碰自己的身体隐私，不指、不随便说、不看、不摸、不用东西碰别人的身体隐私，不教唆别人看、摸、用东西碰自己或别人的身体隐私，听从或反抗别人所提出的和身体隐私有关的要求”。具体做法参照“主题18　指和说隐私部位等身体隐私”“主题19　看隐私部位等身体隐私”“主题20　摸隐私部位等身体隐私”“主题21　用东西碰隐私部位等身体隐私”。

(一) 孩子从儿童慢慢地长大成青少年

(1) 孩子长青春痘时，家长指着她的青春痘，让她看着镜子摸一摸，说：“长在脸上的这种东西，叫青春痘。你是儿童时，不长青春痘。慢慢地，你从儿

① 本主题中，“小背心”指半截的、没有前扣或背扣的胸罩。

童长大成青少年，长青春痘了。请记住，你一定不能挤你的青春痘，也一定不能挤别人的青春痘。长青春痘时，你要注意饮食，不能吃刺激性的东西；你要注意清洁皮肤，例如，每天早上、晚上洗脸。过一段时间，青春痘就没有了。

（2）孩子的胸部隆起时，家长指着孩子的胸部，让她看着镜子摸一摸，说："你是儿童时，胸部没有隆起，是平平的。慢慢地，你从儿童长大成青少年，胸部隆起了，变大了。请记住，你一定不能捏你的胸部，也一定不能捏别人的胸部。女孩的胸部变大后，大家会把'胸部'叫'乳房'，'乳房'和'胸部'的意思是一样的。女孩的胸部变大后，有时会胀痛。"

孩子告诉家长自己的胸部胀痛时，家长带她走进厕所或房间，让她关上厕所的门或关上房间的门、拉上房间的窗帘，轻轻揉胸部，说："你从儿童长大成青少年，有时胸部会胀痛。在厕所关上门、在房间关上门和拉上窗帘，你可以轻轻地揉胸部。"

孩子需要穿小背心时，家长指着她的小背心，说："你穿的这种东西，叫小背心。你是儿童时，胸部是平平的，所以不用穿小背心。慢慢地，你从儿童长大成青少年，胸部变大了，所以要穿小背心了。"

孩子妈妈需要穿胸罩时，指着胸罩，说："妈妈穿的这种东西，叫胸罩。如果你的胸部长得像妈妈的胸部那样大，你就要像妈妈一样穿胸罩。"

（3）孩子长腋毛时，家长指着她的腋毛，让她看一看、摸一摸，说："这种长在腋下的毛，叫腋毛。你是儿童时，不长腋毛。慢慢地，你从儿童长大成青少年，长腋毛了。请记住，你一定不能拔你的腋毛，也一定不能拔别人的腋毛。"

（4）孩子的四肢长体毛时，家长指着她的体毛，让她看一看、摸一摸，说："这种长在手脚上的毛，叫体毛。慢慢地，你从儿童长大成青少年，体毛变长、变黑。请记住，你一定不能拔你的体毛，也一定不能拔别人的体毛。"

（5）孩子长阴毛时，趁着教孩子洗澡，上厕所，穿、脱内裤的机会，家长指着她的阴毛，让她看一看、摸一摸，说："这种长在阴部的毛，叫阴毛。你是儿童时，不长阴毛。慢慢地，你从儿童长大成青少年，长阴毛了。请记住，你一定不能拔你的阴毛，也一定不能拔别人的阴毛。"

（6）孩子有白带时，趁着教孩子洗内裤的机会，家长可以指着内裤上的白带，说："这种从阴部流出来、没有颜色或白色、黏黏的液体，叫白带。你是儿童时，阴部不会流出白带。慢慢地，你从儿童长大成青少年，阴部流出白带了。"

（7）孩子来月经时，趁着教孩子贴换护垫或卫生巾、洗内裤的机会，家长可以指着护垫、卫生巾或内裤上的经血，说："每个月有一段时间，阴部会流出红色的血，这种事情叫来月经，这种血叫经血。你是儿童时，不会来月经，阴部不会流出经血。慢慢地，你从儿童长大成青少年，来月经了，阴部会流出经血了。”

（8）孩子需要贴换护垫或卫生巾时，家长指着她的护垫或卫生巾，说：“来月经时，贴在内裤上的这种东西叫护垫/卫生巾，用来防止经血弄脏裤子或裙子。你是儿童时，不会来月经，阴部不会流出经血，所以不用护垫/卫生巾。慢慢地，你从儿童长大成青少年，来月经了，阴部会流出经血了，所以要用护垫/卫生巾了。”

温馨提示

（1）一般等孩子出现某些身体变化时，家长才需要教上面的身体变化。有的孩子不会长青春痘，体毛不会明显地变长、变黑，家长可以不需要教这些身体变化。

（2）如果孩子还没有出现胸部隆起等身体变化，但是对其他女孩在青春期的身体变化感兴趣时，家长可以拿着老师自制的绘本《女孩毛毛慢慢地从儿童长大成青少年》来教，绘本内容如下：

毛毛是儿童时，比较矮。慢慢地，毛毛从儿童长大成青少年，长高了。毛毛是儿童时，比较轻。慢慢地，毛毛从儿童长大成青少年，变重了。毛毛是儿童时，胸部没有隆起，是平平的。慢慢地，毛毛从儿童长大成青少年，胸部隆起了，变大了。毛毛是儿童时，胸部是平平的，所以不用穿小背心。慢慢地，毛毛从儿童长大成青少年，胸部变大了，所以要穿小背心了。如果毛毛的胸部长得像妈妈的胸部那样大，她就要像妈妈一样穿胸罩。毛毛是儿童时，不长腋毛。慢慢地，毛毛从儿童长大成青少年，长腋毛了。毛毛是儿童时，不长阴毛。慢慢地，毛毛从儿童长大成青少年，长阴毛了。毛毛是儿童时，阴部不会流出白带。慢慢地，毛毛从儿童长大成青少年，阴部流出白带了。毛毛是儿童时，不会来月经，阴部不会流出经血，所以不用护垫、卫生巾。慢慢地，毛毛从儿童长大成青少年，来月经了，阴部会流出经血了，所以要用护垫、卫生巾了。有的女孩从儿童长大成青少年，会长青春痘。有的女孩从儿童长大成青少年，体毛会变长、变黑。

（3）如果孩子的身高、体重发生明显的变化，家长可以向老师拿孩子的体检报告，教孩子看看自己这几年的身高、体重变化。

(4) 孩子的胸部变大、穿小背心或胸罩、长腋毛、长阴毛、有白带、来月经、用护垫或卫生巾时，最好由女性家长（例如，妈妈）教。穿、脱小背心的具体做法参照“主题26　穿、脱小背心”。穿、脱胸罩、洗胸罩的具体做法参照“主题27　穿、脱胸罩，洗胸罩”。处理白带、月经的具体做法参照“主题24　白带、月经”“主题25　选护垫、卫生巾”。

(5) 家长可以用歌诀《女孩从儿童长大成青少年》来教：

女孩从儿童长大成青少年，会长高、变重；胸部会变大，要穿小背心，或者穿胸罩；腋下长腋毛；阴部长阴毛，流白带、经血，来月经时用护垫或者卫生巾。

（二）男孩从儿童慢慢地长大成青少年

家长拿着老师自制的绘本《男孩贝贝慢慢地从儿童长大成青少年》，给孩子讲故事：

(1) 家长拿着“儿童贝贝的身高是100厘米”“青少年贝贝的身高是160厘米”的图片，说：“贝贝是儿童时，比较矮。慢慢地，贝贝从儿童长大成青少年，长高了。”

(2) 家长拿着“儿童贝贝的体重是20千克”“青少年贝贝的体重是50千克”的图片，说：“贝贝是儿童时，比较轻。慢慢地，贝贝从儿童长大成青少年，变重了。”

(3) 家长拿着“儿童贝贝没有胡子”“青少年贝贝长胡子”的图片，说：“长在嘴唇旁边的这种东西，叫胡子。贝贝是儿童时，不长胡子。慢慢地，贝贝从儿童长大成青少年，长胡子了。”

家长拿着“爸爸刮胡子”的图片，说：“爸爸用的这种东西，叫刮胡刀。如果贝贝的胡子长得像爸爸的胡子那样长，他就要像爸爸一样用刮胡刀刮胡子。请记住，你一定不能拔别人的胡子。”

(4) 家长拿着“儿童贝贝的喉结没有突出”“青少年贝贝的喉结突出”的图片，说：“在脖子上突出的这种东西，叫喉结。贝贝是儿童时，喉结没有突出。慢慢地，贝贝从儿童长大成青少年，喉结突出了，声音变粗了。”

(5) 家长拿着“脸上长青春痘的少男”的图片，说：“有的男孩从儿童长大成青少年，会长青春痘。请记住，你一定不能挤别人的青春痘。”

(6) 家长拿着“长胸毛的少男”的裸体图片，说：“这种长在胸部的毛，叫胸毛。有的男孩从儿童长大成青少年，会长胸毛。请记住，你一定不能拔别人的胸毛。”

（7）家长拿着“儿童贝贝没有腋毛”“青少年贝贝长腋毛”的裸体图片，说：“贝贝是儿童时，不长腋毛。慢慢地，贝贝从儿童长大成青少年，长腋毛了。请记住，你一定不能拔别人的腋毛。”

（8）家长拿着儿童贝贝、青少年贝贝的全身照及四肢体毛细节照，说：“慢慢地，贝贝从儿童长大成青少年，手脚的体毛变长、变黑了。请记住，你一定不能拔别人的体毛。”

（9）家长拿着“儿童贝贝没有阴毛”“青少年贝贝长阴毛”的裸体图片，说：“贝贝是儿童时，不长阴毛。慢慢地，贝贝从儿童长大成青少年，长阴毛了。请记住，你一定不能拔别人的阴毛。”

温馨提示

（1）一般等孩子出现胸部隆起等身体变化，或对男孩在青春期的身体变化感兴趣时，家长才需要教男孩的身体变化。

（2）考虑到生活中（例如，在超市）能看到刮胡刀，家长需要教孩子“刮胡刀只适合于男孩使用”。

由于处理男性的精液并不需要使用任何生理卫生用品，而且本校性教育课程暂不涉及婚恋及安全性行为的内容，孩子可以不学习“男孩的阴茎会流出精液”。

（3）家长可以用歌诀《男孩从儿童长大成青少年》来教：

男孩从儿童长大成青少年，会长高、变重；会长出胡子，要用刮胡刀；喉结会突出，声音会变粗；腋下长腋毛；手脚的体毛会变长、变黑；阴茎①长阴毛。

（三）比一比：少男和少女的身体变化一样吗

（1）家长拿着贝贝、毛毛的身体变化图片，说：“男孩、女孩慢慢地长大成青少年，都会长高、变重、长腋毛、长阴毛。”

（2）家长拿着贝贝、毛毛的身体变化图片，说：“女孩慢慢地长大成青少年，会胸部变大、有白带、来月经；男孩慢慢地长大成青少年，会长胡子、喉结突出、声音变粗、手脚的体毛变长变黑。”

---

① 本主题中，与勃起、流出精液有关的“阴茎”一般特指龟头至根部的部分。其他“阴茎”如无特别说明，一般泛指男性的外生殖器。

四、从青少年慢慢地长大成成年人

孩子读到九年级时，家长说：“你快读完书了，慢慢地从青少年长大成成年人。于是，你要更加懂得照顾自己和家人，学做更多的事情。”

温馨提示

（1）如果孩子还没有读到九年级，但是对“青少年以后会长大成什么”感兴趣，家长可以指着自己，说：“看，我是成年人。以后，你会慢慢地从青少年长大成成年人。”

（2）孩子有能力找工作时，家长可以教她：“你慢慢地从青少年长大成成年人。于是，你要找工作，赚钱，养自己和家人。”

（3）孩子有婚恋需要时，家长可以教她：“你慢慢地从青少年长大成成年人。于是，你可以像妈妈一样，和自己喜欢的人结婚。”

五、从成年人慢慢地长大成老人

孩子对“成年人以后会长大成什么”感兴趣时，如果家里有老人，或看到邻居家的老人，或有老年亲友做客时，家长可以指着老人，说：“他是老人。几十年以后，你的头发变白了。那时候，你会和他一样，成为老人。你是儿童、青少年、成年人时，走路可以很快。你是老人后，走路要慢一点，有时还要拄着拐杖。”

六、人会死亡

和孩子拜祭先人、参加别人的葬礼时，家长可以说：“××死了。我们以后再也看不到他了。”

温馨提示

（1）如果孩子看到人的死亡事故（例如，车祸），家长可以教她：“这些人因为××，所以死了。”

（2）如果孩子有喜欢的植物或动物，当这些植物或动物死亡时，家长可以教孩子：“××死了。”

七、人的一生

（一）女孩的一生

家长拿着老师自制的绘本《女孩毛毛慢慢地从胎儿长大成婴儿》《女孩毛毛慢慢地从婴儿长大成儿童》《女孩毛毛慢慢地从儿童长大成青少年》《青少年毛毛继续慢慢地长大》，给孩子讲故事。

《女孩毛毛慢慢地从胎儿长大成婴儿》《女孩毛毛慢慢地从婴儿长大成儿童》《女孩毛毛慢慢地从儿童长大成青少年》的绘本内容前文已述。

《青少年毛毛继续慢慢地长大》的绘本内容如下：

毛毛慢慢地长大，毕业了。到了18岁，毛毛找到工作，在工厂上班了。这时，毛毛是成年人。毛毛是成年人后，更加懂得照顾自己，例如，自己选内裤、胸罩、卫生巾。毛毛是成年人后，可以像妈妈一样，和自己喜欢的人结婚。几十年以后，毛毛的头发变白了。这时，毛毛是老人。毛毛是儿童、青少年、成年人时，走路可以很快。毛毛是老人后，走路要慢一点，有时还要拄着拐杖。毛毛慢慢地变老，最后死了。

（二）男孩的一生

家长拿着老师自制的绘本《男孩贝贝慢慢地从胎儿长大成婴儿》《男孩贝贝慢慢地从婴儿长大成儿童》《男孩贝贝慢慢地从儿童长大成青少年》《青少年贝贝继续慢慢地长大》，给孩子讲故事。绘本内容具体见“男孩篇”的“主题7　男孩、女孩慢慢地长大”。

温馨提示

家长可以用歌诀《人的一生》来教：

在妈妈肚子，我们是胎儿。刚出生时候，我们是婴儿。慢慢地长大，长大成儿童。慢慢地长大，长大成青少年。18岁以后，长大成成年人。几十年以后，长大成老人，最后会死去。

知“性”家长这样评

(1) **您的孩子**知道自己在妈妈肚子里时是胎儿吗？

很多时候不知道 □　有时知道 □

很多时候知道 □　不清楚孩子知不知道 □

您教过孩子她在妈妈肚子里时是胎儿吗？

基本没教过 □　有时教 □　经常教 □

(2) **您的孩子**知道妈妈把自己生出来后，自己是婴儿吗？

很多时候不知道 □　有时知道 □

很多时候知道 □　不清楚孩子知不知道 □

您教过孩子妈妈把她生出来后，她是婴儿吗？

基本没教过 □　有时教 □　经常教 □

(3) **您的孩子**身体还没有发育时，她知道自己是儿童吗？

很多时候不知道 □　有时知道 □

很多时候知道 □　不清楚孩子知不知道 □

您教过孩子她身体还没有发育时是儿童吗？

基本没教过 □　有时教 □　经常教 □

(4) **您的孩子**身体发育后，她知道自己是青少年吗？

很多时候不知道 □　有时知道 □

很多时候知道 □　不清楚孩子知不知道 □

您教过孩子她身体发育后是青少年吗？

基本没教过 □　有时教 □　经常教 □

(5) **您的孩子**在身体发育后会伤害自己的身体吗（例如，拔自己的腋毛、阴毛）？

很多时候不会 □　有时会 □

很多时候会 □　不清楚孩子会不会 □

您教过孩子在身体发育后不能伤害自己的身体吗？

基本没教过 □　有时教 □　经常教 □

(6) **您的孩子**知道自己的身体在青春期会发生哪些变化吗（例如，胸部变大，来月经）？

很多时候不知道 □　有时知道 □

很多时候知道 □　不清楚孩子知不知道 □

您教过孩子她在青春期的身体变化吗？

基本没教过 □　有时教 □　经常教 □

（7）**您的孩子**知道别人的身体在青春期会发生哪些变化吗（例如，其他女孩也会胸部变大、来月经；男孩会长胡子）？

很多时候不知道 □　　有时知道 □

很多时候知道 □　　不清楚孩子知不知道 □

您教过孩子别人在青春期的身体变化吗？

基本没教过 □　　有时教 □　　经常教 □

（8）**您的孩子**知道自己以后会长大成成年人吗？

很多时候不知道 □　　有时知道 □

很多时候知道 □　　不清楚孩子知不知道 □

您教过孩子她以后会长大成成年人吗？

基本没教过 □　　有时教 □　　经常教 □

（9）**您的孩子**知道自己以后会长大成老人吗？

很多时候不知道 □　　有时知道 □

很多时候知道 □　　不清楚孩子知不知道 □

您教过孩子她以后会长大成老人吗？

基本没教过 □　　有时教 □　　经常教 □

（10）**您的孩子**知道人都会死吗？

很多时候不知道 □　　有时知道 □

很多时候知道 □　　不清楚孩子知不知道 □

您教过孩子人都会死吗？

基本没教过 □　　有时教 □　　经常教 □

（11）**您的孩子**知道“人一般是从胎儿长大成婴儿，再长大成儿童，再长大成青少年，再长大成成年人，再长大成老人，最后死去”吗？

很多时候不知道 □　　有时知道 □

很多时候知道 □　　不清楚孩子知不知道 □

您教过孩子人的一般成长过程吗？

基本没教过 □　　有时教 □　　经常教 □

主题23 洗阴部[①]

知“性”家长这样教

温馨提示

(1) 本主题最好由女性家长（例如，妈妈）教孩子。

(2) 如果孩子的能力比较强，家长可以教孩子一只手清洗的同时另一只手淋水（例如，直接使用淋浴花洒来淋水），可以教她用手指洗阴唇。如果孩子的能力比较弱，家长需要教孩子先清洗，再淋水（例如，用毛巾或水瓢取水来淋），并教她用手掌或五指并拢来洗（以免不慎把手指伸进阴道）。

(3) 家长可以用歌诀《洗阴部》来教：

浴室里，关上门，洗阴部。沐浴露，涂身体。张开腿，淋阴部。轻轻地洗阴毛、洗阴唇；多淋水，洗干净脏东西。冲身体，淋阴部，冲干净沐浴露。要注意，来月经，用温水洗阴部，不坐在盆里洗。每一天，洗阴部，讲卫生！

孩子来月经时，家长必须强调：“来月经时，我们要注意用温水洗阴部，不能坐在盆子里洗阴部。”

教孩子洗阴部时，家长还需要强调：“先洗阴部，再洗肛门。”

---

① 如果孩子习惯用香皂洗澡，家长指导时需要做出相应的解释，包括“用香皂涂身体”“冲身体，淋阴部，把全部香皂泡冲干净”。

(4)“阴毛、阴唇、阴道口等阴部的具体结构”“洗阴部”属于身体隐私。家长需要教孩子“不随便指、说、看、摸、用东西碰自己的身体隐私，不指、不随便说、不看、不摸、不用东西碰别人的身体隐私，不教唆别人看、摸、用东西碰自己或别人的身体隐私，听从或反抗别人所提出的和身体隐私有关的要求”。具体做法可参照“主题18　指和说隐私部位等身体隐私”“主题19　看隐私部位等身体隐私”“主题20　摸隐私部位等身体隐私”“主题21　用东西碰隐私部位等身体隐私”。

一、在浴室洗阴部

家长带孩子走进浴室，让孩子关上门、脱光衣服。

家长说：“现在，我们学习洗阴部。每一天，洗阴部，讲卫生！让其他人看到我们洗阴部，很羞的。所以，每天洗澡时，浴室里，关上门，我们才能洗阴部。在其他地方，我们一定不能洗阴部。讲文明!”

二、认识阴毛、阴唇、阴道口

家长让孩子张开腿、蹲下、低头看她自己的阴部，依次指着她的阴毛、阴唇、阴道口，说：“这是阴毛、阴唇、阴道口。洗阴部时，一定要把上面的脏东西、沐浴露洗干净；手指一定不能伸进阴道口。”

三、洗阴毛、阴唇

家长一边教孩子把水淋在身体上，用沐浴露涂身体，张开腿，把水淋在阴部上，洗阴毛、阴唇，一边说：“沐浴露，涂身体。张开腿，淋阴部。轻轻地洗阴毛、阴唇；多淋水，洗干净脏东西。洗的时候轻轻地，不要弄痛自己，手指不能伸进阴道口。”

四、冲沐浴露

家长一边教孩子把水淋在阴部及身体的其他部位上，一边说：“冲身体，淋阴部，把全部沐浴露冲干净。”

知“性”家长这样评

（1）洗阴部时，**您的孩子**会关浴室的门吗？

很多时候不会 □　　有时会 □

很多时候会 □　　不清楚孩子会不会 □

您教过孩子洗阴部时要关浴室的门吗？

基本没教过 □　　有时教 □　　经常教 □

（2）**您的孩子**会把阴毛、阴唇洗干净吗（包括把沐浴露或香皂、白带、经血等洗干净）？

很多时候不会 □　　有时会 □

很多时候会 □　　不清楚孩子会不会 □

您教过孩子把阴毛、阴唇洗干净吗？

基本没教过 □　　有时教 □　　经常教 □

（3）洗阴部时，**您的孩子**会太用力，甚至弄痛或弄伤自己吗？

很多时候不会 □　　有时会 □

很多时候会 □　　不清楚孩子会不会 □

您教过孩子不能太用力洗阴部吗？

基本没教过 □　　有时教 □　　经常教 □

（4）**您的孩子**会每天洗阴部吗？

很多时候不会 □　　有时会 □

很多时候会 □　　不清楚孩子会不会 □

您教过孩子要每天洗阴部吗？

基本没教过 □　　有时教 □　　经常教 □

主题24　白带、月经

知“性”家长这样教

温馨提示

（1）本主题最好由女性家长（例如，妈妈）教孩子。

（2）家长需要参照“主题22　女孩、男孩慢慢地长大”中“三、从儿童慢慢地长大成青少年”之“（一）孩子从儿童慢慢地长大成青少年”，先教孩子认识自己在青春期的身体变化。

（3）“身上的护垫、卫生巾”“白带、经血、月经”“贴换护垫或卫生巾”属于身体隐私。家长需要教孩子“不随便指、说、看、摸、用东西碰自己的身体隐私，不指、不随便说、不看、不摸、不用东西碰别人的身体隐私，不教唆别人看、摸、用东西碰自己或别人的身体隐私，听从或反抗别人所提出的和身体隐私有关的要求”。具体做法可参照“主题18　指和说隐私部位等身体隐私”“主题19　看隐私部位等身体隐私”“主题20　摸隐私部位等身体隐私”“主题21　用东西碰隐私部位等身体隐私”。

一、白带

家长拿着老师自制的绘本《毛毛有白带了》，给孩子讲故事：

（1）家长拿着“儿童毛毛的阴部没有流出白带”“青少年毛毛的阴部流出白带”的裸体图片，说：“这种从阴部流出来、没有颜色或白色、黏黏的液体，叫白带。有时，上厕所或洗澡，你会看到阴部流出白带。有时，你还会看到白带弄到内裤上。如果你的阴部流出白带，不用害怕，表明你和毛毛一样，已经从儿童长大成青少年。恭喜你长大了！”

（2）家长拿着“毛毛进厕所洗手”“毛毛关门，脱裤子，用纸巾擦干净阴部、内裤上的白带”“毛毛洗手”的图片，说：“厕所关上门，我们可以用纸巾擦干净阴部、内裤上的白带；擦阴部时轻轻地，不要弄痛自己。先洗手，再擦白带；擦完白带，要洗手。讲文明！讲卫生！”

温馨提示

（1）考虑到家长不一定能看到孩子流白带，本书建议家长可以先用老师自制的绘本，教孩子正确的处理方法。

如果家长刚好看到孩子流白带，可以参照绘本的做法来教孩子。

（2）如果孩子的白带比较多，家长需要结合医生的建议，教孩子使用护垫来处理白带。

二、月经

（一）使用护垫、卫生巾

温馨提示

（1）家长可以参照女性青春期发育规律（胸部变大、出现阴毛后，月经来潮）[①]，推测孩子来月经的时间，再提前半年开始训练孩子使用护垫或卫生巾，不用太早教。如果孩子来月经后，胸部还没有发育，家长必须带孩子看医生。

（2）家长可以用歌诀《使用护垫、卫生巾》来教：

不来月经时，护垫、卫生巾放在衣柜里，放在书包里。来月经时候，要用卫生巾，或者用护垫，放在口袋里。进入厕所后，要先去洗手。关好厕所门，才能脱裤子。撕两端、两翼，撕脏卫生巾，或者脏护垫，扔到垃圾桶，纸巾擦干净阴部的经血。贴新卫生巾，或者新护垫，撕外包装膜，扔到垃圾桶。在裤底中间，按一按两端，按按小贴纸，贴中间部分。撕走小贴纸[②]，扔到垃圾桶，在裤底两边，贴两翼部分。提好内裤后，摸一摸前面，摸一摸两翼，摸一摸

① 王雁，刘艳虹．智力落后学生的青春性教育［M］．北京：科学出版社，2006：42；TERRI COUWENHOVEN. 智能障碍者的性教育：谁来教？教什么？如何教？［M］．林纯真，刘琼瑛，译．台北：心理出版社，2013：92.

② 如果孩子常用的卫生巾并没有小贴纸（例如，有的卫生巾的外包装膜会粘连两翼），那么家长把“撕走小贴纸，扔到垃圾桶”这句话删除。

后面，贴得好不好。看一看外裤，看一看裙子，如果有经血，必须换掉它。提好外裤后，整理裙子后，厕所的经血，用水冲干净，才能打开门，洗完手就走。隔一段时间，要换卫生巾，或者换护垫。月经每一天，我要记录好。过了几天后，经血没有了，不用卫生巾，也不用护垫。

（3）如果孩子的能力比较弱，家长最好教她每次来月经时告诉家人或教师。

1. 认识护垫、卫生巾

（1）家长拿着“儿童毛毛的阴部没有流出经血”“青少年毛毛的阴部流出经血”的裸体图片，说：“每个月有一段时间阴部会流出红色的血，这种事情叫来月经，这种血叫经血。来月经了，上厕所、洗澡时，你会看到阴部流出经血；有时，你还会看到经血弄到裤子或裙子上。如果你来月经了，阴部流出经血，不用害怕，表明你和毛毛一样，已经从儿童长大成青少年。恭喜你长大了！”

（2）家长拿着一包护垫，指着包装上的“护垫”，说：“这是护垫。”

家长打开一包护垫，拿出一片护垫，撕开外包装膜，指着护垫，说：“这是护垫。来月经时，我们会把护垫贴在内裤上，用来防止经血弄脏裤子或裙子。”

（3）家长拿着一包卫生巾，指着包装上的“卫生巾”，说：“这是卫生巾。”

家长打开一包卫生巾，拿出一片卫生巾，撕开外包装膜，指着卫生巾，说：“这是卫生巾。来月经时，我们会把卫生巾贴在内裤上，用来防止经血弄脏裤子或裙子。”

（4）家长让孩子拿着一片护垫、一片卫生巾来比较长短，说：“因为护垫比较短，所以经血比较少时，我们可以用护垫；因为卫生巾比较长，所以经血比较多时，我们要用卫生巾。”

温馨提示

如果孩子的能力比较强，家长需要教孩子怎么选择护垫或不同类型的卫生巾。具体做法可参照“主题25　选护垫、卫生巾”。

2. 存放护垫、卫生巾

（1）家长让孩子把护垫、卫生巾放在衣柜、书包里，说：“不来月经时，护垫、卫生巾放在衣柜里，放在书包里，自己保管好。”

（2）家长让孩子把一片卫生巾放在口袋里，说：“来月经时，我们要用卫生巾。但是，让其他人看到我们拿着卫生巾进厕所，很羞的。所以，我们要先把卫生巾放在口袋里。讲文明！如果用护垫，我们也要先把护垫放在口袋里。”

温馨提示

考虑到孩子经常穿校服，校服有口袋，家长可以教她把护垫、卫生巾放在口袋里。

如果孩子的能力比较强，家长可以教孩子“没有口袋时，用纸巾包着护垫、卫生巾，不容易让其他人看到。”

3. 用纸巾擦干净阴部上的经血

（1）家长带孩子走进厕所，让孩子洗手，说：“来月经时，我们要在厕所里，把护垫或卫生巾贴在内裤上。先洗手，再贴护垫或卫生巾。讲卫生！”

（2）家长让孩子关上厕所门，说：“让其他人看到我们把护垫或卫生巾贴在内裤上，很羞的。所以，厕所关上门，我们才能贴护垫或卫生巾。”

（3）家长一边让孩子脱内裤，蹲下用纸巾擦阴部，一边说：“来月经时，先用纸巾擦干净阴部上的经血，再贴护垫或卫生巾；擦阴部时轻轻地，不要弄痛自己。讲文明！讲卫生！”

4. 贴新护垫、新卫生巾

（1）家长让孩子拿着一片卫生巾，一边教她把外包装膜撕掉并扔到垃圾桶，把新卫生巾的中间部分贴在内裤上，一边说：“贴新卫生巾，撕外包装膜，扔到垃圾桶。在裤底中间，按一按两端，按按小贴纸，贴中间部分。贴的时候，一定要捏着新卫生巾的两端或小贴纸。讲卫生！贴护垫和贴卫生巾的方法是一样的。”

（2）家长一边教孩子把小贴纸撕掉并扔到垃圾桶，把新卫生巾的两翼贴在内裤上，一边说：“撕走小贴纸，扔到垃圾桶，在裤底两边，贴两翼部分。”

温馨提示

（1）如果孩子的经血容易往前或往后渗漏，家长需要教孩子把新护垫或新卫生巾的中间部分贴在裤底相应的地方。

（2）家长需要结合孩子的情况，教她在蹲厕上贴换护垫或卫生巾时应该用哪种姿势：

如果孩子的经血比较多，家长可以教孩子先把裤子脱到膝盖处，再蹲下撕掉脏护垫或脏卫生巾，擦阴部，贴新护垫或新卫生巾（一直维持蹲姿）。如果孩子的经血不多，家长可以教孩子先站着撕掉脏护垫或脏卫生巾，再蹲下擦阴部，接着站起贴新护垫或新卫生巾（站姿、蹲姿交替采用）。

5. 检查护垫或卫生巾、外穿的裤子或裙子

（1）家长一边教孩子提上内裤，摸卫生巾的前面、两翼、后面，一边说：“提好内裤后，摸一摸前面，摸一摸两翼，摸一摸后面，贴得好不好。如果没有贴紧，或者贴歪了，我们要把护垫或卫生巾撕下来，重新贴一次。”

（2）家长教孩子看外穿的裤子/裙子，说：“让其他人看到我们的裤子或裙子上有经血，很羞的。所以，贴完护垫或卫生巾，我们要看一看裤子或裙子；如果有经血，必须换掉它。我们可以先用衣服或者书包等东西，尽量遮住弄脏的外裤或裙子，再赶快回家或者回宿舍，换上干净的外裤或裙子。讲文明！”

6. 离开厕所

家长一边让孩子提上裤子/裙子，冲水，打开厕所门，洗手，一边说：“提好裤子/裙子后，厕所的经血，用水冲干净，才能打开门，洗完手就走。贴完护垫或卫生巾，要洗手。讲卫生！”

7. 撕脏护垫、脏卫生巾

（1）家长和孩子走进厕所，让孩子洗手、关上厕所门、脱外穿的裤子/裙子和内裤、蹲下用纸巾擦阴部，说：“来月经时，我们不能只用一片护垫或卫生巾。隔一段时间，我们就要去厕所撕掉脏护垫或脏卫生巾，换上新护垫或新卫生巾，这样经血才不会弄脏裤子或裙子，阴部也不容易生病。让其他人看到我们撕脏护垫或脏卫生巾，很羞的。所以，厕所关上门，我们才能撕。”

温馨提示

如果孩子不懂得看钟表，家长可以结合她的日常活动，教她记住进行某活动前、后（如早上起床后、午饭后、晚上睡觉前）要更换护垫或卫生巾。

（2）家长一边教孩子把内裤上的卫生巾撕掉，扔到垃圾桶，一边说：“撕的时候，撕两端、两翼。撕的时候，要尽量捏着脏卫生巾的干净地方，尽量不要碰到有经血的地方。撕下后，扔到垃圾桶。撕脏护垫和撕脏卫生巾的方法是一样的。”

温馨提示

如果家里的厕所没有放垃圾篓/桶，家长需要教孩子把脏护垫或脏卫生巾放入垃圾袋，使之不容易被别人看到，再扔到厕所外的垃圾桶。

但是，如果孩子的能力比较弱，家长最好在家里的厕所放置垃圾篓/桶，使孩子可以直接把脏护垫或脏卫生巾扔进去。

8. 记录月经期

家长拿着日历，在上面打钩，说："我们长大成青少年后，每个月会来一次月经，每次月经会来几天。我们要在日历上打钩，记住自己在哪一天来月经，月经来了多少天。过了几天后，经血没有了，我们就不用打钩了，也不用贴换护垫或卫生巾了。等下个月再来月经时，我们再打钩，再用护垫或卫生巾。这样打钩可以帮助我们知道每个月大约什么时候会来月经，我们可以提前准备好护垫、卫生巾，防止经血弄脏裤子或裙子。"

温馨提示

孩子来月经后，家长要结合孩子的月经期，让孩子在日历上打钩记录。

（二）其他注意事项

家长拿着以下图片，说："来月经时，如果经血弄到其他地方，我们要把弄脏的裤子或裙子、被子洗干净，把弄脏的椅子擦干净。我们要注意饮食，不能吃刺激性的、冷的东西；注意保暖，多穿点衣服；注意休息，早点睡觉；注意运动，能慢慢地散步，不能游泳。来月经时，腹部可能会有些痛，我们可以把热水袋紧贴腹部，也可以请家人、老师、医生帮忙减轻疼痛。来月经时，胸部可能会胀痛；在厕所关上门、在房间关上门和拉上窗帘，我们可以轻轻地揉胸部。"

✽毛毛洗干净裤子上、被子上的经血。毛毛擦干净椅子上的经血。

✽毛毛不吃辣的、煎炸的、冷的食品。

✽毛毛穿较多的衣服。

✽毛毛在晚上9点睡觉。

✽毛毛散步。毛毛不游泳。

✽毛毛把热水袋紧贴腹部。家人/老师带毛毛看医生。

✽毛毛进厕所，关门，揉胸部。毛毛进房间，关门和拉窗帘，揉胸部。

知"性"家长这样评

（1）在公共场所，**您的孩子**会脱自己的内裤处理白带吗？

很多时候不会 □　　有时会 □

很多时候会 □　　不清楚孩子会不会 □

您教过孩子在公共场所<u>不能</u>脱自己的内裤处理白带吗？

基本没教过 □　　有时教 □　　经常教 □

（2）在公共场所，**您的孩子**会脱自己的内裤处理月经吗？

很多时候不会 □　　有时会 □

很多时候会 □　　不清楚孩子会不会 □

您教过孩子在公共场所<u>不能</u>脱自己的内裤处理月经吗？

基本没教过 □　　有时教 □　　经常教 □

（3）<u>不来</u>月经时，**您的孩子**会把护垫、卫生巾保管好吗（例如，放进衣柜、书包里）？

很多时候不会 □　　有时会 □

很多时候会 □　　不清楚孩子会不会 □

您教过孩子要把护垫、卫生巾保管好吗？

基本没教过 □　　有时教 □　　经常教 □

（4）准备贴换护垫、卫生巾时，**您的孩子**会把它们放好，不让别人看到吗（例如，放进口袋里）？

很多时候不会 □　　有时会 □

很多时候会 □　　不清楚孩子会不会 □

您教过孩子要把护垫、卫生巾放在不容易被别人看到的地方吗？

基本没教过 □　　有时教 □　　经常教 □

（5）贴换护垫、卫生巾前，**您的孩子**会洗手吗？

很多时候不会 □　　有时会 □

很多时候会 □　　不清楚孩子会不会 □

您教过孩子贴换护垫、卫生巾前要洗手吗？

基本没教过 □　　有时教 □　　经常教 □

（6）撕脏护垫、脏卫生巾时，**您的孩子**会故意捏着脏护垫、脏卫生巾有经血的地方来撕吗？

很多时候不会 □　　有时会 □

很多时候会 □　　不清楚孩子会不会 □

您教过孩子撕脏护垫、脏卫生巾时不能故意捏着脏护垫、脏卫生巾有经血的地方来撕吗？

基本没教过 □　　有时教 □　　经常教 □

(7) **您的孩子**会用纸巾擦干净阴部的经血吗？

很多时候不会 □　　有时会 □

很多时候会 □　　不清楚孩子会不会 □

您教过孩子要用纸巾擦干净阴部的经血吗？

基本没教过 □　　有时教 □　　经常教 □

(8) **您的孩子**会贴护垫、卫生巾吗？

很多时候不会 □　　有时会 □

很多时候会 □　　不清楚孩子会不会 □

您教过孩子贴护垫、卫生巾吗？

基本没教过 □　　有时教 □　　经常教 □

(9) 贴换护垫、卫生巾时，**您的孩子**会做好清洁工作吗（例如，把外包装膜、小贴纸扔进垃圾桶；冲干净厕所的经血）？

很多时候不会 □　　有时会 □

很多时候会 □　　不清楚孩子会不会 □

您教过孩子贴换护垫、卫生巾时要做好清洁工作吗？

基本没教过 □　　有时教 □　　经常教 □

(10) 贴好护垫、卫生巾后，**您的孩子**会检查外穿的裤子或裙子有没有经血吗？

很多时候不会 □　　有时会 □

很多时候会 □　　不清楚孩子会不会 □

您教过孩子贴好护垫、卫生巾后要检查外穿的裤子或裙子有没有经血吗？

基本没教过 □　　有时教 □　　经常教 □

(11) 如果外穿的裤子或裙子有经血，**您的孩子**会换掉它吗？

很多时候不会 □　　有时会 □

很多时候会 □　　不清楚孩子会不会 □

您教过孩子换掉有经血的、外穿的裤子或裙子吗？

基本没教过 □　　有时教 □　　经常教 □

(12) 贴好护垫、卫生巾后，**您的孩子**会洗手吗？

很多时候不会 □　　有时会 □

很多时候会 □　　不清楚孩子会不会 □

您教过孩子贴好护垫、卫生巾后要洗手吗？

基本没教过 ☐　　有时教 ☐　　经常教 ☐

（13）**您的孩子**会定时更换护垫、卫生巾吗（例如，隔两三个小时换一次卫生巾）？

很多时候不会 ☐　　有时会 ☐

很多时候会 ☐　　不清楚孩子会不会 ☐

您教过孩子要定时更换护垫、卫生巾吗？

基本没教过 ☐　　有时教 ☐　　经常教 ☐

（14）**您的孩子**会记录自己每个月哪一天来月经吗？

很多时候不会 ☐　　有时会 ☐

很多时候会 ☐　　不清楚孩子会不会 ☐

您教过孩子要记录自己每个月哪一天来月经吗？

基本没教过 ☐　　有时教 ☐　　经常教 ☐

（15）如果经血弄脏其他地方，**您的孩子**会清洁干净吗（例如，洗干净裤子，擦干净椅子）？

很多时候不会 ☐　　有时会 ☐

很多时候会 ☐　　不清楚孩子会不会 ☐

您教过孩子要清洁干净被经血弄脏的其他地方吗？

基本没教过 ☐　　有时教 ☐　　经常教 ☐

主题25　选护垫、卫生巾

知"性"家长这样教

温馨提示

(1) 本主题最好由女性家长（例如，妈妈）教孩子。

(2) 家长需要参照"主题22　女孩、男孩慢慢地长大"中"三、从儿童慢慢地长大成青少年"之"（一）孩子从儿童慢慢地长大成青少年"，先教孩子认识自己在青春期的身体变化；参照"主题24　白带、月经"中"二、月经"之"（一）使用护垫、卫生巾"，先教孩子初步认识护垫、卫生巾及其使用方法。

(3) 家长可以用歌诀《选护垫、卫生巾》来教：

买护垫、卫生巾，去超市，去商场。自己选，包装上，看"护垫"，看"日用"，看"夜用"，看"超长夜用"，看生产日期，看保质期。算一算，过期吗？不会选，找家人，找老师，找服务员，请帮我。

一、认识不同类型的卫生巾

(1) 家长拿着一包日用型卫生巾，指着包装袋上的"日用"，说："这是日用型卫生巾。"

家长拿着一包夜用型卫生巾，指着包装袋上的"夜用"/"量多日用"，说："这是夜用型卫生巾。请注意，有的卫生巾包装袋上写'量多日用/夜用'，都属于夜用型卫生巾。"

家长拿着一包超长夜用型卫生巾，指着包装袋上的"超长夜用""熟睡夜用”“甜睡夜用”，说：“这是超长夜用型卫生巾。有的卫生巾包装袋上写‘熟睡夜用’‘甜睡夜用’，跟‘超长夜用’意思一样。”

（2）家长让孩子打开一包护垫、日用型卫生巾、夜用型卫生巾、超长夜用型卫生巾，各拿出一片来比较长短，说：“因为日用型卫生巾比较短，所以经血比较少时，我们可以用这种卫生巾，也可以用护垫。因为夜用型卫生巾比较长，所以经血比较多时，我们可以用这种卫生巾。因为超长夜用型卫生巾最长，所以经血很多时，我们可以用这种卫生巾。如果经血多，我们用护垫，或者用的卫生巾太短，经血很容易弄脏裤子或裙子；如果经血少，我们用的卫生巾太长，阴部、屁股会觉得不舒服。”

（3）孩子来月经时，家长让孩子留意自己的经血量，参照上面的解释，选用护垫或相应类型的卫生巾。

二、计算护垫、卫生巾有没有过期

（1）家长拿着一包护垫，指着包装袋上的生产日期，说：“这包护垫是××年××月××日生产的（例如，这包护垫是2017年1月1日生产的）。”

家长指着包装袋上的保质期，说：“这包护垫的保质期是×年（例如，这包护垫的保质期是3年）。”

（2）家长在纸上写出生产日期和保质期，再用生产日期加上保质期，计算到期时间，说：“这包护垫在××年××月××日到期（例如，这包护垫在2020年1月1日到期）。我们必须在这个时间前把它用完。”

（3）家长拿出日历，依次指着护垫的到期时间及今天的日期，说：“这包护垫在××年××月××日到期。今天是××年××月××日，还没有到××年××月××日（例如，这包护垫在2020年1月1日到期。今天是2017年6月10日，还没有到2020年1月1日）。所以，这包护垫还没有过期。我们只能用还没有过期的护垫。如果我们用了过期的护垫，阴部、屁股会容易生病。如果护垫过期了，我们一定要扔掉它，不能再用了。”

（4）家长拿出一包卫生巾，参照上面的做法教孩子看它有没有过期。

三、和孩子买护垫、卫生巾

（1）家长带孩子去超市或商场，说：“现在，你要学习为自己买护垫、卫生巾。买护垫、卫生巾，去超市，去商场。在这些地方买护垫、卫生巾比较安全。”

（2）家长让孩子看包装袋上的文字，说：“自己选，包装上，看‘护垫’，看‘日用’，看‘夜用’，看‘超长夜用’，我们就知道它是护垫还是卫生巾；如果是卫生巾，知道它是哪一种。”

家长让孩子看包装袋上的时间，说：“自己选，包装上，看生产日期，看保质期。”

家长用手机上的计算器及日历，教孩子看所选的护垫、卫生巾有没有过期。

（3）如果孩子不会选护垫、卫生巾，家长让孩子问服务员：“服务员，我不会选护垫、卫生巾，请帮我。”并解释：“卖护垫、卫生巾的服务员肯定知道怎么选护垫、卫生巾。所以，我们不会选护垫、卫生巾，可以告诉服务员，请服务员帮忙。”

知“性”家长这样评

（1）**您的孩子**会区分护垫、日用型卫生巾、夜用型卫生巾、超长夜用型卫生巾吗？

很多时候不会 □　　有时会 □

很多时候会 □　　不清楚孩子会不会 □

您教过孩子怎么区分护垫、日用型卫生巾、夜用型卫生巾、超长夜用型卫生巾吗？

基本没教过 □　　有时教 □　　经常教 □

（2）经血比较少时，**您的孩子**会选用护垫或日用型卫生巾吗？

很多时候不会 □　　有时会 □

很多时候会 □　　不清楚孩子会不会 □

您教过孩子经血比较少时要选用护垫或日用型卫生巾吗？

基本没教过 □　　有时教 □　　经常教 □

（3）经血比较多时，**您的孩子**会选用夜用型卫生巾吗？

很多时候不会 □　　有时会 □

很多时候会 □　　不清楚孩子会不会 □

您教过孩子经血比较多时要选用夜用型卫生巾吗？

基本没教过 □　　有时教 □　　经常教 □

（4）经血很多时，**您的孩子**会选用超长夜用型卫生巾吗？

很多时候不会 □　　有时会 □

很多时候会 □　　不清楚孩子会不会 □

您教过孩子经血很多时要选用超长夜用型卫生巾吗？

基本没教过 □　　有时教 □　　经常教 □

（5）**您的孩子**会看护垫、卫生巾有没有过期吗？

很多时候不会 □　　有时会 □

很多时候会 □　　　　不清楚孩子会不会 □

您教过孩子怎么看护垫、卫生巾有没有过期吗？

基本没教过 □　　　　有时教 □　　　　经常教 □

（6）**您的孩子**知道要去超市或商场买护垫、卫生巾吗？

很多时候不知道 □　　　　有时知道 □

很多时候知道 □　　　　不清楚孩子知不知道 □

您教过孩子要去超市或商场买护垫、卫生巾吗？

基本没教过 □　　　　有时教 □　　　　经常教 □

（7）如果**您的孩子**不会买护垫、卫生巾，她知道可以找服务员帮忙吗？

很多时候不知道 □　　　　有时知道 □

很多时候知道 □　　　　不清楚孩子知不知道 □

您教过孩子可以找服务员帮忙买护垫、卫生巾吗？

基本没教过 □　　　　有时教 □　　　　经常教 □

主题 26　穿、脱小背心①

知“性”家长这样教

温馨提示

(1) 本主题最好由女性家长（例如，妈妈）教孩子。

(2) 孩子的胸部开始隆起时，家长才需要教她穿、脱小背心，不用太早教。

孩子穿小背心后，家长需要强调“每天洗小背心，讲卫生”。因为洗小背心的方法与洗其他普通衣服的方法没有明显的区别，所以本书不呈现洗小背心的方法。

(3) 为降低孩子穿、脱小背心的难度，家长需要慎重选择小背心的款式：

第一，小背心的材质比较厚，便于孩子找到小背心的下部、袖口。

第二，小背心的两条肩带有一定的宽度，并且不能在背后交叉，便于孩子理顺肩带。

第三，小背心的正面、前面有比较明显的标识（例如，图案、孩子的名字），便于孩子找到正面、前面。

(4) 家长可以用歌诀《穿小背心》来教：

厕所关上门，房间关上门和拉上窗帘，我穿小背心。翻翻小背心，正面要朝外。双手拿下部，转转小背心，前面贴肚子。一手拿

① 本主题中，“小背心”指半截的、没有前扣或背扣的胸罩。

一端，一手往前伸，袖口在上臂。双手抓下部，领口套头上。腋下的两侧，都要去拉直。肩带要理顺，放在肩膀上。拉一拉前面，拉一拉两侧，拉一拉后面，遮住胸部了。

家长可以用歌诀《脱小背心》来教：

厕所关上门，房间关上门和拉上窗帘，我脱小背心。双手抓下部，用力往上拉，要拉到腋下。肩带脱下来。一手往前拉，一手贴身体，一直往下伸。拉着小背心，拉到脖子时，就能脱下来。

穿、脱小背心的地方可以是房间、浴室、厕所。考虑到“浴室”经常会和“厕所”是同一个地方（尤其在家里），为方便孩子记忆，与“能看、摸、用东西碰自己隐私部位的地方”类似，歌诀统一说成“厕所关上门，房间关上门和拉上窗帘，我穿/脱小背心”。

另外，教孩子穿、脱小背心时，家长还需要强调：“有时，我们觉得小背心穿得不舒服，也能在厕所关上门后拉一拉它或脱下重新穿。在其他地方，我们一定不能脱小背心。讲文明！”

（5）“身上的小背心”“穿、脱小背心”属于身体隐私。家长需要教孩子“不随便指、说、看、摸、用东西碰自己的身体隐私，不指、不随便说、不看、不摸、不用东西碰别人的身体隐私，不教唆别人看、摸、用东西碰自己或别人的身体隐私，听从或反抗别人所提出的和身体隐私有关的要求”。具体做法可参照“主题 18　指和说隐私部位等身体隐私”“主题 19　看隐私部位等身体隐私”“主题 20　摸隐私部位等身体隐私”“主题 21　用东西碰隐私部位等身体隐私”。

一、穿小背心

（1）家长让孩子拿着小背心，一边教孩子翻小背心、使正面朝外，双手拿小背心的下部、转小背心、使前面贴着肚子，一边说：“翻翻小背心，正面要朝外。双手拿下部，转转小背心，前面贴肚子。”

（2）家长一边教孩子左手拿着小背心下部的一端、右手沿着小背心下部的另一端从同侧袖口伸出来，双手依次把小背心的两只袖口穿在上臂，双手抓小背心的下部、把领口套在头上，一边说：“一手拿一端，一手往前伸，袖口在上臂。双手抓下部，领口套头上。”

（3）家长一边教孩子拉直小背心在腋窝处的两侧，理顺小背心的肩带并放在肩膀上，把小背心下部的四周拉直、遮住胸部，一边说："腋下的两侧，都要去拉直。肩带要理顺，放在肩膀上。拉一拉前面，拉一拉两侧，拉一拉后面，遮住胸部了。"

温馨提示

（1）每天孩子起床后，家长可以让孩子关上房间的门、拉上房间的窗帘，学习穿小背心。家长需要强调："我们慢慢地从儿童长大成青少年，胸部会变大，要每天穿小背心。让其他人看到我们穿小背心，很羞的。所以，每天起床后，房间关上门和拉上窗帘，我们能穿小背心。"

（2）每天洗澡后，家长可以让孩子关上厕所的门，学习穿小背心。家长需要强调："让其他人看到我们穿小背心，很羞的。所以，每天洗澡后，浴室关上门，我们能穿小背心。"

二、脱小背心

（1）家长一边教孩子双手分别拉着小背心下部往上拉至腋下，一边说："双手抓下部，用力往上拉，要拉到腋下。"

（2）家长一边教孩子依次把小背心的肩带拉下肩膀，把手从肩带中抽离，一边说："肩带脱下来。"

（3）家长一边教孩子左手把小背心往前拉、离开身体，右手贴着身体往下伸、穿过小背心，双手把小背心抽离头部，一边说："一手往前拉，一手贴身体，一直往下伸。拉着小背心，拉到脖子时，就能脱下来。"

温馨提示

（1）每天孩子洗澡前，家长可以让孩子关上厕所的门，学习脱小背心。

（2）每天孩子睡觉前，家长可以让孩子关上房间的门、拉上房间的窗帘，学习脱小背心。家长需要强调："睡觉前，我们要脱小背心。"

知“性”家长这样评

（1）**您的孩子**胸部变大后，会每天穿小背心吗？

很多时候不会 □　有时会 □

很多时候会 □　不清楚孩子会不会 □

您教过孩子胸部变大后要每天穿小背心吗？

基本没教过 □　有时教 □　经常教 □

（2）**您的孩子**会正确地穿小背心吗？

很多时候不会 □　有时会 □

很多时候会 □　不清楚孩子会不会 □

您教过孩子穿小背心的正确方法吗？

基本没教过 □　有时教 □　经常教 □

（3）准备睡觉时，**您的孩子**会脱小背心吗？

很多时候不会 □　有时会 □

很多时候会 □　不清楚孩子会不会 □

您教过孩子准备睡觉时要脱小背心吗？

基本没教过 □　有时教 □　经常教 □

（4）**您的孩子**会正确地脱小背心吗？

很多时候不会 □　有时会 □

很多时候会 □　不清楚孩子会不会 □

您教过孩子脱小背心的正确方法吗？

基本没教过 □　有时教 □　经常教 □

（5）在公共场所，**您的孩子**会穿、脱、调整小背心吗？（例如，调整小背心的肩带）？

很多时候不会 □　有时会 □

很多时候会 □　不清楚孩子会不会 □

您教过孩子不能在公共场所穿、脱、调整小背心吗？

基本没教过 □　有时教 □　经常教 □

主题27　穿、脱胸罩，洗胸罩

知“性”家长这样教

温馨提示

（1）本主题中，“胸罩”是有前扣或背扣的。因为市场上背扣式的胸罩更加普遍，所以本书只呈现背扣式胸罩的穿、脱方法和清洗方法。

（2）本主题最好由女性家长（例如，妈妈）教孩子。

（3）孩子的手指比较灵活，待她能扣上胸罩的前扣或背扣时，家长才需要教她穿、脱胸罩。否则，孩子只需要学习穿、脱小背心。具体做法可参照“主题26　穿、脱小背心”。

（4）家长可以用歌诀《穿胸罩》来教：

厕所关上门，房间关上门和拉上窗帘，我穿胸罩。一手穿肩带，一手拉肩带，拉到肩膀上。弯下腰以后，双手拉罩杯，盖住了乳房。双手伸背后，扣上了背扣，不松也不紧。一手拉罩杯，一手进罩杯，伸到腋下后，轻轻推乳房，推进罩杯里。直起腰以后，肩带要理顺，放在肩膀上；动动肩带扣，不松也不紧。

家长可以用歌诀《脱胸罩》来教：

厕所关上门，房间关上门和拉上窗帘，我脱胸罩。先解开背扣，再拉下肩带，脱下胸罩了。

穿、脱胸罩的地方可以是房间、浴室、厕所。考虑到“浴室”经常会和“厕所”是同一个地方（尤其在家里），为方便孩子记忆，与“能看、摸、用东西碰自己隐私部位的地方”类似，歌诀统一说成“厕所关上门，房间关上门和拉上窗帘，我穿/脱胸罩”。

另外，教孩子穿、脱胸罩时，家长还需要强调：“有时，我们觉得胸罩穿得不舒服，也能在厕所关上门后拉一拉它或脱下重新穿。在其他地方，我们一定不能脱胸罩。讲文明！”

家长可以用歌诀《洗胸罩》来教：

洗胸罩，用肥皂，洗三遍。第一遍，脏胸罩，弄湿它。离开水，拿肥皂，涂一涂，轻轻搓，搓搓搓。放水里，轻轻搓，搓搓搓。离开水，看一看，没干净，继续搓；干净了，挤掉水。第二遍，把胸罩放水里，轻轻搓，赶泡泡。离开水，看一看，摸一摸，有泡泡，没干净，继续搓；没泡泡，干净了，挤掉水。第三遍，同样是赶泡泡。洗完了，晾起来。用衣架，挂中间；用夹子，夹中间、夹两边。每一天，洗胸罩，讲卫生！

（5）“身上的胸罩”“穿、脱胸罩”属于身体隐私。家长需要教孩子“不随便指、说、看、摸、用东西碰自己的身体隐私，不指、不随便说、不看、不摸、不用东西碰别人的身体隐私，不教唆别人看、摸、用东西碰自己或别人的身体隐私，听从或反抗别人所提出的和身体隐私有关的要求”。具体做法可参照“主题 18　指和说隐私部位等身体隐私”“主题 19　看隐私部位等身体隐私”“主题 20　摸隐私部位等身体隐私”“主题 21　用东西碰隐私部位等身体隐私”。

一、穿胸罩

（1）家长让孩子拿着胸罩，一边教孩子双手依次把胸罩的肩带拉到肩膀上，弯下腰、双手拉着罩杯、盖住乳房，扣上背扣，一边说：“一手穿肩带，一手拉肩带，拉到肩膀上。弯下腰以后，双手拉罩杯，盖住了乳房。双手伸背后，扣上了背扣，不松也不紧。胸罩的背扣一般有几排。扣背扣时，我们一般会扣在最外面的那排；如果胸罩有点松，我们再往里扣。我们要注意，背扣不能扣得太紧，否则胸罩会勒伤乳房；背扣也不能扣得太松，否则胸罩会保护不了乳房。”

（2）家长一边教孩子一只手拉开罩杯的下部，另一只手伸进罩杯里、伸到腋下，依次把两个乳房轻轻推进罩杯里，一边说："一手拉罩杯，一手进罩杯，伸到腋下后，轻轻推乳房，推进罩杯里。"

（3）家长一边教孩子理顺胸罩的肩带并放在肩膀上，调整肩带扣，一边说："直起腰以后，肩带要理顺，放在肩膀上；动动肩带扣，不松也不紧。肩带扣可用来调整肩带的松紧。如果肩带太松，容易掉下肩膀，我们要把肩带扣往上拉；如果肩带太紧，勒住肩膀，我们要把肩带扣往下拉。"

温馨提示

（1）每天孩子起床后，家长可以让孩子关上房间的门、拉上房间的窗帘，学习穿胸罩。家长需要强调："我们慢慢地从儿童长大成青少年，胸部会变大，要每天穿胸罩。让其他人看到我们穿胸罩，很羞的。所以，每天起床后，房间关上门和拉上窗帘，我们能穿胸罩。"

（2）每天洗澡后，家长可以让孩子关上厕所的门，学习穿胸罩。家长需要强调："让其他人看到我们穿胸罩，很羞的。所以，每天洗澡后，浴室关上门，我们能穿胸罩。"

二、脱胸罩

家长一边教孩子双手解开胸罩的背扣，依次把胸罩的肩带拉下肩膀，一边说："先解开背扣，再拉下肩带，脱下胸罩了。"

温馨提示

（1）每天孩子洗澡前，家长可以让孩子关上厕所的门，学习脱胸罩。

（2）每天孩子睡觉前，家长可以让孩子关上房间的门、拉上房间的窗帘，学习脱胸罩。家长需要强调："睡觉前，我们要脱胸罩。"

三、洗胸罩

（一）第一遍洗胸罩

（1）家长一边教孩子弄湿胸罩，一边说："现在，我们学习洗胸罩。每一天，洗胸罩，讲卫生！首先，要弄湿整件胸罩。"

（2）家长一边教孩子在胸罩上涂肥皂并轻轻搓，一边说："离开水，拿肥皂，涂一涂，轻轻搓，搓搓搓。放水里，轻轻搓，搓搓搓。最主要是把胸罩贴近皮肤的那面涂上肥皂。搓胸罩时轻轻地，可以用罩杯两边的布来回搓，不要弄坏胸罩。"

（3）家长一边教孩子拿起胸罩看是否洗干净，洗干净后挤干罩杯的水，一边说：“离开水，看一看，没干净，继续搓；干净了，挤掉水。胸罩不像内裤，不能用力拧。洗完胸罩，要把罩杯的水挤出来。挤水时轻轻地，不要弄坏罩杯。”

（二）第二遍洗胸罩

（1）家长一边教孩子在水里搓洗胸罩，一边说：“刚才是第一遍洗胸罩，我们把胸罩的脏东西洗干净了。现在是第二遍洗胸罩，把胸罩放水里，轻轻搓，赶泡泡。第二遍洗胸罩，最主要是把胸罩的泡泡洗干净。搓胸罩时轻轻地，可以用罩杯两边的布来回搓，不要弄坏胸罩。”

（2）家长一边教孩子拿起胸罩看是否洗干净，洗干净后挤干罩杯的水，一边说：“离开水，看一看，摸一摸，有泡泡，没干净，继续搓；没泡泡，干净了，挤掉水。挤水时轻轻地，不要弄坏罩杯。”

（三）第三遍洗胸罩

（1）家长一边教孩子在水里搓洗胸罩，一边说：“胸罩要洗三遍，才干净！第三遍洗胸罩的方法和第二遍是一样的，把胸罩放水里，轻轻搓，赶泡泡。我们要把整件胸罩的脏东西、泡泡洗干净。”

（2）家长一边教孩子拿起胸罩看是否洗干净，洗干净后拧胸罩，一边说：“离开水，看一看，摸一摸，有泡泡，没干净，继续搓；没泡泡，干净了，挤掉水。挤水时轻轻地，不要弄坏罩杯。”

（四）晾胸罩

家长教孩子一边用衣架或夹子晾胸罩，一边说：“洗完了，晾起来。如果用衣架晾，可以把两个罩杯的中间部分挂在衣架上。如果用夹子晾，可以夹住两个罩杯的中间或两边部分。夹子一定不能夹住罩杯，也不能夹住肩带。”

温馨提示

（1）家长可以教孩子直接在水龙头下洗胸罩，也可以教她们用一个专门的小盆洗胸罩（以免胸罩沾染其他衣物的细菌）。

（2）考虑到肥皂去污能力强、易漂洗，家长需要教孩子用肥皂洗胸罩。

（3）为保证把胸罩的污迹和残留肥皂洗干净，家长需要教孩子必须洗涤胸罩三遍。

知“性”家长这样评

（1）**您的孩子**胸部变大后，会每天穿胸罩吗？

很多时候不会 □　　有时会 □

很多时候会 □　　不清楚孩子会不会 □

您教过孩子胸部变大后要每天穿胸罩吗？

基本没教过 □　　有时教 □　　经常教 □

（2）**您的孩子**会正确地穿胸罩吗？

很多时候不会 □　　有时会 □

很多时候会 □　　不清楚孩子会不会 □

您教过孩子穿胸罩的正确方法吗？

基本没教过 □　　有时教 □　　经常教 □

（3）如果胸罩的肩带太紧或太松，**您的孩子**会调整肩带扣吗？

很多时候不会 □　　有时会 □

很多时候会 □　　不清楚孩子会不会 □

您教过孩子如何调整胸罩的肩带扣吗？

基本没教过 □　　有时教 □　　经常教 □

（4）准备睡觉时，**您的孩子**会脱胸罩吗？

很多时候不会 □　　有时会 □

很多时候会 □　　不清楚孩子会不会 □

您教过孩子准备睡觉时要脱胸罩吗？

基本没教过 □　　有时教 □　　经常教 □

（5）**您的孩子**会正确地脱胸罩吗？

很多时候不会 □　　有时会 □

很多时候会 □　　不清楚孩子会不会 □

您教过孩子脱胸罩的正确方法吗？

基本没教过 □　　有时教 □　　经常教 □

（6）在公共场所，**您的孩子**会穿、脱、调整胸罩吗（例如，调整胸罩的肩带）？

很多时候不会 □　　有时会 □

很多时候会 □　　不清楚孩子会不会 □

您教过孩子<u>不能</u>在公共场所穿、脱、调整胸罩吗（例如，调整胸罩的肩带）？

基本没教过 □　　有时教 □　　经常教 □

（7）洗胸罩时，**您的孩子**会先把整件胸罩弄湿吗？

很多时候不会 □　　有时会 □

很多时候会 □　　不清楚孩子会不会 □

您教过孩子洗胸罩时要先把整件胸罩弄湿吗？

基本没教过 □　　有时教 □　　经常教 □

（8）洗胸罩时，**您的孩子**会涂太多肥皂吗？

很多时候不会 □　　有时会 □

很多时候会 □　　不清楚孩子会不会 □

您教过孩子<u>不能</u>给胸罩涂太多肥皂吗？

基本没教过 □　　有时教 □　　经常教 □

（9）**您的孩子**会把胸罩洗干净吗（包括把肥皂泡、脏地方等洗干净）？

很多时候不会 □　　有时会 □

很多时候会 □　　不清楚孩子会不会 □

您教过孩子怎么把胸罩洗干净吗（包括把肥皂泡、脏地方等洗干净）？

基本没教过 □　　有时教 □　　经常教 □

（10）**您的孩子**会挤干罩杯的水吗？

很多时候不会 □　　有时会 □

很多时候会 □　　不清楚孩子会不会 □

您教过孩子怎么挤干罩杯的水吗？

基本没教过 □　　有时教 □　　经常教 □

（11）**您的孩子**会晾胸罩吗？

很多时候不会 □　　有时会 □

很多时候会 □　　不清楚孩子会不会 □

您教过孩子怎么晾胸罩吗？

基本没教过 □　　有时教 □　　经常教 □

（12）**您的孩子**会每天洗胸罩吗？

很多时候不会 □　　有时会 □

很多时候会 □　　不清楚孩子会不会 □

您教过孩子要每天洗胸罩吗？

基本没教过 □　　有时教 □　　经常教 □

主题 28　选内衣

知“性”家长这样教

温馨提示

（1）本主题最好由女性家长（例如，妈妈）教孩子。

（2）家长可以用歌诀《选内衣》来教：

小背心[①]和胸罩是内衣。买内衣，去内衣店，去超市。自己选，标签上，看尺寸。想试穿，问一问服务员。试衣间关上门，穿内衣。不会选，找家人，找服务员，请帮我。

一、认识孩子所穿的内衣

家长拿着孩子所穿的小背心/胸罩，指着标签上的尺寸“Size：××（例如，Size：70A）”，说：“小背心/胸罩的大小也可以叫小背心/胸罩的尺寸、尺码、码数。每件小背心/胸罩都有尺寸。这件小背心/胸罩的尺寸是××（例如，这件小背心/胸罩的尺寸是70A），标签上可以看到尺寸。你要穿××的小背心/胸罩（例如，你要穿70A的小背心/胸罩）。”

二、和孩子买内衣

（1）家长带孩子去内衣店或超市，说：“现在，你要学习为自己买小背心/胸罩。买小背心/胸罩，去内衣店，去超市。在这些地方买小背心/胸罩比

① 本主题中，“小背心”指半截的、没有前扣或背扣的胸罩。

较安全。”

（2）家长指着货架上的小背心、胸罩，说：“小背心和胸罩都是内衣。女孩的胸部比较小时，一般穿小背心。女孩的胸部比较大时，一般穿胸罩。”

家长让孩子拿着一件有海绵垫的小背心、一件无海绵垫的小背心、一件有钢圈的胸罩、一件无钢圈的胸罩、一件有海绵垫的胸罩、一件无海绵垫的胸罩来比较，说：“小背心没有背扣，胸罩有背扣。小背心没有钢圈，有的胸罩有钢圈，有的胸罩没有钢圈。有的小背心和胸罩没有海绵垫，有的小背心和胸罩有海绵垫。”

（3）家长让孩子看标签上的尺寸，找到适合孩子穿的小背心/胸罩尺寸。

家长说：“自己选，标签上，看尺寸。先看自己需要小背心还是胸罩，再从里面选符合自己尺寸的小背心/胸罩。”

（4）选中一件小背心/胸罩后，家长让孩子告诉服务员：“服务员，我想买这件小背心/胸罩，请拿给我试一下。”并解释：“我们买小背心/胸罩时，一般会试穿一下，看看合适吗。想试穿，问一问服务员。”

（5）家长让孩子进试衣间，关上门，试穿小背心/胸罩，解释：“试衣间关上门，可以穿、脱小背心/胸罩。”

（6）如果孩子不会选小背心/胸罩，家长可以让孩子告诉服务员：“服务员，我不会选小背心/胸罩，请帮我。”并解释：“卖小背心/胸罩的服务员肯定知道怎么选小背心/胸罩。所以，我们不会选小背心/胸罩，可以告诉服务员，请服务员帮忙。”

如果服务员用软尺量孩子的胸围，家长可以对孩子说：“服务员会量一量胸部，才知道你要穿哪种尺寸的小背心/胸罩。请服务员帮忙选小背心/胸罩时，她能摸、能用软尺碰我们的胸部、腋下、小背心/胸罩。”

如果服务员想进试衣间看孩子穿小背心/胸罩，家长可以对孩子说：“服务员想看一看帮你选的小背心/胸罩合适吗。请服务员帮忙选小背心/胸罩时，她能看我们的胸部、腋下、小背心/胸罩。

知“性”家长这样评

（1）**您的孩子**会找适合自己所穿尺寸的内衣吗？

很多时候不会 □　　有时会 □

很多时候会 □　　不清楚孩子会不会 □

您教过孩子怎么找适合自己所穿尺寸的内衣吗？

基本没教过 □　　有时教 □　　经常教 □

（2）**您的孩子**知道要去内衣店或超市买内衣吗？

很多时候不知道 □　　有时知道 □

很多时候知道 □　　不清楚孩子知不知道 □

您教过孩子要去内衣店或超市买内衣吗？

基本没教过 □　　有时教 □　　经常教 □

（3）如果**您的孩子**不会买内衣，她知道可以找服务员帮忙吗？

很多时候不知道 □　　有时知道 □

很多时候知道 □　　不清楚孩子知不知道 □

您教过孩子可以找服务员帮忙买内衣吗？

基本没教过 □　　有时教 □　　经常教 □

（4）**您的孩子**知道可以在关门的试衣间里试穿内衣吗？

很多时候不知道 □　　有时知道 □

很多时候知道 □　　不清楚孩子知不知道 □

您教过孩子可以在关门的试衣间里试穿内衣吗？

基本没教过 □　　有时教 □　　经常教 □

（5）买内衣时，**您的孩子**知道服务员可以看、摸、用软尺触碰自己的胸部、腋下、内衣吗？

很多时候不知道 □　　有时知道 □

很多时候知道 □　　不清楚孩子知不知道 □

您教过孩子买内衣时可以让服务员看、摸、用软尺触碰自己的胸部、腋下、内衣吗？

基本没教过 □　　有时教 □　　经常教 □

主题 29　选内裤

知“性”家长这样教

温馨提示

家长可以用歌诀《选内裤》来教：

我要穿女内裤。买内裤，去内衣店，去超市。自己选，包装上、标签上，看到“女”，看尺寸。不会选，找家人，找服务员，请帮我。在外面，不试穿。买回家，洗干净，才能穿。

一、认识孩子所穿的内裤

（一）认识女内裤

（1）根据孩子所穿的内裤尺寸，家长买回一条包装的女内裤和一条散装的、挂有标签的女内裤。

（2）家长拿着包装的女内裤，指着包装盒、包装袋上的文字或图案，说：“这是女内裤，包装上可以看到‘女’字或女孩的图案。你要穿女内裤。”

（3）家长拿着散装的女内裤，指着标签上的文字，说：“这是女内裤，标签上可以看到‘女’字。你要穿女内裤。”

（二）认识内裤尺寸

（1）家长拿着包装的女内裤，指着包装盒、包装袋上的尺寸“Size：××（例如，Size：S）”，说：“内裤的大小也可以叫内裤的尺寸、尺码、码数。每条内裤都有尺寸。这条内裤的尺寸是××码（例如，这条内裤的尺寸是小码），包装上可以看到尺寸。你要穿××码的女内裤（例如，你要穿小码的女内裤）。”

（2）家长拿着散装的女内裤，指着标签上的尺寸“Size：××”，说：“这条内裤的尺寸是××码，标签上可以看到尺寸。你要穿××码的女内裤。”

二、和孩子买内裤

（1）家长带孩子去内衣店或超市，说：“现在，你要学习为自己买内裤。买内裤，去内衣店，去超市。在这些地方买内裤比较安全。”

（2）家长让孩子看包装盒、包装袋、标签上的“女”字或女性图案，找到女内裤。

家长让孩子看包装盒、包装袋、标签上的尺寸，找到适合孩子穿的内裤尺寸。

家长说：“自己选，包装上、标签上，看到‘女’，看尺寸。先选女内裤，再从里面选符合自己尺寸的内裤。”

（3）如果孩子不会选内裤，家长再让孩子告诉服务员：“服务员，我不会选内裤，请帮我。”并解释：“卖内裤的服务员肯定知道怎么选内裤。所以，我们不会选内裤，可以告诉服务员，请服务员帮忙。”

（4）家长带孩子回家后，让孩子洗干净内裤再穿，说：“买内裤，在外面，不试穿。买回家，洗干净，才能穿。”

知“性”家长这样评

（1）**您的孩子**会找女内裤吗？

很多时候不会 □　　有时会 □

很多时候会 □　　不清楚孩子会不会 □

您教过孩子怎么找女内裤吗？

基本没教过 □　　有时教 □　　经常教 □

（2）**您的孩子**会在女内裤里找到适合自己所穿的尺寸吗？

很多时候不会 □　　有时会 □

很多时候会 □　　不清楚孩子会不会 □

您教过孩子怎么找适合自己所穿尺寸的内裤吗？

基本没教过 □　　有时教 □　　经常教 □

（3）**您的孩子**知道要去内衣店或超市买内裤吗？

很多时候不知道 □　　有时知道 □

很多时候知道 □　　不清楚孩子知不知道 □

您教过孩子要去内衣店或超市买内裤吗？

基本没教过 ☐　　有时教 ☐　　经常教 ☐

（4）如果**您的孩子**不会买内裤，她知道可以找服务员帮忙吗？

很多时候不知道 ☐　　有时知道 ☐

很多时候知道 ☐　　不清楚孩子知不知道 ☐

您教过孩子可以找服务员帮忙买内裤吗？

基本没教过 ☐　　有时教 ☐　　经常教 ☐

（5）买内裤时，**您的孩子**会在内衣店或超市试穿内裤吗？

很多时候不会 ☐　　有时会 ☐

很多时候会 ☐　　不清楚孩子会不会 ☐

您教过孩子不能在外面试穿内裤吗

基本没教过 ☐　　有时教 ☐　　经常教 ☐

（6）买到内裤后，**您的孩子**会洗干净再穿吗？

很多时候不会 ☐　　有时会 ☐

很多时候会 ☐　　不清楚孩子会不会 ☐

您教过孩子买回来的内裤要先洗干净再穿吗？

基本没教过 ☐　　有时教 ☐　　经常教 ☐

主题30　自慰

知"性"家长这样教

温馨提示

（1）本主题最好由女性家长（例如，妈妈）教孩子。

（2）孩子有自慰需要或倾向时，家长才需要教本主题。

考虑到家长不一定能看到孩子自慰，本书建议家长可以先用老师自制的绘本，教孩子自慰时要讲文明、讲卫生。

如果家长刚好看到孩子自慰，可以参照绘本的做法来教孩子。

（3）如果家长或医生检查发现孩子因自慰方法不正确导致受伤，那么家长必须马上教孩子正确的自慰方法。

如果看到孩子在公共场所自慰，家长必须马上中止她的行为。此时，如果孩子不能马上到关门的厕所或关门并拉上窗帘的房间，家长需要想办法转移孩子对自慰的注意力。如果孩子能马上到关门的厕所或关门并拉上窗帘的房间，家长可以让她到这些地方继续自慰。

如果孩子只在关门的厕所、关门并拉上窗帘的房间自慰，但是经常自慰，自慰的次数已经影响到她的日常生活和学习，家长需要分析清楚原因（例如，生殖器是否清洗干净、内裤尺寸是否太小），再介入处理（例如，让孩子每天清洗生殖器、穿宽松的内裤、调整睡姿、积极参加体育锻炼、积极劳动）。

如果孩子只在关门的厕所、关门并拉上窗帘的房间自慰，但是自慰的次数没有影响她的日常生活和学习，家长可以不干预她的自慰行为。

（4）家长可以用歌诀《我想自慰》来教：

我想自慰时，要先去洗手。厕所关上门，房间关上门和拉上窗帘，我可以自慰。自慰的时候，不弄伤自己。自慰了以后，阴部和衣服，或其他地方，如果弄脏了，要清洁干净，还要去洗手。

（5）“自慰”属于身体隐私。家长需要教孩子“不随便指、说、看、摸、用东西碰自己的身体隐私，不指、不随便说、不看、不摸、不用东西碰别人的身体隐私，不教唆别人看、摸、用东西碰自己或别人的身体隐私，听从或反抗别人所提出的和身体隐私有关的要求”。具体做法可参照“主题18　指和说隐私部位等身体隐私”“主题19　看隐私部位等身体隐私”“主题20　摸隐私部位等身体隐私”“主题21　用东西碰隐私部位等身体隐私”。

家长拿着老师自制的绘本《毛毛想自慰》，给孩子讲故事：

一、自慰前

（1）家长拿着“毛毛脱裤子，摸阴部”的图片，说：“有时，我们的阴部没有生病，我们也不是在洗澡，但是我们会摸一摸阴部，觉得很舒服，这种事情叫自慰，也可以叫手淫。”

（2）家长拿着“毛毛洗手”的图片，说：“我们想自慰，要先洗手。讲卫生！”

二、自慰时

家长拿着“毛毛进厕所关门”“毛毛关上房间门，拉上窗帘”的图片，说：“让其他人看到我们自慰，很羞的。所以，厕所关上门，房间关上门和拉上窗帘，我们才可以自慰。在其他地方，我们一定不可以自慰。讲文明！”

三、自慰后

家长拿着以下图片，说：“自慰后，要洗手。有时，自慰后，阴部会流出分泌物，所以厕所关上门、房间关上门和拉上窗帘，我们要用纸巾擦干净阴部上的分泌物；擦阴部时轻轻地，不要弄痛自己；擦完要洗手。如果分泌物弄到其他地方，我们也要用纸巾擦干净。如果我们能马上洗澡，可以直接把分泌物洗干净，把弄脏的裤子或裙子、被子洗干净。讲文明！讲卫生！”

✽毛毛洗手。

✽在厕所/房间，毛毛用纸巾擦干净阴部上的分泌物。毛毛洗手。

✽在厕所/房间，毛毛用纸巾擦干净内裤上的分泌物。毛毛洗手。

✽在房间，毛毛用纸巾擦干净被子上的分泌物。毛毛洗手。

✽在浴室，毛毛洗澡，洗干净阴部上的分泌物。毛毛洗干净裤子/裙子、被子。

知“性”家长这样评

（1）**您的孩子**会在公共场所自慰吗？

很多时候不会 □　　有时会 □

很多时候会 □　　不清楚孩子会不会 □

您教过孩子不能在公共场所自慰吗？

基本没教过 □　　有时教 □　　经常教 □

（2）自慰前，**您的孩子**会洗手吗？

很多时候不会 □　　有时会 □

很多时候会 □　　不清楚孩子会不会 □

您教过孩子先洗手再自慰吗？

基本没教过 □　　有时教 □　　经常教 □

（3）自慰时，**您的孩子**会太用力，甚至弄痛或弄伤自己吗？

很多时候不会 □　　有时会 □

很多时候会 □　　不清楚孩子会不会 □

您教过孩子自慰时不能太用力吗？

基本没教过 □　　有时教 □　　经常教 □

（4）自慰后，**您的孩子**会洗手吗？

很多时候不会 □　　有时会 □

很多时候会 □　　不清楚孩子会不会 □

您教过孩子自慰后要洗手吗？

基本没教过 □　　有时教 □　　经常教 □

（5）如果分泌物弄脏阴部、衣服或其他地方，**您的孩子**会清洁干净吗？

很多时候不会 □　　有时会 □

很多时候会 □　　不清楚孩子会不会 □

您教过孩子要清洁干净被分泌物弄脏的阴部、衣服或其他地方吗？

基本没教过 □　　有时教 □　　经常教 □

主题31　拥抱

知“性”家长这样教

温馨提示

（1）本主题中，“拥抱”包括“面对面的拥抱”“侧面的拥抱”“背后的拥抱”三种情况。

（2）家长需要参照“主题16　女孩　男孩”，先教孩子知道自己和别人的性别；参照“主题34　身边的人”，先教孩子区分家人、老师及同学等其他人。

（3）随着孩子逐渐进入青春期，她需要学习“不能随便拥抱异性”的社会规范。所以，家长需要教这个年龄段的孩子“只能和认识的同性拥抱”。等孩子需要和异性婚恋后，家长再教她如何和亲密的异性拥抱。

如果家长认为“孩子能和异性家人拥抱”，必须综合考量孩子的能力。如果孩子的能力比较强，家长可以教孩子“能和异性家人拥抱，不能和其他异性拥抱”。如果孩子的能力比较弱，家长最好教孩子“只能和认识的同性拥抱，能和认识的异性拉手”，具体做法可参照“主题41　拉手”。

（4）家长可以用歌诀《抱一抱》来教：

“男”“女”是性别。我和女孩是同性，我和男孩是异性。我们的身体，肩膀可以抱，腰也可以抱。认识的同性，可以抱一抱，也可以不抱。我想抱认识的同性，先要问一问，同意才能抱，不同意不抱。认识的同性要抱我，我喜欢就抱，不喜欢不抱。认识的异性、不认识的人，一定不能抱。如果有坏人，强行要抱，我要大声喊，我要快点跑，去告诉家人，去告诉老师。

如果孩子实在不知道“自己和谁是同性、异性”，家长可以把歌诀改成：

我们的身体，肩膀可以抱，腰也可以抱。认识的女孩，可以抱一抱，也可以不抱。我想抱认识的女孩，先要问一问，同意才能抱，不同意不抱。认识的女孩要抱我，我喜欢就抱，不喜欢不抱。认识的男孩、不认识的人，一定不能抱。如果有坏人，强行要抱，我要大声喊，我要快点跑，去告诉家人，去告诉老师。

（5）关于怎么教孩子反抗坏人及不主动做出侵害行为，家长可参考“主题19 看隐私部位等身体隐私”相关内容。

家长需要向孩子强调“只要其他人做‘用力抱我’‘用力拉着我要我去抱’这些动作，他就是坏人，我就要反抗”，而不需要孩子关注坏人所说的话。

一、孩子认识的同性、异性

（1）家人甲问孩子：“你是男孩，还是女孩？”

家人甲指着自己，问孩子：“我是男孩，还是女孩？”

家人甲指着家人乙，问孩子：“他是男孩，还是女孩？”

（2）孩子说出所有家人的性别后，家人甲说：“我们每个人都有性别。‘男’‘女’就是我们的性别。”

（3）一个家人让孩子和其他女性家人坐在一起，依次指着她们说：“你是女孩，××也是女孩。你们的性别一样，叫同性。你和女孩是同性。你和××是同性（例如，你是女孩，妈妈也是女孩。你和妈妈是同性）。”

一个家人让孩子和男性家人坐在一起，依次指着他们说：“你是女孩，××是男孩。你们的性别不一样，叫异性。你和男孩是异性。你和××是异性（例如，你是女孩，爸爸是男孩。你和爸爸是异性）。”

（4）家长拿着一些人物图片（例如，孩子的家人，老师，其他同学，其他同学的家长，保洁员等学校其他工作人员，孩子的亲戚，孩子在校园外的朋友，孩子的邻居，医生、警察、保安、环卫工人、服务员等穿制服的、孩子不认识的人，不穿制服的、孩子不认识的人），问孩子：“你认识谁？”

孩子不知道时，家长直接拿出相应的人物图片，说：“这是××，你认识××（例如，这是张老师，你认识张老师）。”

（5）孩子找到认识的人的图片后，家长问孩子：“在你认识的这些人中，你和谁是同性？”

孩子不知道时，家长直接拿着相应的人物图片，说：“你认识××。你和××是同性。你认识的同性有××（例如，你认识妈妈。你和妈妈是同性。你认识的同性有妈妈）。”

（6）孩子找到认识的人的图片后，家长问孩子：“在你认识的这些人中，你和谁是异性？”

孩子不知道时，家长直接拿着相应的人物图片，说：“你认识××。你和××是异性。你认识的异性有××（例如，你认识爸爸。你和爸爸是异性。你认识的异性有爸爸）。”

二、孩子主动拥抱别人

（一）拥抱认识的同性

（1）在家里，家人甲指着其他女性家人，问孩子：“你认识她。你和她是同性。你喜欢认识的同性，可以和她拉拉手，也可以抱抱她。现在，你想抱一抱谁？”

（2）如果看到孩子不想拥抱任何女性家人，家人甲不需要再要求，并解释：“认识的同性，我不喜欢，可以不抱。”

（3）如果看到孩子找到女性家人乙，家人甲让孩子张开双手作拥抱状，问女性家人乙：“我可以抱你吗？”

对于不会说话的孩子，家人甲让她做“张开双手作拥抱状（但不触碰女性家人乙）”的动作后，先停下来，看看女性家人乙的反应。

家人甲解释：“我想抱认识的同性，先要问一问。”

孩子问完，女性家人乙决定是否同意拥抱。

（4）孩子问女性家人乙后，如果女性家人乙同意拥抱，家人甲让孩子拥抱女性家人乙，解释：“我想抱认识的同性，先要问一问，同意才能抱。肩膀可以抱，腰也可以抱；抱的时候，可能还会碰到她的脖子、背；抱的时候轻轻地，不要弄痛她。讲文明！”

如果女性家人乙不同意拥抱，家人甲让孩子不拥抱女性家人乙，并解释：“我想抱认识的同性，先要问一问，不同意不抱。讲文明！”

温馨提示

(1) 在外面，如果看到孩子想拥抱认识的同性，家长可以参照上面的做法来教她。

(2) 家长可以拿着老师自制的绘本《我想抱认识的同性》来教。在此，以“认识的同性同意抱我”为例说明：

毛毛看到妈妈。毛毛张开双手作拥抱状，问：“妈妈，我可以抱你吗？”妈妈点头，对毛毛说：“好。”毛毛和妈妈拥抱。

（二）不拥抱认识的异性

如果看到孩子主动拥抱认识的异性，家长马上阻止孩子，解释：“认识的异性，一定不能抱。如果喜欢认识的异性，我可以和他拉手。讲文明!”

（三）不拥抱不认识的人

如果看到孩子主动拥抱不认识的人，家长马上阻止孩子，解释：“不认识的人，一定不能抱。讲文明!”

三、别人要拥抱孩子

（一）别人要拥抱孩子（没有强行要求）

1. 认识的同性要拥抱孩子

(1) 家长提前和孩子认识的女性邻居、亲友沟通，设计情境：让她们主动拥抱孩子。

(2) 认识的女性邻居、亲友想拥抱孩子时，如果看到孩子想要拥抱对方，家长让孩子拥抱，解释：“认识的同性要抱我，我喜欢就抱。肩膀可以抱，腰也可以抱；抱的时候，可能还会碰到她的脖子、背；抱的时候轻轻地，不要弄痛她。讲文明!”

如果看到孩子不想拥抱对方，家长让孩子摇头、摆手，跟着说“我不要抱”，解释：“认识的同性要抱我，不喜欢不抱。”

温馨提示

家长可以拿着老师自制的绘本《认识的同性要抱我》来教。在此，以“我不想抱认识的同性”为例说明：

女老师看到毛毛。毛毛认识女老师。女老师想拥抱毛毛。毛毛推开女老师，摇头、摆手，说：“老师，我不要抱。”毛毛和女老师不拥抱。

2. 认识的异性要拥抱孩子

（1）家长提前和孩子认识的男性邻居、亲友沟通，设计情境：让他们主动拥抱孩子。

（2）认识的男性邻居、亲友想拥抱孩子时，家长让孩子摇头、摆手，跟着说“我不要抱”，解释：“认识的异性，一定不能抱。如果喜欢认识的异性，我可以和她拉手。讲文明！”

温馨提示

家长可以拿着老师自制的绘本《认识的异性要抱我》来教：

男同学小明看到毛毛。毛毛认识小明。小明想拥抱毛毛。毛毛推开小明，摇头、摆手，说：“小明，我不要抱。”毛毛和小明不拥抱。

3. 不认识的人要拥抱孩子

家长拿着老师自制的绘本《不认识的人要抱我》，给孩子讲故事：

（1）家长拿着“陌生哥哥张开双手作拥抱状，对毛毛说：‘你长得真可爱！我们抱一抱。’”的图片，说：“这是陌生哥哥。毛毛不认识他。他要抱毛毛。”

（2）家长拿着“毛毛推开陌生哥哥的手，摇头、摆手，说：‘我不要抱。’毛毛和陌生哥哥不拥抱”的图片，说：“不认识的人可能是坏人，随便抱不认识的人，很危险。毛毛不抱陌生哥哥。”

（3）家长说：“不认识的人，一定不能抱。讲文明！”

（二）坏人强行拥抱孩子

家长拿着老师自制的绘本《坏人强行抱我》[①]，给孩子讲故事。在此，以“我不想抱认识的同性时，她强行抱我”为例说明：

（1）家长拿着“女施害者要拥抱女生”的图片，说：“女生认识这个阿姨。女生和阿姨是同性。阿姨要抱女生。”

---

① 详见微信公众号“番禺培智学校”→“特殊教育”→“性教育课程”→《预防侵害教学课件》故事3。

家长拿着“女生推开女施害者的手，摇头、摆手，说：‘我不要抱。’”的图片，说：“女生不想抱阿姨。”

（2）家长拿着“女施害者再次要拥抱女生，对女生说：‘我们很久没见了，抱一抱吧。’”的图片，说：“阿姨强行抱女生，她就是坏人。”

（3）家长拿着“女生喊‘不要’，跑离现场”的图片，说：“女生大声喊，快点跑。”

家长拿着“女生找到老师后说：‘有坏人强行抱我。’”的图片，说：“女生把坏人做的事情告诉老师。”

（4）家长拿着“警察摁住女施害者，说：‘有人报警说，你强行抱她。跟我去公安局。’”的图片，说：“因为坏人强行抱别人，所以警察把她抓起来。”

（5）家长总结说：“如果有坏人强行抱我，我要大声喊，我要快点跑，去告诉家人，去告诉老师。我一定不能强行抱别人。”

温馨提示

“坏人强行拥抱孩子”包括“孩子不想拥抱认识的同性时，她强行拥抱孩子”“认识的异性强行拥抱孩子”和“不认识的人强行拥抱孩子”三种情况。

四、别人要孩子拥抱其他人

（一）别人要孩子拥抱其他人（没有强行要求）

1. 别人要孩子拥抱认识的同性

（1）在家里，家人甲指着女性家人乙，对孩子说：“你认识她。你和她是同性。她很喜欢你，你抱一抱她吧。”

（2）如果看到孩子不想拥抱女性家人乙，家人甲让孩子摇头、摆手，跟着说“我不要抱”，解释：“认识的同性，我不喜欢，可以不抱。”

如果看到孩子想拥抱女性家人乙，家人甲让孩子问女性家人乙：“我可以抱你吗？”

对于不会说话的孩子，家人甲让她做“张开双手作拥抱状（但不触碰女性家人乙）”的动作后，先停下来，看看女性家人乙的反应。

家人甲解释：“我想抱认识的同性，先要问一问。”

孩子问完，女性家人乙决定是否同意拥抱。

（3）孩子问女性家人乙后，如果女性家人乙同意拥抱，家人甲让孩子拥抱女性家人乙，并解释：“我想抱认识的同性，先要问一问，同意才能抱。肩膀可以抱，腰也可以抱；抱的时候，可能还会碰到她的脖子、背；抱的时候轻轻地，不要弄痛她。讲文明！”

如果女性家人乙不同意拥抱，家人甲让孩子不拥抱，解释：“我想抱认识的同性，先要问一问，不同意不抱。讲文明！”

温馨提示

（1）在外面，家长可以提前和孩子认识的同性邻居、亲友沟通，设计下面的情境：家长要孩子和认识的同性邻居、亲友拥抱，有的邻居、亲友同意和孩子拥抱，有的邻居、亲友不同意和孩子拥抱。家长可以参照上面的做法来教孩子。

（2）家长可以拿着老师自制的绘本《别人要我抱认识的同性》来教。在此，以“认识的同性不同意抱我”为例说明：

爸爸看到毛毛和表妹在一起。爸爸说：“毛毛，你和表妹很长时间没有见面了，你去抱抱表妹吧。”毛毛张开双手作拥抱状，问：“表妹，我可以抱你吗?”表妹摇头、摆手，对毛毛说：“我不要抱。”毛毛和表妹不拥抱。

2. 别人要孩子拥抱认识的异性

家长拿着老师自制的绘本《别人要我抱认识的异性》，给孩子讲故事：

（1）家长拿着“陌生阿姨指着邻居弟弟，问毛毛：‘你认识他吗?’毛毛点头，说：‘认识。’”的图片，说：“这是邻居弟弟。毛毛认识他。毛毛和他是认识的异性。”

（2）家长拿着“陌生阿姨对毛毛说：‘你能抱得起弟弟吗?’”的图片，说：“别人要毛毛抱认识的异性。”

（3）家长拿着“毛毛摇头、摆手，说：‘我不要抱。’毛毛和邻居弟弟不拥抱”的图片，说：“男孩、女孩慢慢地长大成青少年，不能再拥抱了。所以，即使毛毛认识邻居弟弟，也不能抱他。毛毛不抱邻居弟弟。”

（4）家长总结说：“认识的异性，一定不能抱。如果喜欢认识的异性，我可以和她拉手。讲文明！”

3. 别人要孩子拥抱不认识的人

家长拿着老师自制的绘本《别人要我抱不认识的人》，给孩子讲故事：

（1）家长拿着“邻居叔叔指着一个弟弟，问毛毛：‘你认识他吗?’毛毛摇头、摆手，说：‘不认识’”的图片，说：“这是陌生弟弟。毛毛不认识他。”

（2）家长拿着“邻居叔叔对毛毛说：‘你能抱得起弟弟吗’”的图片，说：“别人要毛毛抱不认识的人。”

（3）家长拿着“毛毛摇头、摆手，说：‘我不要抱。’毛毛和陌生弟弟不拥抱”的图片，说：“不认识的人可能是坏人，随便抱不认识的人，很危险。毛毛不抱陌生弟弟。”

（4）家长总结说：“不认识的人，一定不能抱。讲文明！”

（二）坏人强行要孩子拥抱别人

家长拿着老师自制的绘本《坏人强行要我抱别人》，给孩子讲故事。在此，以“认识的同性不同意抱我时，坏人强行要我抱她”为例说明：

（1）家长拿着“男/女施害者指着另一个女孩，问女生：‘你认识她吗?’女生点头，说：‘认识。’”的图片，说：“女生认识这个女孩。女生和这个女孩是同性。”

家长再拿着“男/女施害者对女生说：‘她很喜欢你，你去抱抱她吧。’”的图片，说：“陌生叔叔/阿姨要女生抱认识的同性。”

家长再拿着“女生问那个女孩：‘我可以抱你吗?’”的图片，说：“女生想抱认识的同性。”

家长再拿着“那个女孩摇头、摆手，对女生说：‘我不要抱。’女生和那个女孩没有拥抱”的图片，说：“认识的同性不同意抱，女生不抱她。”

（2）家长拿着“男/女施害者再次抓住女生的手，伸向那个女孩，对女生说：‘快去抱抱!’”的图片，说：“陌生叔叔/阿姨要女生抱认识的同性，认识的同性不同意，他还是强行要女生抱那个人，他就是坏人。”

（3）家长拿着“女生喊‘不要’，跑离现场”的图片，说：“女生大声喊，快点跑。”

家长拿着“女生找到老师后说：‘有坏人强行要我抱别人。’”的图片，说：“女生把坏人做的事情告诉老师。”

（4）家长拿着“警察摁住男/女施害者，说：‘有人报警说，你强行要她去抱别人。跟我去公安局。’”的图片，说：“因为坏人强行要女生去抱别人，所以警察把他抓起来。”

（5）家长总结说：“如果有坏人强行要我抱别人，我要大声喊，我要快点跑，去告诉家人，去告诉老师。我一定不能强行要别人去抱其他人。”

温馨提示

“坏人强行要孩子拥抱别人”包括“认识的同性不同意拥抱孩子时，坏人强行要孩子拥抱她”“孩子不想拥抱认识的同性时，坏人强行要孩子拥抱她”“坏人强行要孩子拥抱认识的异性”和“坏人强行要孩子拥抱不认识的人”四种情况。

知“性”家长这样评

（1）**您的孩子**知道哪些人是自己认识的同性吗？

很多时候不知道 □　　有时知道 □

很多时候知道 □　　不清楚孩子知不知道 □

您教过孩子哪些人是她认识的同性吗？

基本没教过 □　　有时教 □　　经常教 □

（2）**您的孩子**知道哪些人是自己认识的异性吗？

很多时候不知道 □　　有时知道 □

很多时候知道 □　　不清楚孩子知不知道 □

您教过孩子哪些人是她认识的异性吗？

基本没教过 □　　有时教 □　　经常教 □

（3）**您的孩子**会随便抱认识的异性吗？

很多时候不会 □　　有时会 □

很多时候会 □　　不清楚孩子会不会 □

您教过孩子不能随便抱认识的异性吗？

基本没教过 □　　有时教 □　　经常教 □

（4）**您的孩子**会抱不认识的人吗？

很多时候不会 □　　有时会 □

很多时候会 □　　不清楚孩子会不会 □

您教过孩子不能抱不认识的人吗？

基本没教过 □　　有时教 □　　经常教 □

（5）**您的孩子**想抱认识的同性时，会先问对方，不随便抱吗？

很多时候不会 □　　有时会 □

很多时候会 □　　不清楚孩子会不会 □

您教过孩子想抱认识的同性前要先问对方吗？

基本没教过 □　　有时教 □　　经常教 □

（6）想抱认识的同性且她同意时，**您的孩子**会抱她吗？

很多时候不会 □　　有时会 □

很多时候会 □　　不清楚孩子会不会 □

您教过孩子认识的同性同意时才可以抱她吗？

基本没教过 □　　有时教 □　　经常教 □

（7）想抱认识的同性但她不同意时，**您的孩子**会抱她吗？

很多时候不会 □　　有时会 □

很多时候会 □　　不清楚孩子会不会 □

您教过孩子认识的同性不同意时不可以抱她吗？

基本没教过 □　　有时教 □　　经常教 □

（8）认识的同性要抱**您的孩子**且孩子喜欢时，孩子会抱她吗？

很多时候不会 □　　有时会 □

很多时候会 □　　不清楚孩子会不会 □

您教过孩子喜欢时可以抱认识的同性吗？

基本没教过 □　　有时教 □　　经常教 □

（9）认识的同性要抱**您的孩子**但孩子不喜欢时，孩子会抱她吗？

很多时候不会 □　　有时会 □

很多时候会 □　　不清楚孩子会不会 □

您教过孩子不喜欢时可以不抱认识的同性吗？

基本没教过 □　　有时教 □　　经常教 □

（10）和认识的同性拥抱时，**您的孩子**会太用力，甚至弄痛或弄伤对方吗？

很多时候不会 □　　有时会 □

很多时候会 □　　不清楚孩子会不会 □

您教过孩子拥抱时不能太用力吗？

基本没教过 □　　有时教 □　　经常教 □

（11）**您的孩子**会强行要别人和其他人拥抱吗？

很多时候不会 □　　有时会 □

很多时候会 □　　不清楚孩子会不会 □

您教过孩子不能强行要别人和其他人拥抱吗？

基本没教过 □　　有时教 □　　经常教 □

（12）如果有坏人强行抱**您的孩子**，她知道要反抗吗？

很多时候不知道 □　　有时知道 □

很多时候知道 □　　不清楚孩子知不知道 □

您教过孩子坏人强行抱自己时要反抗吗？

基本没教过 □　　有时教 □　　经常教 □

（13）如果有坏人强行抱**您的孩子**，她知道要把坏人做的事情告诉家人或老师吗？

很多时候不知道 □　　有时知道 □

很多时候知道 □　　不清楚孩子知不知道 □

您教过孩子要把坏人做的事情告诉家人或老师吗？

基本没教过 □　　有时教 □　　经常教 □

（14）如果有坏人强行要**您的孩子**抱别人，她知道要反抗吗？

很多时候不知道 □　　有时知道 □

很多时候知道 □　　不清楚孩子知不知道 □

您教过孩子坏人强行要自己抱别人时要反抗吗？

基本没教过 □　　有时教 □　　经常教 □

（15）如果有坏人强行要**您的孩子**抱别人，她知道要把坏人做的事情告诉家人或老师吗？

很多时候不知道 □　　有时知道 □

很多时候知道 □　　不清楚孩子知不知道 □

您教过孩子要把坏人做的事情告诉家人或老师吗？

基本没教过 □　　有时教 □　　经常教 □

主题32 应对“别人穿暴露的衣服”的性信息

知“性”家长这样教

温馨提示

（1）本主题中，“暴露的衣服”指吊带装、低胸装、露脐装、超短裙、超短裤、泳衣、泳裤、内衣裤等衣服（并没有裸露隐私部位）。

“‘别人穿暴露的衣服’的性信息”指有关“别人穿暴露的衣服”的内容。这些内容可以以视频、图片、实物、真人等形式出现在电视、电影、互联网、报纸、杂志、书籍、广告牌、宣传单等传媒或载体中，也可以不依赖于任何传媒或载体而出现在生活中。

（2）孩子对暴露的衣服感兴趣时，家长才需要教本主题。

（3）家长可以用歌诀《文明地看别人穿暴露的衣服》来教：

别人穿暴露的衣服，我可以不看，可以离远看，隔一臂距离，做文明的人。

一、穿暴露的衣服

（1）在家里，看到“别人穿暴露的衣服”的性信息时（例如，在电视上看到别人穿吊带装；在杂志上看到别人穿泳装），家长指着穿暴露衣服的人，说：“露出肩膀、肚子、腰、大腿等大部分身体部位的衣服，叫暴露的衣服。他们穿暴露的衣服。”

家长指着泳装，说：“在海边、泳池、表演台，我们能只穿着泳装。在其他地方，我们不能只穿着泳装。讲文明！”

家长指着小背心[①]、胸罩、内裤，说：“厕所关上门，房间关上门和拉上窗帘，我们能只穿着小背心或胸罩、内裤。在其他地方，我们一定要穿着外衣，遮住小背心或胸罩；我们一定要穿着外裤或裙子，遮住内裤。讲文明!”

家长指着吊带装、低胸装、露脐装、超短裙、超短裤，说：“如果我们穿这种暴露的衣服，露出太多身体部位，很容易让别人看到我们的隐私部位，很危险。”家长再指着长袖衣服、短袖衣服、长裤、短裤、长裙、短裙，说：“平时，我们能穿长袖衣服、短袖衣服、长裤、短裤、长裙或短裙，最多只露出手臂、小腿和膝盖，这样别人不容易看到我们的隐私部位，比较安全。”

（2）家长带孩子去商场、超市或内衣店，指着货架上的衣服，告诉孩子哪些是暴露的衣服、能不能穿这些衣服、能在哪里穿这些衣服。

二、文明地看“别人穿暴露的衣服”的性信息

（1）在家里，看到“别人穿暴露的衣服”的性信息时（例如，在电视上看到别人穿吊带装，在杂志上看到别人穿泳裤），家长让孩子伸出手臂，离这些性信息至少一臂距离后站着，放下手臂，解释：“如果别人穿暴露的衣服时我想看，可以像这样离远去看，隔一臂距离，讲文明！请记住，这就是隔一臂距离，以后想看不用伸手了，像这样离远去看就行了。”

（2）在外面，看到“别人穿暴露的衣服”的性信息时，如果孩子选择不看，家长可强调：“别人穿暴露的衣服，我可以不看。”如果孩子选择看，家长则让孩子不要伸手测量距离，而是目测隔一臂距离地看。

如果看到孩子出现其他不文明的行为（例如，指、摸、用东西碰），家长马上阻止孩子，解释：“别人穿暴露的衣服，可以离远看，隔一臂距离，做文明的人。”

知“性”家长这样评

（1）在公共场所（海边、泳池、表演台除外），**您的孩子**会只穿着泳装吗？

很多时候不会 □　　有时会 □

很多时候会 □　　不清楚孩子会不会 □

您教过孩子<u>不能</u>在公共场所（海边、泳池、表演台除外）只穿着泳装吗？

基本没教过 □　　有时教 □　　经常教 □

---

① 本主题中，“小背心”指半截的、没有前扣或背扣的胸罩。

（2）在公共场所，**您的孩子**会只穿着内裤吗？

很多时候不会 □　　　　有时会 □

很多时候会 □　　　　不清楚孩子会不会 □

您教过孩子不能在公共场所只穿着内裤吗？

基本没教过 □　　　　有时教 □　　　　经常教 □

（3）如果想看“别人穿暴露的衣服”的性信息，**您的孩子**知道至少隔着一臂距离去看，不能指、摸、用东西碰吗？

很多时候不知道 □　　　　有时知道 □

很多时候知道 □　　　　不清楚孩子知不知道 □

您教过孩子怎样文明地看“别人穿暴露的衣服”的性信息吗？

基本没教过 □　　　　有时教 □　　　　经常教 □

主题33　应对“别人露出隐私部位”的性信息

知“性”家长这样教

温馨提示

(1) 本主题中，“‘别人露出隐私部位’的性信息”指有关“别人裸露隐私部位”的内容。这些内容可以以视频、图片、实物、真人等形式出现在电视、电影、互联网、报纸、杂志、书籍、广告牌、宣传单等传媒或载体中，也可以不依赖于任何传媒或载体而出现在生活中。

(2) 家长需要参照“主题18　指和说隐私部位等身体隐私”，先教孩子认识男性、女性的隐私部位及怎么说隐私部位。

(3) 关于怎么教孩子反抗坏人及不主动做出侵害行为，家长可参考“主题19　看隐私部位等身体隐私”相关内容。

“施害者”的口语可以涉及各种身体隐私，身体隐私包括的范围可参考“主题18　指和说隐私部位等身体隐私”相关内容。

(4) 目前，互联网上充斥着大量色情信息。如果孩子会上网，家长需要及时采取净化网络的措施（例如，使用儿童安全路由器；操作系统设置内容审查程序；使用儿童安全电脑桌面）①，密切关注孩子浏览过哪些网站，教孩子“别人露出隐私部位，我要快走开，一定不能看”。

(5) 如果家长想看人体艺术或涉及情色的内容，应不在孩子的面前看，看完后要保管好或清除干净（例如，把人体写真画册放在抽屉里锁好，隐藏电脑里存放的涉及情色内容的文件夹，清空在网页上查看情色内容后留下的浏览记录），避免孩子也看到“别人露出隐私部位”的性信息。

---

① 王囡．现代父母进阶之路：如何5招搞定网络色情．微信公众号“保护豆豆”．

一、文明地说“别人露出隐私部位”的性信息

（1）家人甲拿着“某女性裸露胸部/阴部/屁股”“某男性裸露阴茎①/屁股”的图片，让孩子看。

（2）家人乙让孩子快步走开，尽量远离图片或背对图片，解释：“别人露出隐私部位，我要快走开，一定不能看。讲文明！”

（3）家人乙小声对家人丙说“我看到有人露出××（例如，露出阴茎）”，向孩子解释：“找到家人后，我能小声说，做文明的人。”

温馨提示

（1）“某女性裸露胸部/阴部/屁股”“某男性裸露阴茎/屁股”的图片可以由教师准备给家长。

（2）家长可以用歌诀《文明地说别人露出隐私部位》来教：

别人露出隐私部位，我要快走开，一定不能看。说隐私部位，找到家人后，找到老师后，我能小声说，做文明的人。

虽然裸露隐私部位可以是一种人体艺术，但是大多数智障孩子无法区分艺术和色情。所以，为有效指导孩子反抗坏人要求看色情内容，家长需要教孩子不能观看任何形式的裸露隐私部位。

（3）家长需要参照“主题19　看隐私部位等身体隐私”，和孩子复习“脱衣服露出隐私部位，就会看到隐私部位。所以，如果有人要我露出隐私部位，有人要我脱他或别人的衣服露出他或这个人的隐私部位，有人直接脱他或别人的衣服露出他或这个人的隐私部位，我要大声喊，我要快点跑，去告诉家人，去告诉老师。厕所关上门，房间关上门和拉上窗帘，我能露出我的隐私部位。在其他地方，我一定要穿好衣服，遮住隐私部位。讲文明！我一定不能脱别人的衣服，令别人露出隐私部位”。

二、坏人强行要孩子看“别人露出隐私部位”的视频、图片、实物

家长拿着老师自制的绘本《坏人强行要我看“别人露出隐私部位”的视

① 本主题中的“阴茎”均泛指男性的外生殖器。

频、图片、实物》，给孩子讲故事。在此，以“坏人强行要我看‘女性露出胸部’的图片”为例说明：

（1）家长拿着“男/女施害者给女生看‘某女性裸露胸部’的图片”的图片，说：“陌生叔叔/阿姨要女生看别人露出胸部。”

家长拿着“女生摇头、摆手，说‘我不看’，离开男/女施害者”的图片，说：“女生快走开，不看别人露出胸部。”

（2）家长拿着“男/女施害者再次拉着女生，对女生说：‘你仔细看看她的胸部啊！’”的图片，说：“陌生叔叔/阿姨强行要女生看别人露出胸部，他就是坏人。”

（3）家长拿着“女生喊‘不要’，跑离现场”的图片，说：“女生大声喊，快点跑。”

家长拿着“女生找到老师后说：‘有坏人强行要我看别人露出胸部。’”的图片，说：“女生把坏人做的事情告诉老师。”

（4）家长拿着“警察摁住男/女施害者，说：‘有人报警说，你强行要她看别人露出胸部。跟我去公安局。’”的图片，说：“因为坏人强行要女生看别人露出胸部，所以警察把他抓起来。”

（5）家长拿着“男/女施害者硬要把‘某女性裸露胸部’的图片递到女生的眼前”的图片，参照上面的做法教孩子。

（6）家长总结说：“如果有坏人强行要我看别人露出胸部，我要大声喊，我要快点跑，去告诉家人，去告诉老师。我一定不能要别人看露出胸部的人。”

温馨提示

（1）“坏人强行要孩子看‘别人露出隐私部位’的视频、图片、实物”中，视频、图片、实物必须是某人裸露某个或某些隐私部位。

（2）家长可以用歌诀《坏人强行要我看别人露出隐私部位》来教：

如果有坏人，强行要我看别人露出隐私部位，我要大声喊，我要快点跑，去告诉家人，去告诉老师。

家长需要向孩子强调“只要其他人做‘用力拉着我，要我看别人露出隐私部位’‘硬要把别人露出隐私部位的东西递到我面前（即使没有用力拉着我）’这些动作，他就是坏人，我就要反抗”，而不需要孩子关注坏人所说的话。

(3) 家长需要参照“主题19　看隐私部位等身体隐私”中“五、坏人要孩子看别人的隐私部位”，和孩子复习反抗“坏人要我看真人的隐私部位”的内容。

三、坏人要孩子摸视频、图片、实物的人体隐私部位

家长拿着老师自制的绘本《坏人要我摸视频、图片、实物的人体隐私部位》，给孩子讲故事。在此，以“坏人要我摸图片里女性的胸部”为例说明：

(1) 家长拿着“男/女施害者说‘我们来摸一摸这个女人的胸部’，拉着女生的手去摸图片里女性的胸部”的图片，说：“坏人要女生摸别人的胸部。”

(2) 家长拿着“女生喊‘不要’，跑离现场”的图片，说：“女生大声喊，快点跑。”

家长拿着“女生找到老师后说：‘有坏人要我摸别人的胸部。’”的图片，说：“女生把坏人做的事情告诉老师。”

(3) 家长拿着“警察摁住男/女施害者，说：‘有人报警说，你要她摸别人的胸部。跟我去公安局。’”的图片，说：“因为坏人要女生摸别人的胸部，所以警察把他抓起来。”

(4) 家长总结说：“如果有坏人要我摸别人的胸部，我要大声喊，我要快点跑，去告诉家人，去告诉老师。我一定不能要别人摸其他人的胸部。”

温馨提示

(1) “坏人要我摸视频、图片、实物的人体隐私部位”中，视频、图片、实物可以是某人裸露某个或某些隐私部位，也可以是某人穿暴露或不暴露的衣服。

(2) 家长可以用歌诀《坏人要我摸隐私部位》来教：

如果有坏人，要我摸隐私部位，我要大声喊，我要快点跑，去告诉家人，去告诉老师。

家长需要向孩子强调“只要其他人做‘要我摸别人的隐私部位’这个动作，他就是坏人，我就要反抗”，而不需要孩子关注坏人所说的话。

(3) 家长需要参照“主题20　摸隐私部位等身体隐私”中“五、

坏人要孩子摸别人的隐私部位”，和孩子复习反抗“坏人要我摸真人的隐私部位”的内容。

四、坏人要孩子用东西碰视频、图片、实物的人体隐私部位

家长拿着老师自制的绘本《坏人要我用东西碰视频、图片、实物的人体隐私部位》，给孩子讲故事。在此，以“坏人要我用东西碰图片里女性的胸部”为例说明：

（1）家长拿着“男/女施害者说‘用纸巾帮她擦胸部的汗吧’，拉着女生的手去用纸巾碰图片里女性的胸部”的图片，说：“坏人要女生用纸巾碰别人的胸部。”

（2）家长拿着“女生喊‘不要’，跑离现场”的图片，说：“女生大声喊，快点跑。”

家长拿着“女生找到老师后说：‘有坏人要我用纸巾碰别人的胸部。’”的图片，说：“女生把坏人做的事情告诉老师。”

（3）家长拿着“警察摁住男/女施害者，说：‘有人报警说，你要她用纸巾碰别人的胸部。跟我去公安局。’”的图片，说：“因为坏人要女生用东西碰别人的胸部，所以警察把他抓起来。”

（4）家长总结说：“如果有坏人要我用东西碰别人的胸部，我要大声喊，我要快点跑，去告诉家人，去告诉老师。我一定不能要别人用东西碰其他人的胸部。”

温馨提示

（1）“坏人要我用东西碰视频、图片、实物的人体隐私部位”中，视频、图片、实物可以是某人裸露某个或某些隐私部位，也可以是某人穿暴露或不暴露的衣服。

（2）家长可以用歌诀《坏人要我用东西碰隐私部位》来教：

如果有坏人，要我用东西碰隐私部位，我要大声喊，我要快点跑，去告诉家人，去告诉老师。

家长需要向孩子强调“只要其他人做‘要我用东西碰别人的隐私部位’这个动作，他就是坏人，我就要反抗”，而不需要孩子关注坏人所说的话。

（3）家长需要参照“主题21　用东西碰隐私部位等身体隐私”中“五、坏人要孩子用东西碰别人的隐私部位”，和孩子复习反抗“坏人要我用东西碰真人的隐私部位”的内容。

知“性”家长这样评

（1）**您的孩子**会盯着看“别人露出隐私部位”的性信息吗？

很多时候不会 □　　有时会 □

很多时候会 □　　不清楚孩子会不会 □

您教过孩子不能盯着看“别人露出隐私部位”的性信息吗？

基本没教过 □　　有时教 □　　经常教 □

（2）**您的孩子**会和家人、教师以外的人说“有人露出隐私部位”吗？

很多时候不会 □　　有时会 □

很多时候会 □　　不清楚孩子会不会 □

您教过孩子不能和家人、教师以外的人说“有人露出隐私部位”吗？

基本没教过 □　　有时教 □　　经常教 □

（3）**您的孩子**会大声说“别人露出隐私部位”吗？

很多时候不会 □　　有时会 □

很多时候会 □　　不清楚孩子会不会 □

您教过孩子不能大声说“别人露出隐私部位”吗？

基本没教过 □　　有时教 □　　经常教 □

（4）**您的孩子**会教唆别人看“露出隐私部位的人”的视频、图片、实物吗？

很多时候不会 □　　有时会 □

很多时候会 □　　不清楚孩子会不会 □

您教过孩子不能教唆别人看“露出隐私部位的人”的视频、图片、实物嘛？

基本没教过 □　　有时教 □　　经常教 □

（5）如果有坏人强行要**您的孩子**看“别人露出隐私部位”的视频、图片、实物，她知道要反抗吗？

很多时候不知道 □　　有时知道 □

很多时候知道 □　　不清楚孩子知不知道 □

您教过孩子坏人强行要自己看“别人露出隐私部位”的视频、图片、实物时要反抗吗？

基本没教过 □　　有时教 □　　经常教 □

（6）如果有坏人强行要**您的孩子**看“别人露出隐私部位”的视频、图片、实物，她知道要把坏人做的事情告诉家人或老师吗？

很多时候不知道 □　　有时知道 □

很多时候知道 □　　不清楚孩子知不知道 □

您教过孩子要把坏人做的事情告诉家人或老师吗？

基本没教过 □　　有时教 □　　经常教 □

（7）在公共场所，**您的孩子**会摸视频、图片、实物的人体隐私部位吗？

很多时候不会 □　　有时会 □

很多时候会 □　　不清楚孩子会不会 □

您教过孩子不能在公共场所，摸视频、图片、实物的人体隐私部位吗？

基本没教过 □　　有时教 □　　经常教 □

（8）**您的孩子**会教唆别人摸视频、图片、实物的人体隐私部位吗？

很多时候不会 □　　有时会 □

很多时候会 □　　不清楚孩子会不会 □

您教过孩子不能教唆别人摸视频、图片、实物的人体隐私部位吗？

基本没教过 □　　有时教 □　　经常教 □

（9）如果有坏人要**您的孩子**摸视频、图片、实物的人体隐私部位，她知道要反抗吗？

很多时候不知道 □　　有时知道 □

很多时候知道 □　　不清楚孩子知不知道 □

您教过孩子坏人要自己摸视频、图片、实物的人体隐私部位时要反抗吗？

基本没教过 □　　有时教 □　　经常教 □

（10）如果有坏人要**您的孩子**摸视频、图片、实物的人体隐私部位，她知道要把坏人做的事情告诉家人或老师吗？

很多时候不知道 □　　有时知道 □

很多时候知道 □　　不清楚孩子知不知道 □

您教过孩子要把坏人做的事情告诉家人或老师吗？

基本没教过 □　　有时教 □　　经常教 □

（11）在公共场所，**您的孩子**会用东西碰视频、图片、实物的人体隐私部位吗？

很多时候不会 □　　有时会 □

很多时候会 □ 不清楚孩子会不会 □

您教过孩子不能在公共场所用东西碰视频、图片、实物的人体隐私部位吗？

基本没教过 □ 有时教 □ 经常教 □

（12）**您的孩子**会教唆别人用东西碰视频、图片、实物的人体隐私部位吗？

很多时候不会 □ 有时会 □

很多时候会 □ 不清楚孩子会不会 □

您教过孩子不能教唆别人用东西碰视频、图片、实物的人体隐私部位吗？

基本没教过 □ 有时教 □ 经常教 □

（13）如果有坏人要**您的孩子**用东西碰视频、图片、实物的人体隐私部位，她知道要反抗吗？

很多时候不知道 □ 有时知道 □

很多时候知道 □ 不清楚孩子知不知道 □

您教过孩子坏人要自己用东西碰视频、图片、实物的人体隐私部位时要反抗吗？

基本没教过 □ 有时教 □ 经常教 □

（14）如果有坏人要**您的孩子**用东西碰视频、图片、实物的人体隐私部位，她知道要把坏人做的事情告诉家人或老师吗？

很多时候不知道 □ 有时知道 □

很多时候知道 □ 不清楚孩子知不知道 □

您教过孩子要把坏人做的事情告诉家人或老师吗？

基本没教过 □ 有时教 □ 经常教 □

综合篇

主题34 身边的人

知“性”家长这样教

温馨提示

（1）人际圈模型是用来帮助孩子记住自己与别人关系的亲密程度、自己可以请哪些人帮忙。

教师可以先做好同心圆环（圆环不一定涂颜色），再交给家长教孩子去做人际圈模型。

孩子的年龄比较小时，家长可以先教孩子把身边的人分成“家人”“老师”“其他人”三类（“穿制服的人”“其他认识的人”“其他不认识的人”统一叫“其他人”），所制作的人际圈模型见图1。

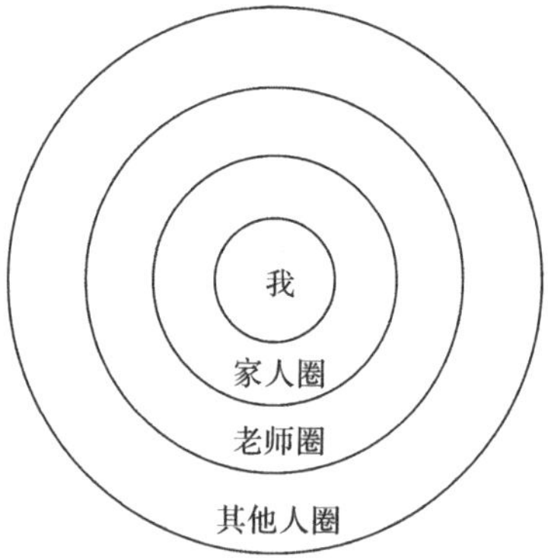

图1 三类人的人际圈模型

孩子的年龄比较大时，需要学习“和家人、老师走失时应该找谁帮忙”，此时家长再教他把身边的人分成“家人”“老师”“穿制服的人”“其他认识的人”“其他不认识的人”五类，所制作的人际圈模型见图2。

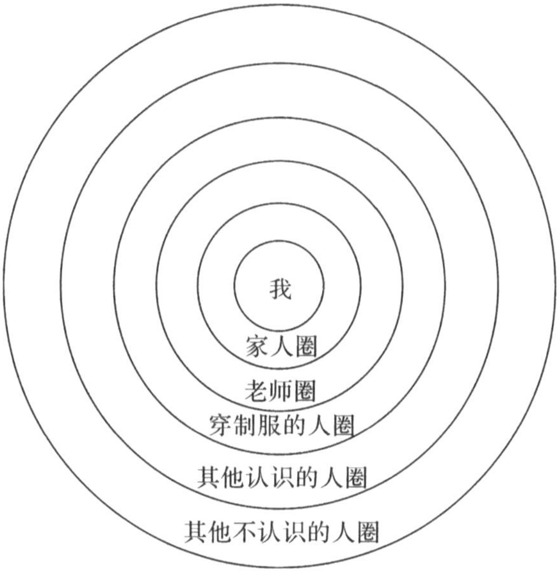

图2　五类人的人际圈模型

一般来说，穿制服的人是孩子不认识的人。所以，与穿制服的人相比，其他认识的人应该与孩子更亲密一点；与“穿制服的人圈”相比，“其他认识的人圈”离“我”更近一点。然而，在与家人、教师走失的情境中，与其他认识的人相比，孩子更容易看到穿制服的人。所以，孩子需要学习“和家人、老师走失时应该找谁帮忙”时，“穿制服的人圈”比“其他认识的人圈”离“我”更近，穿制服的人应该成为与家人、老师走失时孩子首先请求帮助的人。

（2）生活中，家长需要教孩子根据身边人的变化去改变人际圈模型。例如，更换任课老师时，家长教孩子把新老师加入“老师圈”；新同学插班时，家长教孩子把这个同学加入“其他认识的人圈”；孩子搬家到新社区时，家长教孩子把小区超市服务员、保安等加入“穿制服的人圈”。

（3）如果孩子的识字能力比较强，家长可以教孩子自行在各圆环上写上圈名，帮助孩子记住圈名。

一、孩子的家人

（1）全部家人和孩子坐在一起。一个家人指着自己及其他家人，说：“××和你住在一起（例如，妈妈和我住在一起）。我们一起住在家里。我们都是你的家人。”

（2）家长拿着一个小圆环，让孩子把所有家人的图片贴在圆环上，说：“这些人都是你的家人。这个圈叫‘家人圈’。你认识所有家人。”

（3）家长拿着孩子的家庭生活照片（例如，爸爸喂他吃东西，妈妈教他走路），说：“家人最爱你，照顾你最多，教育你最多。家人和你最亲密。无论遇到什么事情，你都可以请家人帮忙。”

> **温馨提示**
>
> “家人”指孩子的核心家庭成员，一般指同住的爸爸、妈妈、爷爷、奶奶、兄弟姐妹等。
>
> 如果孩子不与父母同住（例如，父母离异），家长需要教他“爸爸/妈妈虽然不是和我住在一起，但是他们仍然是我的家人”。

二、孩子的老师

（1）家长拿着孩子认识的所有老师的图片，说：“他们都是老师。”

（2）家长拿着一个中圆环，让孩子把所有老师的图片贴在圆环上，说：“这些人都是老师。这个圈叫‘老师圈’。你认识这些老师。”

（3）家长拿着孩子的学校生活照片（例如，老师教他刷牙，老师教他穿鞋），说：“老师比较关心你，照顾你比较多，教育你比较多。老师和你比较亲密。”

> **温馨提示**
>
> “老师”指孩子所认识的老师，包括班主任、科任老师、生活辅导老师、学校领导等。

三、穿制服的人

（一）医生

（1）家长拿着一些医生图片，说：“这是医生。”

（2）家长指着图片上医生的衣服，说：“这种长长的、白色的衣服叫医生的制服，和别人穿的衣服不一样。”

温馨提示

（1）家长带孩子去医院时，可以教孩子“哪些人是医生，医生的制服是怎样的”。

（2）如果孩子的能力比较弱，家长不一定需要让孩子区分医生和护士。

（二）警察

（1）家长拿着一些警察图片，指着臂章上的“警察”两个字，说：“这是警察。”

（2）家长指着图片上警察的衣服，说：“这种衣袖上有臂章、臂章上写着‘警察’两个字的衣服叫警察的制服，和别人穿的衣服不一样。”

温馨提示

家长带孩子外出时，可以教孩子“哪些人是警察，警察的制服是怎样的”。

（三）保安

（1）家长拿着一些保安图片，指着臂章上的“保安”两个字，说：“这是保安。”

（2）家长指着图片上保安的衣服，说：“这种衣袖上有臂章、臂章上写着‘保安’两个字的衣服叫保安的制服，和别人穿的衣服不一样。”

温馨提示

（1）家长带孩子外出时，可以教孩子“哪些人是保安，保安的制服是怎样的”。

（2）如果孩子的能力比较弱，家长不一定需要让孩子区分警察和保安。

（四）环卫工人

（1）家长拿着一些环卫工人图片，说：“这是环卫工人。”

（2）家长指着图片上环卫工人的衣服，说：“这种衣服叫环卫工人的制服，和别人穿的衣服不一样。”

温馨提示

（1）环卫工人的制服有很多种。家长需要教孩子认识生活中经常看到的那些环卫工人。

（2）家长带孩子外出时，可以教孩子“哪些人是环卫工人，环卫工人的制服是怎样的”。

（五）服务员

（1）家长拿着一些服务员图片，说：“这是服务员。”

（2）家长指着图片上服务员的衣服，说：“这种衣服叫服务员的制服，和别人穿的衣服不一样。”

温馨提示

（1）服务员的制服有很多种。家长需要教孩子认识生活中经常看到的那些服务员（例如，在超市、商场、地铁站、快餐店、电影院等地方工作的服务员）。

（2）家长带孩子外出时，可以教孩子“哪些人是服务员，服务员的制服是怎样的”。

（六）医生、警察、保安、环卫工人、服务员是穿制服的人

（1）家长拿着医生、警察、保安、环卫工人、服务员等穿制服的人的图片，说：“医生、警察、保安、环卫工人、服务员穿制服。”

（2）家长拿着一个大圆环，让孩子把穿制服的人的图片贴在圆环上，说：“这些人都是穿制服的人。这个圈叫‘穿制服的人圈’。”

四、不穿制服的、认识/不认识的人

（1）家长拿着一些不穿制服的人的图片（例如，其他同学，其他同学的家长，保洁员等学校其他工作人员，孩子的亲戚，孩子在校园外的朋友，孩子的邻居，不穿制服的、孩子不认识的人），说：“这些人不穿制服。”

（2）家长拿着一些孩子认识的人的图片，说：“这是××。××是你的××，和你××。你认识××。（例如，这是小明。小明是你的同学，和你一起上课。你认识小明。）”

（3）家长拿着一个更大的圆环，让孩子把不穿制服的、认识的人的图片贴在圆环上（例如，其他同学，其他同学的家长，保洁员等学校其他工作人员，孩子的亲戚，孩子在校园外的朋友，孩子的邻居），说：“这些人不穿制服，你认识他们。这个圈叫‘其他认识的人圈’。”

（4）家长拿着一个最大的圆环，让孩子把不穿制服的、不认识的人的图片贴在圆环上，说：“这些人不穿制服，你不认识他们。这个圈叫‘其他不认识的人圈’。”

五、人际圈模型

（1）家长拿着一个写着“我”及贴有孩子照片的小圆形，让孩子把“家人圈”“老师圈”“穿制服的人圈”“其他认识的人圈”“其他不认识的人圈”按照从小到大的顺序套起来，形成人际圈模型（见图2）。

（2）家长指着“我”“家人圈”，说：“家人离我最近，和我最亲密。无论遇到什么事情，我都可以请家人帮忙。”

（3）家长指着“我”“老师圈”，说：“老师离我比较近，和我比较亲密。无论遇到什么事情，找不到家人，我都可以请老师帮忙。”

（4）家长指着“我”“穿制服的人圈”“其他认识的人圈”，说：“和其他不认识的人相比，穿制服的人、其他认识的人离我近一点，和我亲密一点。找不到家人，找不到老师，我可以请穿制服的人、其他认识的人帮忙。”

（5）家长指着“我”“其他不认识的人圈”，说：“其他不认识的人离我最远，和我最不亲密。无论遇到什么事情，我都不要请其他不认识的人帮忙。”

知“性”家长这样评

（1）**您的孩子**知道哪些人是家人吗？

很多时候不知道 □　　有时知道 □

很多时候知道 □　　不清楚孩子知不知道 □

您教过孩子哪些人是家人吗？

基本没教过 □　　有时教 □　　经常教 □

（2）**您的孩子**知道哪些人是老师吗？

很多时候不知道 □　　有时知道 □

很多时候知道 □　　不清楚孩子知不知道 □

您教过孩子哪些人是老师吗？

基本没教过 □　　有时教 □　　经常教 □

（3）**您的孩子**知道哪些人是医生或护士吗？

很多时候不知道 □　　有时知道 □

很多时候知道 □　　不清楚孩子知不知道 □

您教过孩子哪些人是医生或护士吗？

基本没教过 ☐　　有时教 ☐　　经常教 ☐

（4）**您的孩子**知道哪些人是警察吗？

很多时候不知道 ☐　　有时知道 ☐

很多时候知道 ☐　　不清楚孩子知不知道 ☐

您教过孩子哪些人是警察吗？

基本没教过 ☐　　有时教 ☐　　经常教 ☐

（5）**您的孩子**知道哪些人是保安吗？

很多时候不知道 ☐　　有时知道 ☐

很多时候知道 ☐　　不清楚孩子知不知道 ☐

您教过孩子哪些人是保安吗？

基本没教过 ☐　　有时教 ☐　　经常教 ☐

（6）**您的孩子**知道哪些人是环卫工人吗？

很多时候不知道 ☐　　有时知道 ☐

很多时候知道 ☐　　不清楚孩子知不知道 ☐

您教过孩子哪些人是环卫工人吗？

基本没教过 ☐　　有时教 ☐　　经常教 ☐

（7）**您的孩子**知道哪些人是服务员吗？

很多时候不知道 ☐　　有时知道 ☐

很多时候知道 ☐　　不清楚孩子知不知道 ☐

您教过孩子哪些人是服务员吗？

基本没教过 ☐　　有时教 ☐　　经常教 ☐

（8）**您的孩子**知道哪些人是穿制服的人吗（例如，医生、警察、保安、环卫工人、服务员等）？

很多时候不知道 ☐　　有时知道 ☐

很多时候知道 ☐　　不清楚孩子知不知道 ☐

您教过孩子哪些人是穿制服的人吗（例如，医生、警察、保安、环卫工人、服务员等）？

基本没教过 ☐　　有时教 ☐　　经常教 ☐

（9）**您的孩子**知道哪些人是自己认识的人吗？

很多时候不知道 ☐　　有时知道 ☐

很多时候知道 ☐　　不清楚孩子知不知道 ☐

您教过孩子哪些人是他认识的人吗？

基本没教过 ☐　　有时教 ☐　　经常教 ☐

主题35　不随便开家门

知“性”家长这样教

温馨提示

（1）家长需要参照“主题34　身边的人”中“一、孩子的家人”，先教孩子知道哪些人是家人，并把不是家人、老师的人统一叫“其他人”。

（2）家长可以用歌诀《别人要我开家门》来教：

家人按门铃，家人来敲门，我一定开门。其他人按门铃，其他人敲门，必须问家人，同意才能开，不同意不开；问不到家人，一定不开门。

如果孩子的能力比较强，家长可以教他“即使问不到家人，也可以给哪些人开门（例如，可以给哪些非常熟悉的亲戚开门）”。

一、家人要孩子开家门

（1）家人甲按门铃/敲门。家人乙指着门，说：“听，有人按门铃/敲门。”

（2）家人乙让孩子从门镜/可视电话看看谁按门铃/敲门，说：“××按门铃/敲门。（例如，爸爸按门铃/敲门。）”

（3）家人乙让孩子开门，解释：“家人按门铃，家人来敲门，我一定开门。”

二、家人以外的人要孩子开家门

（一）家人在家，家人以外的人要孩子开家门

（1）家长提前和邻居、亲友沟通，设计情境：家长在家时，他们用做客、借东西等理由，过来按门铃/敲门。

（2）家人以外的人按门铃/敲门时，家长指着门，说：“听，有人按门铃/敲门。”

（3）家长让孩子从门镜/可视电话看看谁按门铃/敲门，说：“××按门铃/敲门，他不是家人，是其他人。”

（4）家长教孩子问自己：“我们可以开门吗？”

对于不会说话的孩子，家长让他把家长拉到门边，指着门。

家长解释：“他不是家人，是其他人。其他人按门铃/敲门，必须问家人。”

孩子问完，家长决定是否同意开门。

（5）如果家长同意开门，便让孩子开门，解释：“其他人按门铃/敲门，必须问家人，同意才能开。”

如果家长不同意开门，便让孩子不开门，解释：“其他人按门铃/敲门，必须问家人，不同意不开。”

温馨提示

（1）如果孩子不明白怎么问家长，最好由两个家人来教：家人甲教孩子问，家人乙回答孩子。

例如，家人甲让孩子问家人乙：“我们可以开门吗？”对于不会说话的孩子，家人甲让他把家人乙拉到门边，指着门。家人乙决定是否要开门。

（2）家长可以拿着老师自制的绘本《家人在家，家人以外的人要我开门》来教。在此，以“家长同意开门”为例说明：

贝贝和爸爸在家。贝贝在收拾书包。好朋友毛毛按门铃。贝贝从门镜看到毛毛。贝贝问：“爸爸，毛毛按门铃，我可以开门吗？”爸爸说：“毛毛来找你玩，你去开门吧。”贝贝开门。

（二）家人不在家，家人以外的人要孩子开家门

家长拿着老师自制的绘本《家人不在家，家人以外的人要我开家门》，给

孩子讲故事：

(1) 家长拿着“贝贝独自在家画画”的图片，说：“贝贝的家人不在家。”

(2) 家长拿着“毛毛按门铃”的图片，说：“这是贝贝的好朋友毛毛，她按门铃，想要贝贝开门。”

(3) 家长拿着“贝贝从门镜看到毛毛；贝贝不理毛毛，继续画画”的图片，说：“贝贝看到毛毛按门铃。毛毛不是家人，是其他人。这时，家人不在家，贝贝问不到家人。所以，贝贝不开门。”

(4) 家长总结说：“其他人按门铃，其他人敲门，问不到家人，一定不开门。”

温馨提示

家长可以提前和邻居、亲友沟通，设计情境：当所有家人外出时，邻居、亲友用做客、借东西等理由，过来按门铃/敲门。此时，家长躲在家门外附近，看看孩子会不会开门。

知“性”家长这样评

(1) 家人按门铃或敲门时，**您的孩子**会开门吗？

很多时候不会 □　　有时会 □

很多时候会 □　　不清楚孩子会不会 □

您教过孩子可以给家人开门吗？

基本没教过 □　　有时教 □　　经常教 □

(2) 家人在家，家人以外的人按门铃或敲门时，**您的孩子**会先问家人，不随便开门吗？

很多时候不会 □　　有时会 □

很多时候会 □　　不清楚孩子会不会 □

您教过孩子家人以外的人按门铃或敲门时要先问家人吗？

基本没教过 □　　有时教 □　　经常教 □

(3) 家人不在家，家人以外的人按门铃或敲门时，**您的孩子**会开门吗？

很多时候不会 □　　有时会 □

很多时候会 □　　不清楚孩子会不会 □

您教过孩子家人不在家时不能给家人以外的人开门吗？

基本没教过 □　　有时教 □　　经常教 □

主题36　不随便吃别人的东西

知“性”家长这样教

温馨提示

（1）家长需要清楚孩子所喜欢和不喜欢的食品。

（2）家长需要参照“主题34　身边的人”，先教孩子把身边的人分成“家人”“老师”“其他人”三类（“穿制服的人”“其他认识的人”“其他不认识的人”统一叫“其他人”）。

（3）家长可以用歌诀《别人要我吃东西》来教：

家人和老师要我吃东西，我喜欢就吃，不喜欢不吃。其他人要我吃东西，不喜欢不吃；喜欢必须问，问一问家人，问一问老师，同意才能吃，不同意不吃；问不到家人，问不到老师，一定不能吃。如果有坏人，强行要我吃，我要大声喊，我要快点跑，去告诉家人，去告诉老师。

（4）孩子的年龄比较小时，家长需要教他“其他人要我吃东西，喜欢就先问家人、老师的意见，问不到就拒绝”。

当孩子已经具有一定的自主能力、年龄比较大时，家长可以教他“不认识的人要我吃喜欢的东西，我一律拒绝”“认识的人拿着我喜欢的东西要我吃，我先判断该东西是否酒类、药品类所伪装；如果不是酒类、药品类就可以吃”。具体做法可参照“主题44　不吸烟、不喝酒、不吸毒”中“四、别人要孩子吃喜欢的东西”。

一、家人要孩子吃东西

（1）家长把孩子喜欢吃的东西递给他，说：“给你××（例如，给你饼干）。”

家长让孩子拿东西并说“谢谢”，解释：“家人要我吃东西，我喜欢就吃。”

（2）家长故意把孩子不喜欢吃的东西递给他，说：“给你××。”

家长让孩子摇头、摆手并说“我不要，谢谢”，解释：“家人要我吃东西，不喜欢不吃。”

温馨提示

家人把主食类、药品类的东西递给孩子，孩子必须接受。所以，家长把不是主食类、药品类的东西递给孩子（如橙汁、糖等零食），才能教他根据自己是否喜欢来接受或拒绝。

二、家人、教师以外的人要孩子吃东西

（一）家人、教师以外的人要孩子吃东西，孩子不喜欢吃

（1）家长提前和邻居、亲友沟通，设计情境：他们用奖励、赠予、分享等理由，把孩子不喜欢吃的东西递给他（例如，我有葡萄干，给你吃吧；我买了苹果汁，送给你；我们一起吃香蕉）。

（2）邻居、亲友把孩子不喜欢吃的东西递给孩子时，家长让孩子摇头、摆手并说“我不要，谢谢”，解释：“他不是家人，不是老师，是其他人。其他人要我吃东西，不喜欢不吃。”

温馨提示

家长可以拿着老师自制的绘本《家人、老师以外的人要我吃不喜欢的东西》来教，绘本内容如下：

邻居阿姨把冰激凌递给毛毛。毛毛不喜欢吃冰激凌。毛毛摇头、摆手，说：“我不要，谢谢。”毛毛不拿冰激凌。

（二）家人、教师以外的人要孩子吃东西，孩子喜欢吃

1. 家人在身边，家人、教师以外的人要孩子吃喜欢的东西

（1）家长提前和邻居、亲友沟通，设计情境：家长在孩子的身边时，他

们用奖励、赠予、分享等理由，把孩子喜欢吃的东西递给他。

（2）邻居、亲友把孩子喜欢吃的东西递给孩子时，家长教孩子问家长：“我可以吃××吗（例如，我可以吃饼干吗）？”

对于不会说话的孩子，家长教他向家长指出给东西的人、那人给的东西。

家长解释：“他不是家人，不是老师，是其他人。其他人要我吃东西，喜欢必须问，问一问家人。”

孩子问完，家长决定是否同意他吃。

（3）如果家长同意，便让孩子拿东西并说“谢谢”，解释：“其他人要我吃东西，喜欢必须问，问一问家人，同意才能吃。”

如果家长不同意，便让孩子摇头、摆手并说“我不要，谢谢”，解释：“其他人要我吃东西，喜欢必须问，问一问家人，不同意不吃。”

温馨提示

（1）“家人在身边”指家人在孩子的视线范围内。

（2）如果孩子不明白怎么问家长，最好由两个家人来教：家人甲教孩子问，家人乙回答孩子。

例如，家人甲让孩子问家人乙：“我可以吃饼干吗？”对于不会说话的孩子，家人甲让他把家人乙拉到给东西的人身边，指着该人和该东西。家人乙决定是否要接受。

（3）家长不同意孩子接受时，需要结合孩子的实际情况给予合适的理由，例如，“你已经吃饱了，不可以再喝橙汁”。

（4）家长可以拿着老师自制的绘本《家人在身边，家人、老师以外的人要我吃喜欢的东西》来教。在此，以“家人同意我吃”为例说明：

爸爸在贝贝的身边。邻居哥哥把棒棒糖递给贝贝。贝贝喜欢吃棒棒糖。贝贝问：“爸爸，我可以吃那个棒棒糖吗？”爸爸说：“你想吃就吃吧。”贝贝拿棒棒糖，对邻居哥哥说：“谢谢。”

2. 家人、教师不在身边，家人、教师以外的人要孩子吃喜欢的东西

家长拿着老师自制的绘本《家人、老师不在身边，家人、老师以外的人要我吃喜欢的东西》，给孩子讲故事：

（1）家长拿着“贝贝独自荡秋千”的图片，说：“家人、老师不在贝贝的身边。”

（2）家长拿着“邻居叔叔把巧克力递给贝贝”的图片，说：“这是邻居叔叔，他要贝贝吃巧克力。贝贝喜欢吃巧克力。”

（3）家长拿着“贝贝对邻居叔叔摇头、摆手，说：‘我不要，谢谢。’贝贝不拿巧克力”的图片，说：“邻居叔叔不是家人，不是老师，是其他人。这时，家人、老师不在身边，贝贝问不到家人、老师。所以，贝贝不能吃邻居叔叔的巧克力。”

（4）家长总结说：“其他人要我吃东西，喜欢必须问，问不到家人，问不到老师，一定不能吃。”

温馨提示

（1）“家人、老师不在身边”指家人、老师不在孩子的视线范围内。

（2）家长可以提前和邻居、亲友沟通，设计情境：当所有家人不在孩子的身边时，让邻居、亲友用奖励、赠予、分享等理由，把孩子喜欢吃的东西递给他。此时，家长躲在附近，看看孩子会不会要那个东西。

（三）坏人强行要孩子吃东西

家长拿着老师自制的绘本《坏人强行要我吃东西》，给孩子讲故事：

（1）家长拿着“家人、老师不在身边，男/女施害者拿着饼干，对学生说：‘请你吃饼干。’”的图片，说：“坏人要学生吃东西。家人、老师不在学生的身边。”

家长拿着“学生摇头、摆手，说：‘我不要，谢谢。’”的图片，说：“学生不吃叔叔/阿姨给的东西。”

（2）家长拿着“男/女施害者要把饼干塞进学生的嘴巴，对学生说：‘吃！’”的图片，说：“坏人强行要学生吃东西，他就是坏人。”

（3）家长拿着“学生喊‘不要’，跑离现场”的图片，说：“学生大声喊，快点跑。”

家长拿着“学生找到老师后说：‘有坏人强行要我吃饼干。’”的图片，说：“学生把坏人做的事情告诉老师。”

（4）家长拿着“警察摁住男/女施害者，说：‘有人报警说，你强行要他吃东西。跟我去公安局。’”的图片，说：“因为坏人强行要学生吃东西，所以警察把他抓起来。”

（5）家长总结说：“如果有坏人强行要我吃东西，我要大声喊，我要快点跑，去告诉家人，去告诉老师。我一定不能强行要别人吃东西。”

温馨提示

(1) 关于怎么教孩子反抗坏人及不主动做出侵害行为，家长可参考“主题4　看隐私部位等身体隐私”相关内容。

家长需要向孩子强调“只要其他人做‘用力塞东西进我嘴巴’这个动作，他就是坏人，我就要反抗”，而不需要孩子关注坏人所说的话。

(2) 家长不在孩子的身边时，可能会有比较热情的、家人及教师以外的人强行把东西放进孩子的手里、口袋里、背包里。针对这种情况，家长可以用老师自制的绘本教孩子“把东西还给对方，说：‘我不要，谢谢’”。

知“性”家长这样评

(1) 家人要**您的孩子**吃喜欢的东西时，他会吃那个东西吗？

很多时候不会 □　　有时会 □

很多时候会 □　　不清楚孩子会不会 □

您教过孩子喜欢吃家人给的东西时可以吃吗？

基本没教过 □　　有时教 □　　经常教 □

(2) 家人要**您的孩子**吃不喜欢的东西（不是主食类、药品类）时，他会吃那个东西吗？

很多时候不会 □　　有时会 □

很多时候会 □　　不清楚孩子会不会 □

您教过孩子不喜欢吃家人给的东西时可以不吃吗？

基本没教过 □　　有时教 □　　经常教 □

(3) 家人、教师以外的人要**您的孩子**吃不喜欢的东西时，他会吃那个东西吗？

很多时候不会 □　　有时会 □

很多时候会 □　　不清楚孩子会不会 □

您教过孩子不喜欢吃家人、教师以外的人给的东西时可以不吃吗？

基本没教过 □　　有时教 □　　经常教 □

(4) 家人在**您的孩子**的身边，家人、教师以外的人要他吃喜欢的东西时，他会先问家人，不随便吃吗？

很多时候不会 □　　有时会 □

很多时候会 □　　不清楚孩子会不会 □

您教过孩子家人、教师以外的人给他吃喜欢的东西时要先问家人吗？

基本没教过 □　　有时教 □　　经常教 □

（5）如果家人、老师不在**您的孩子**的身边，家人、教师以外的人要他吃喜欢的东西时，他知道不能吃吗？

很多时候不知道 □　　有时知道 □

很多时候知道 □　　不清楚孩子知不知道 □

您教过孩子家人、老师不在身边时不能吃家人、教师以外的人给的东西吗？

基本没教过 □　　有时教 □　　经常教 □

（6）如果有坏人强行把东西塞进**您的孩子**的嘴巴，他知道要反抗吗？

很多时候不知道 □　　有时知道 □

很多时候知道 □　　不清楚孩子知不知道 □

您教过孩子如果有坏人强行把东西塞进他的嘴巴要反抗吗？

基本没教过 □　　有时教 □　　经常教 □

（7）如果有坏人强行把东西塞进**您的孩子**的嘴巴，他知道要把坏人做的事情告诉家人或老师吗？

很多时候不知道 □　　有时知道 □

很多时候知道 □　　不清楚孩子知不知道 □

您教过孩子要把坏人做的事情告诉家人或老师吗？

基本没教过 □　　有时教 □　　经常教 □

（8）**您的孩子**会强行把东西塞进别人的嘴巴吗？

很多时候不会 □　　有时会 □

很多时候会 □　　不清楚孩子会不会 □

您教过孩子不能强行把东西塞进别人的嘴巴吗？

基本没教过 □　　有时教 □　　经常教 □

主题 37　不随便去某个地方

知“性”家长这样教

温馨提示

(1) 本主题中，“要孩子去某个地方”包括“要带孩子去某个地方”和“要孩子带某人去某个地方”两种形式。

(2) 一般来说，别人要孩子去某个地方会伴随着和孩子进行某项活动。因此，家长需要提前了解清楚孩子所喜欢、所不喜欢的地方及相关活动，以便教孩子答应或拒绝。

当然，孩子是否去某个地方，不一定是因为喜欢/讨厌进行相关的活动，可能是因为喜欢/讨厌和某人去，或者纯粹喜欢/讨厌那个地方。家长教孩子做出反应时，没有必要细致区分上述原因。

(3) 家长需要参照“主题 34　身边的人”，先教孩子把身边的人分成“家人”“老师”“其他人”三类（“穿制服的人”“其他认识的人”“其他不认识的人”统一叫“其他人”）。

(4) 家长可以用歌诀《别人要我走》来教：

家人和老师要我走就走。其他人要我走，不喜欢不走；喜欢必须问，问一问家人，问一问老师，同意才能走，不同意不走；问不到家人，问不到老师，一定不能走。如果有坏人，强行要我走，我要大声喊，我要快点跑，去告诉家人，去告诉老师。

家长要孩子带自己或别人去的地方，应该是孩子懂得去的地方。

一、家人要孩子去某个地方

（1）家长要孩子跟着去某个地方，说："我带你去××（例如，我带你去公园），好吗？"

家长让孩子点头并说"好，我去"，解释："家人要我走就走。"

（2）家长要孩子带他去某个地方，说："你带我去××（例如，你带我去爸爸上次买牙膏的超市），好吗？"

家长让孩子点头并说"好，我去"，解释："家人要我走就走。"

二、家人、教师以外的人要孩子去某个地方

（一）家人、教师以外的人要孩子去某个地方，孩子不喜欢去

（1）家长提前和邻居、亲友沟通，设计情境：他们要孩子去某个不喜欢的地方。

（2）邻居、亲友要孩子跟着去某个他不喜欢的地方，说："我带你去××，好吗？"

家长让孩子摇头、摆手并说"我不去"，解释："他不是家人，不是老师，是其他人。其他人要我走，不喜欢不走。"

（3）邻居、亲友要孩子带自己去某个他不喜欢的地方，说："你带我去××，好吗？"

家长让孩子摇头、摆手并说"我不去"，解释："他不是家人，不是老师，是其他人。其他人要我走，不喜欢不走。"

温馨提示

家长可以拿着老师自制的绘本《家人、老师以外的人要我去不喜欢的地方》来教，在此，以"家人、教师以外的人要带我去我不喜欢的地方"为例说明：

邻居阿姨要带贝贝去电影院看电影。贝贝不喜欢看电影。贝贝摇头、摆手，说："我不去。"贝贝不去电影院。

（二）家人、教师以外的人要孩子去某个地方，孩子喜欢去

1. 家人在身边，家人、教师以外的人要孩子去喜欢的地方

（1）家长提前和邻居、亲友沟通，设计情境：家长在孩子的身边时，他们要孩子去某个他喜欢的地方。

（2）邻居、亲友要孩子跟着去某个他喜欢的地方，说：“我带你去××，好吗?”

家长教孩子问自己：“我可以去××吗（例如，我可以去公园吗）?”

对于不会说话的孩子，家长教他向自己指出提出要求的人。

家长解释：“他不是家人，不是老师，是其他人。其他人要我走，喜欢必须问，问一问家人。”

孩子问完，家长决定是否同意他去。

（3）邻居、亲友要孩子带他去某个孩子喜欢的地方，说：“你带我去××，好吗?”

家长教孩子问自己：“我可以去××吗?”

对于不会说话的孩子，家长教他向自己指出提出要求的人。

家长解释：“他不是家人，不是老师，是其他人。其他人要我走，喜欢必须问，问一问家人。”

孩子问完，家长决定是否同意他去。

（4）如果家长同意，家长让孩子去并说“我去”，解释：“其他人要我走，喜欢必须问，问一问家人，同意才能走。”

如果家长不同意，家长让孩子摇头、摆手并说“我不去”，解释：“其他人要我走，喜欢必须问，问一问家人，不同意不走。”

温馨提示

（1）“家人在身边”指家人在孩子的视线范围内。

（2）如果孩子不明白怎么问家长，最好由两个家人来教：家人甲教孩子问，家人乙回答孩子。

例如，家人甲让孩子问家人乙：“我可以去公园的游乐场吗?”对于不会说话的孩子，家人甲让他把家人乙拉到提出要求的人身边，指着该人。家人乙决定是否同意孩子去。

（3）家长不同意孩子去时，需要结合孩子的实际情况给予合适的理由，例如，“游乐场的秋千没有完全装好，现在去玩不安全”。

（4）家长可以拿着老师自制的绘本《家人在身边，家人、老师以外的人要我去我喜欢的地方》来教。在此，以“家人同意我去”为例说明：

妈妈在贝贝的身边。邻居姐姐想开车带贝贝去商场买衣服。贝贝想和邻居姐姐去买衣服。贝贝问：“妈妈，我可以去商场吗?”妈妈说：

"你想去就去吧。"贝贝对邻居姐姐点头，说："好，我去。"贝贝和邻居姐姐一起去商场。

2. 家人、教师不在身边，家人、教师以外的人要孩子去喜欢的地方

家长拿着老师自制的绘本《家人、老师不在身边，家人、老师以外的人要我去喜欢的地方》，给孩子讲故事。在此，以"家人、老师以外的人要带我去我喜欢的地方"为例说明：

（1）家长拿着"贝贝独自吃西瓜"的图片，说："家人、老师不在贝贝的身边。"

（2）家长拿着"陌生姐姐说：'贝贝，你妈妈打电话给我，让我带你回家。'"的图片，说："这是陌生姐姐，她要带贝贝走。"

（3）家长拿着"贝贝摇头、摆手，说：'我不去。'贝贝没有和陌生姐姐一起走"的图片，说："陌生姐姐不是家人，不是老师，是其他人。这时，家人、老师不在身边，贝贝问不到家人、老师。所以，贝贝不能和陌生姐姐走。"

（4）家长总结说："其他人要我走，喜欢必须问，问不到家人，问不到老师，一定不能走。"

温馨提示

（1）"家人、老师不在身边"指家人、老师不在孩子的视线范围内。

（2）家长可以提前和邻居、亲友沟通，设计情境：当所有家人不在孩子的身边时，让邻居、亲友要孩子去某个他喜欢的地方。此时，家长躲在附近，看看孩子会不会去。

（三）坏人强行要孩子去某个地方

家长拿着老师自制的绘本《坏人强行要我走》[1]，给孩子讲故事。在此，以"坏人强行要带我走"为例说明：

（1）家长拿着"家人、老师不在身边，男/女施害者对学生说：'我带你去游乐场。'"的图片，说："叔叔/阿姨要学生走。家人、老师不在学生的身边。"

家长拿着"学生摇头、摆手，并说：'我不去。'"的图片，说："叔叔/阿姨不是家人，不是老师，是其他人。其他人要学生走，问不到家人，问不

① 详见微信公众号"番禺培智学校"→"特殊教育"→"性教育课程"→《预防侵害教学课件》故事1。

到老师，一定不能走。”

（2）家长拿着“男/女施害者再次拉扯学生，对学生说：‘走！’”的图片，说：“叔叔/阿姨强行要学生走，他就是坏人。”

（3）家长拿着“学生喊‘不要’，跑离现场”的图片，说：“学生大声喊，快点跑。”

家长拿着“学生找到老师后说：‘有坏人强行要我走。’”的图片，说：“学生把坏人做的事情告诉老师。”

（4）家长拿着“警察摁住男/女施害者，说：‘有人报警说，你强行要他走。跟我去公安局。’”的图片，说：“因为坏人强行要学生走，所以警察把他抓起来。”

（5）家长总结说：“如果有坏人强行要我走，我要大声喊，我要快点跑，去告诉家人，去告诉老师。我一定不能强行要别人走。”

温馨提示

（1）关于怎么教孩子反抗坏人及不主动做出侵害行为，家长可参考“主题4　看隐私部位等身体隐私”相关内容。

（2）家长需要向孩子强调“只要其他人做‘用力拉我走’这个动作，他就是坏人，我就要反抗”，而不需要孩子关注坏人所说的话。

知“性”家长这样评

（1）家人要**您的孩子**去某个地方时，他会去吗？

很多时候不会 □　　有时会 □

很多时候会 □　　不清楚孩子会不会 □

您教过孩子家人要自己去某个地方时要去吗？

基本没教过 □　　有时教 □　　经常教 □

（2）家人、教师以外的人要**您的孩子**去<u>不喜欢</u>的地方时，他会去吗？

很多时候不会 □　　有时会 □

很多时候会 □　　不清楚孩子会不会 □

您教过孩子家人、教师以外的人要自己去<u>不喜欢</u>的地方时可以<u>不去</u>吗？

基本没教过 □　　有时教 □　　经常教 □

（3）家人在孩子的身边，家人、教师以外的人要**您的孩子**去喜欢的地方时，他会先问家人，不随便去吗？

很多时候不会 □　　有时会 □

很多时候会 □　　　　　不清楚孩子会不会 □

您教过孩子家人、教师以外的人要他去喜欢的地方时要先问家人吗？

基本没教过 □　　　　　有时教 □　　　　　经常教 □

（4）如果家人、教师不在**您的孩子**的身边，家人、教师以外的人要他去喜欢的地方时，他知道不能去吗？

很多时候不知道 □　　　　　有时知道 □

很多时候知道 □　　　　　不清楚孩子知不知道 □

您教过孩子家人、教师不在身边，家人、教师以外的人要自己去某个地方时不能去吗？

基本没教过 □　　　　　有时教 □　　　　　经常教 □

（5）如果有坏人强行要**您的孩子**去某个地方，他知道要反抗吗？

很多时候不知道 □　　　　　有时知道 □

很多时候知道 □　　　　　不清楚孩子知不知道 □

您教过孩子如果有坏人强行要自己去某个地方要反抗吗？

基本没教过 □　　　　　有时教 □　　　　　经常教 □

（6）如果有坏人强行要**您的孩子**去某个地方，他知道要把坏人做的事情告诉家人或老师吗？

很多时候不知道 □　　　　　有时知道 □

很多时候知道 □　　　　　不清楚孩子知不知道 □

您教过孩子要把坏人做的事情告诉家人或老师吗？

基本没教过 □　　　　　有时教 □　　　　　经常教 □

（7）**您的孩子**会强行拉别人去某个地方吗？

很多时候不会 □　　　　　有时会 □

很多时候会 □　　　　　不清楚孩子会不会 □

您教过孩子不能强行拉别人去某个地方吗？

基本没教过 □　　　　　有时教 □　　　　　经常教 □

主题38　请别人帮忙

知“性”家长这样教

温馨提示

(1) 家长需要参照“主题34　身边的人”，先教孩子把身边不同的人分成“家人”“老师”“穿制服的人”“其他认识的人”“其他不认识的人”五类。

如果孩子的能力比较弱，家长不需要让他区分“其他认识的人”“其他不认识的人”。这样，孩子的人际圈模型由内到外依次是“我”“家人圈”“老师圈”“穿制服的人圈”“其他人圈”。

(2) 家长可以用歌诀《和家人、老师走失》来教：

和家人走失，和老师走失，我要原地等。看到穿制服的人，我用力挥手，我要大声喊，请他来帮我。如果是警察，我能和他说，也能和他走。如果是其他穿制服的人，能说不能走。不穿制服的人，如果我认识，能说不能走；不穿制服的人，如果不认识，不说也不走。

(3) 一般来说，在穿制服的人中，警察的公信力最强。

如果孩子的能力比较强，家长可以教孩子“警察带我走，我才跟着走”。

如果孩子的能力比较弱，不能区分警察和保安时，家长需要教孩子“不可以和任何人走”。

(4) 外出时只要看到穿制服的人，家长都可以强调“和家人走失时可以找穿制服的人帮忙”。例如，在医院看到医生，家长可以说：“如果和家人走失，你可以找医生帮忙。”

（5）家长带孩子外出时，可以在保证孩子安全的情况下，躲起来看看孩子会不会乱跑、会不会随便找别人帮忙。

一、请家人帮忙

（1）孩子的身体不舒服时，家长教孩子找到自己，说：“我××（例如，我肚子不舒服）。”

对于不会说话的孩子，家长教他指着自己不舒服的身体部位。

（2）孩子受到欺负时（例如，有人打他，有人抢他的东西），家长教他找到自己，说：“有人××（例如，有人打我）。”

对于不会说话的孩子，家长教他做打人、抢东西等动作。

温馨提示

家长需要留心教孩子遇到任何事情都可以找自己帮忙。例如，孩子不会撕开食物包装袋时，家长告诉他可以找家长帮忙。

二、和家人走失，请穿制服的人帮忙

（一）能和警察说，也能和警察走

家长拿着老师自制的绘本《和家人走失，请警察帮忙》，给孩子讲故事：

（1）家长拿着“爷爷带贝贝去公园。公园的人太多了。贝贝和爷爷走失”的图片，说：“贝贝找不到爷爷，和爷爷走失了。”

（2）家长拿着“贝贝站着等爷爷”的图片，说：“贝贝在原地等爷爷，不乱跑，爷爷才可能找到贝贝。”

（3）家长拿着“警察出现了”的图片，说：“但是，贝贝等啊等，等不到爷爷。这时，贝贝看到警察。”

家长拿着“贝贝挥手，喊：‘警察，请帮我。’”的图片，扮演贝贝大声喊，解释：“和爷爷走失，贝贝可以请穿制服的人帮忙。警察是穿制服的人。贝贝要用力挥手，警察才可能看到。贝贝要大声喊‘警察，请帮我。’，警察才可能听到。”

（4）家长拿着“警察问：‘你怎么啦？’贝贝说：‘警察，我找不到爷爷，请帮我。’”的图片，说：“警察是穿制服的人。贝贝能跟警察说自己和爷爷走失的事情。”

家长拿着“警察带贝贝去找爷爷，最后找到爷爷”的图片，说：“警察带贝贝去找爷爷，贝贝能跟着警察走。贝贝请警察帮忙，警察终于帮贝贝找到爷爷了。”

（5）家长总结说：“和家人走失，我要原地等。看到穿制服的人，我用力挥手，我要大声喊，请他来帮我。如果是警察，我能和他说，也能和他走。”

（二）能和其他穿制服的人说，不能和他们走

家长拿着老师自制的绘本《和家人走失，请其他穿制服的人帮忙》，给孩子讲故事。在此，以“找保安帮忙”为例说明：

（1）家长拿着“爷爷带贝贝去公园。公园的人太多了。贝贝和爷爷走失”的图片，说：“贝贝找不到爷爷，和爷爷走失了。”

（2）家长拿着“贝贝站着等爷爷”的图片，说：“贝贝在原地等爷爷，不乱跑，爷爷才可能找到贝贝。”

（3）家长拿着“保安出现了”的图片，说：“但是，贝贝等啊等，等不到爷爷。这时，贝贝看到保安。”

家长拿着“贝贝挥手，喊：‘保安，请帮我。’”的图片，扮演贝贝大声喊，解释：“和爷爷走失，贝贝可以请穿制服的人帮忙。保安是穿制服的人。贝贝要用力挥手，保安才可能看到。贝贝要大声喊‘保安，请帮我。’，保安才可能听到。”

（4）家长拿着“保安问：‘你怎么啦?’贝贝说：‘保安，我找不到爷爷，请帮我。’”的图片，说：“保安是穿制服的人。贝贝能跟保安说自己和爷爷走失的事情。”

家长拿着“保安说：‘我带你去找爷爷吧。’贝贝说：‘我不走，我要站在这里等爷爷。’”的图片，说：“保安不是警察。贝贝不能和他走。”

家长拿着“保安开广播，找到爷爷，再带爷爷过来，和贝贝见面”的图片，说：“贝贝请保安帮忙，保安终于帮贝贝找到爷爷了。”

（5）家长总结说：“和家人走失，我要原地等。看到穿制服的人，我用力挥手，我要大声喊，请他来帮我。如果是除警察以外其他穿制服的人，能说不能走。”

三、和家人走失，请其他认识的人帮忙

家长拿着老师自制的绘本《和家人走失，请其他认识的人帮忙》，给孩子讲故事。在此，以“找邻居阿姨帮忙”为例说明：

（1）家长拿着“爷爷带贝贝去公园。公园的人太多了。贝贝和爷爷走失”的图片，说：“贝贝找不到爷爷，和爷爷走失了。”

（2）家长拿着“贝贝站着等爷爷”的图片，说：“贝贝在原地等爷爷，不乱跑，爷爷才可能找到贝贝。”

（3）家长拿着“邻居阿姨走过来，问：‘你怎么啦？’贝贝说：‘阿姨，我找不到爷爷，请帮我。’”的图片，说：“邻居阿姨是其他认识的人。贝贝能跟邻居阿姨说自己和爷爷走失的事情。”

家长拿着“邻居阿姨说：‘我带你去找爷爷吧。’贝贝说：‘我不走，我要站在这里等爷爷。’”的图片，说：“邻居阿姨不是警察。贝贝不能和他走。”

家长拿着“邻居阿姨找到公园管理处，开广播，找到爷爷，再带爷爷过来，和贝贝见面”的图片，说：“贝贝请邻居阿姨帮忙，邻居阿姨终于帮贝贝找到爷爷了。”

（4）家长总结说：“和家人走失，我要原地等。不穿制服的人，如果我认识，能说不能走。”

四、和家人走失，不请其他不认识的人帮忙

家长拿着老师自制的绘本《和家人走失，不请其他不认识的人帮忙》，和孩子讲故事：

（1）家长拿着“爷爷带贝贝去公园。公园的人太多了。贝贝和爷爷走失”的图片，说：“贝贝找不到爷爷，和爷爷走失了。”

（2）家长拿着“贝贝站着等爷爷”的图片，说：“贝贝在原地等爷爷，不乱跑，爷爷才可能找到贝贝。”

（3）家长拿着“陌生哥哥走过来，问：‘你怎么啦？’贝贝不说话”的图片，说：“陌生哥哥不穿制服，贝贝也不认识。所以，贝贝不能和他说话。”

家长拿着“陌生哥哥问：‘你是不是和家人走失了？我带你去找家人吧。’贝贝不动”的图片，说：“陌生哥哥不穿制服，贝贝也不认识。所以，贝贝不能和他走。”

（4）家长拿着“爷爷找到贝贝”的图片，说：“贝贝在原地等爷爷，不乱跑，终于等到爷爷了。”

（5）家长总结说：“和家人走失，我要原地等。不穿制服的人，如果不认识，不说也不走。”

知“性”家长这样评

（1）**您的孩子**有事会找家人帮忙吗（例如，孩子身体不舒服、受到欺负时）？

很多时候不会 □　　　　有时会 □

很多时候会 □　　　　不清楚孩子会不会 □

您教过孩子有事可以找家人帮忙吗？

基本没教过 □　　有时教 □　　经常教 □

（2）如果和家人、老师走失，**您的孩子**知道可以找穿制服的人帮忙吗？

很多时候不知道 □　　有时知道 □

很多时候知道 □　　不清楚孩子知不知道 □

您教过孩子如果和家人、老师走失，可以找穿制服的人帮忙吗？

基本没教过 □　　有时教 □　　经常教 □

（3）如果和家人、老师走失，**您的孩子**知道可以找其他认识的人帮忙吗？

很多时候不知道 □　　有时知道 □

很多时候知道 □　　不清楚孩子知不知道 □

您教过孩子如果和家人、老师走失可以找其他认识的人帮忙吗？

基本没教过 □　　有时教 □　　经常教 □

（4）如果和家人、老师走失，**您的孩子**知道<u>不能</u>找其他不认识的人帮忙吗？

很多时候不知道 □　　有时知道 □

很多时候知道 □　　不清楚孩子知不知道 □

您教过孩子如果和家人、老师走失<u>不能</u>找其他不认识的人帮忙吗？

基本没教过 □　　有时教 □　　经常教 □

（5）如果和家人、老师走失，**您的孩子**知道<u>不能</u>和警察以外的人走吗？

很多时候不知道 □　　有时知道 □

很多时候知道 □　　不清楚孩子知不知道 □

您教过孩子如果和家人、老师走失<u>不能</u>和警察以外的人走吗？

基本没教过 □　　有时教 □　　经常教 □

主题39　洗内裤

知“性”家长这样教

温馨提示

（1）家长可以教孩子直接在水龙头下洗内裤，也可以教他们用一个专门的小盆洗内裤（以免内裤沾染到其他衣物的细菌）。

（2）考虑到肥皂去污能力强、易漂洗，家长需要教孩子用肥皂洗内裤。

（3）为保证把内裤的污迹和残留肥皂泡洗干净，家长需要教孩子必须洗涤内裤三遍。

（4）家长可以用歌诀《洗内裤》来教：

洗内裤，用肥皂，洗三遍。第一遍，脏内裤，弄湿它。离开水，找裤底。拿肥皂，涂三下。搓裤底，用力搓，搓搓搓。放水里，搓裤底，用力搓，搓搓搓。离开水，看裤底，没干净，继续搓；干净了，拧内裤。第二遍，把内裤，放水里，用力搓，赶泡泡。离开水，看一看，摸一摸，有泡泡，没干净，继续搓；没泡泡，干净了，拧内裤。第三遍，同样是，赶泡泡。洗完了，用衣架或夹子，找裤头，晾起来。每一天，洗内裤，讲卫生！

（5）“身上的内裤”“穿、脱内裤”属于身体隐私。家长需要教孩子“不随便指、说、看、摸、用东西碰自己的身体隐私，不指、不随便说、不看、不摸、不用东西碰别人的身体隐私，不教唆别人看、摸、用东西碰自己或别人的身体隐私，听从或反抗别人所提出的和身体隐私有关的要求”。针对男孩的具体做法可参照“主题 3　指和说隐私部位等身体隐私”“主题 4　看隐私部位等身体隐私”“主题 5　摸隐私部位等身体隐私”“主题 6　用东西碰隐私部位等身体隐私”。针对女孩的具体做法可参照“主题 18　指和说隐私部位等身体隐私”“主题 19　看隐私部位等身体隐私”“主题 20　摸隐私部位等身体隐私”“主题 21　用东西碰隐私部位等身体隐私”。

一、第一遍洗内裤

（1）家长一边教孩子弄湿内裤，一边说：“现在，我们学习洗内裤。每一天，洗内裤，讲卫生！首先，要弄湿整条内裤。”

（2）家长一边教孩子在裤底上涂肥皂并用力搓，一边说：“离开水，找裤底。拿肥皂，涂三下。搓裤底，用力搓，搓搓搓。放水里，搓裤底，用力搓，搓搓搓。第一遍洗内裤，最主要是把裤底上的脏东西洗干净。”

（3）家长一边教孩子拿起内裤看是否洗干净，洗干净后拧内裤，一边说：“离开水，看裤底。没干净，继续搓；干净了，拧内裤。”

温馨提示

裤底一般是内裤最脏的部分，所以，洗裤底是洗内裤的重点。如果孩子不知道裤底在哪里，家长需要为孩子买裤底有比较明显标识的内裤（例如，裤底的颜色或条纹与内裤其他部分的颜色或条纹明显不同）。

二、第二遍洗内裤

（1）家长一边教孩子在水里搓洗内裤，一边说：“刚才是第一遍洗内裤，我们把裤底洗干净了。现在是第二遍洗内裤，把内裤放水里，用力搓，赶泡泡。第二遍洗内裤，最主要是把内裤其他地方的脏东西洗干净，把整条内裤的泡泡洗干净。”

（2）家长一边教孩子拿起内裤看是否洗干净，洗干净后拧内裤，一边说：“离开水，看一看，摸一摸，有泡泡，没干净，继续搓；没泡泡，干净了，拧内裤。”

三、第三遍洗内裤

（1）家长一边教孩子在水里搓洗内裤，一边说：“内裤要洗三遍，才干净！第三遍洗内裤的方法和第二遍是一样的，把内裤放水里，用力搓，赶泡泡。我们要把整条内裤的脏东西、泡泡洗干净。”

（2）家长一边教孩子拿起内裤看是否洗干净，洗干净后拧内裤，一边说：“离开水，看一看，摸一摸，有泡泡，没干净，继续搓；没泡泡，干净了，拧内裤。”

四、晾内裤

家长教孩子一边用衣架或夹子晾内裤，一边说：“洗完了，用衣架或夹子，找裤头，晾起来。”

> **温馨提示**
>
> 如果孩子不知道裤头在哪里，从而不懂得晾内裤，家长需要为孩子买裤头有比较明显标识的内裤（例如，裤头的颜色或条纹与内裤其他部分的颜色或条纹明显不同），也可以在裤头绣上孩子的名字。

知“性”家长这样评

（1）洗内裤时，**您的孩子**会先把整条内裤弄湿吗？

很多时候不会 □　　有时会 □

很多时候会 □　　不清楚孩子会不会 □

您教过孩子洗内裤时要先把整条内裤弄湿吗？

基本没教过 □　　有时教 □　　经常教 □

（2）洗内裤时，**您的孩子**会涂太多肥皂吗？

很多时候不会 □　　有时会 □

很多时候会 □　　不清楚孩子会不会 □

您教过孩子不能给内裤涂太多肥皂吗？

基本没教过 □　　有时教 □　　经常教 □

（3）**您的孩子**会把内裤洗干净吗（包括把肥皂泡、精液/经血等洗干净）？

很多时候不会 □　　有时会 □

很多时候会 □　　不清楚孩子会不会 □

您教过孩子怎么把内裤洗干净吗？

基本没教过 □　　有时教 □　　经常教 □

（4）**您的孩子**会拧干内裤吗？

很多时候不会 □　　有时会 □

很多时候会 □　　不清楚孩子会不会 □

您教过孩子怎么拧干内裤吗？

基本没教过 □　　有时教 □　　经常教 □

（5）**您的孩子**会晾内裤吗？

很多时候不会 □　　有时会 □

很多时候会 □　　不清楚孩子会不会 □

您教过孩子怎么晾内裤吗？

基本没教过 □　　有时教 □　　经常教 □

（6）**您的孩子**会每天洗内裤吗？

很多时候不会 □　　有时会 □

很多时候会 □　　不清楚孩子会不会 □

您教过孩子要每天洗内裤吗？

基本没教过 □　　有时教 □　　经常教 □

主题40　拍肩膀、拍手臂

知“性”家长这样教

温馨提示

家长可以用歌诀《拍肩膀、拍手臂》来教：

我们的身体，肩膀可以拍，手臂可以拍。在别人后面，和他说话时，他没有反应，我可以拍他的肩膀、手臂，让他看到我。别人也可以拍我的肩膀、手臂，拍我的时候，我要看着他。

一、孩子拍别人的肩膀、手臂

家人甲故意站在孩子的面前，背对着孩子，挡住孩子的去路。

家人乙让孩子拍家人甲的肩膀或手臂，跟着说“请让让”，解释：“在别人后面，和他说话时，他没有反应，我可以拍他的肩膀或手臂，让他看到我。拍的时候轻轻地，不要弄痛别人。我一定不能乱拍别人的肩膀、手臂。讲文明!”

家人甲再避让。

温馨提示

如果孩子说话比较清楚，家人乙需要教他先说“请让让”，在家人甲没有反应时再通过拍肩膀或手臂的方法，引起家人甲的注意。

二、别人拍孩子的肩膀、手臂

孩子做某事时，家人甲在孩子的后面，拍他的肩膀或手臂。

家人乙让孩子抬头，看着家人甲，解释：“如果别人在我后面和我说话，我没有反应，他可以拍拍我的肩膀、手臂。这时，我要看着他。有礼貌！”

知“性”家长这样评

(1) **您的孩子**会随便拍别人的肩膀、手臂吗？

很多时候不会 □　　有时会 □

很多时候会 □　　不清楚孩子会不会 □

您教过孩子不能随便拍别人的肩膀、手臂吗？

基本没教过 □　　有时教 □　　经常教 □

(2) 拍别人的肩膀、手臂时，**您的孩子**会太用力，甚至弄痛或弄伤别人吗？

很多时候不会 □　　有时会 □

很多时候会 □　　不清楚孩子会不会 □

您教过孩子不能太用力拍别人的肩膀、手臂吗？

基本没教过 □　　有时教 □　　经常教 □

(3) 别人拍**您的孩子**的肩膀、手臂时，他会看着对方吗？

很多时候不会 □　　有时会 □

很多时候会 □　　不清楚孩子会不会 □

您教过孩子别人拍他的肩膀、手臂时要看着对方吗？

基本没教过 □　　有时教 □　　经常教 □

主题41　拉手

知“性”家长这样教

温馨提示

(1) 本主题中，“拉手”与“握手”的意思是一样的，都是指双方的手直接接触。

(2) 家长需要参照“主题34　身边的人”，先教孩子辨别家人、老师及同学等其他人。

(3) 家长可以用歌诀《拉手》来教：

我们的身体，双手可以拉。认识的人，可以拉手，可以不拉手。我要和认识的人拉手，先要问一问，同意才能拉，不同意不拉。认识的人要和我拉手，我喜欢就拉，不喜欢不拉。不认识的人，一定不拉手。如果有坏人，强行要拉手，我要大声喊，我要快点跑，去告诉家人，去告诉老师。

(4) 关于怎么教孩子反抗坏人及不主动做出侵害行为，家长可参考“主题4　看隐私部位等身体隐私”相关内容。

家长需要向孩子强调“只要其他人做‘用力拉我的手’这个动作，他就是坏人，我就要反抗”，而不需要孩子关注坏人所说的话。

一、孩子主动和别人拉手

（一）和认识的人拉手

（1）在家里，家人甲指着其他家人，问孩子：“你认识这些家人。你喜欢认识的人，可以和他拉拉手。现在，你想和谁拉手？”

（2）如果看到孩子不想和任何家人拉手，家人甲不需要再要求，解释：“认识的人，我不喜欢，可以不拉手。”

（3）如果看到孩子找到家人乙，家人甲让孩子伸出一只手作拉手状，问家人乙：“我可以和你拉手吗？”

对于不会说话的孩子，家人甲让他做“伸出一只手作拉手状（但不触碰家人乙）”的动作后，先停下来，看看家人乙的反应。

家人甲解释：“我想和认识的人拉手，先要问一问。”

孩子问完，家人乙决定是否同意拉手。

（4）孩子问家人乙后，如果家人乙同意拉手，家人甲让孩子和家人乙拉手，解释：“我想和认识的人拉手，先要问一问，同意才能拉；拉的时候轻轻地，不要弄痛他。讲文明！”

如果家人乙不同意拉手，家人甲让孩子不和家人乙拉手，解释：“我想和认识的人拉手，先要问一问，不同意不拉。讲文明！”

温馨提示

（1）在外面，如果看到孩子和认识的人拉手，家长可以参照上面的做法来教他。

（2）家长可以拿着老师自制的绘本《我想和认识的人拉手》来教。在此，以“认识的人同意和我拉手”为例说明：

贝贝看到表妹。贝贝伸出一只手作拉手状，问：“表妹，我可以和你拉手吗？”表妹点头，对贝贝说：“好。”贝贝和表妹一起拉手去荡秋千。

（二）和不认识的人不拉手

如果看到孩子主动和不认识的人拉手，家长马上阻止孩子，解释：“不认识的人，一定不拉手。讲文明！”

二、别人要和孩子拉手

（一）别人要和孩子拉手（没有强行要求）

1. 认识的人要和孩子拉手

（1）家长提前和孩子认识的邻居、亲友沟通，设计情境：让他们主动和孩子拉手。

（2）认识的邻居、亲友主动和孩子拉手时，如果看到孩子想要和对方拉手，家长让他和对方拉手，解释："认识的人要和我拉手，我喜欢就拉。拉的时候轻轻地，不要弄痛别人。讲文明！"

如果看到孩子不想和对方拉手，家长让他摇头、摆手，跟着说"我不要拉手"，解释："认识的人要和我拉手，不喜欢不拉。"

> **温馨提示**
>
> 家长可以拿着老师自制的绘本《认识的人要和我拉手》来教。在此，以"我不想和认识的人拉手"为例说明：
>
> 舅舅看到贝贝。舅舅想和贝贝拉手，一起去快餐店。贝贝推开舅舅的手，摇头、摆手，说："舅舅，我不要拉手。"贝贝和舅舅不拉手，一起去快餐店。

2. 不认识的人要和孩子拉手

家长拿着老师自制的绘本《不认识的人要和我拉手》，给孩子讲故事：

（1）家长拿着"陌生姐姐伸出一只手，对贝贝说：'我们拉手去公园玩吧。'"的图片，说："这是陌生姐姐。贝贝不认识她。她要和贝贝拉手。"

（2）家长拿着"贝贝推开陌生姐姐的手，摇头、摆手，说：'我不要拉手。'贝贝和陌生姐姐不拉手"的图片，说："不认识的人可能是坏人，随便和不认识的人拉手，很危险。贝贝和陌生姐姐不拉手。"

（3）家长总结说："不认识的人，一定不拉手。讲文明！"

（二）坏人强行和孩子拉手

家长拿着老师自制的绘本《坏人强行和我拉手》，给孩子讲故事。在此，以"我不想和认识的人拉手时，他强行和我拉手"为例说明：

（1）家长拿着"男/女施害者要和学生拉手"的图片，说："学生认识这个叔叔/阿姨。叔叔/阿姨要和学生拉手。"

家长拿着"学生推开男/女施害者的手，摇头、摆手，说：'我不要拉手。’”的图片，说：“学生不想和叔叔/阿姨拉手。”

（2）家长拿着“男/女施害者再次要和学生拉手，对学生说：‘我们一起拉手做朋友。’”的图片，说：“坏人强行和学生拉手，他就是坏人。”

（3）家长拿着“学生喊‘不要’，跑离现场”的图片，说：“学生大声喊，快点跑。”

家长拿着“学生找到老师后说：‘有坏人强行和我拉手’”的图片，说：“学生把坏人做的事情告诉老师。”

（4）家长拿着“警察摁住男/女施害者，说：‘有人报警说，你强行和他拉手。跟我去公安局。’”的图片，说：“因为坏人强行和别人拉手，所以警察把他抓起来。”

（5）家长总结说：“如果有坏人，强行要拉手，我要大声喊，我要快点跑，去告诉家人，去告诉老师。我一定不能强行和别人拉手。”

温馨提示

“坏人强行和孩子拉手”包括“孩子不想和认识的人拉手时，他强行和孩子拉手”和“不认识的人强行和孩子拉手”两种情况。

三、别人要孩子和其他人拉手

（一）别人要孩子和其他人拉手（没有强行要求）

1. 别人要孩子和认识的人拉手

（1）在家里，家人甲指着家人乙，对孩子说：“你认识他。现在，你和他手拉手，一起跟着我去散步吧。”

（2）如果看到孩子不想和家人乙拉手，家人甲让孩子摇头、摆手，跟着说“我不要拉手”，解释：“认识的人，我不喜欢，可以不拉手。”

如果看到孩子想和家人乙拉手，家人甲让孩子问家人乙：“我可以和你拉手吗？”

对于不会说话的孩子，家人甲让他做“伸出一只手作拉手状（但不触碰家人乙）”的动作后，先停下来，看看家人乙的反应。

家人甲解释：“我想和认识的人拉手，先要问一问。”

孩子问完，家人乙决定是否同意拉手。

（3）孩子问家人乙后，如果家人乙同意拉手，家人甲让孩子和家人乙拉手，解释：“我想和认识的人拉手，先要问一问，同意才能拉；拉的时候轻轻地，不要弄痛他。讲文明！”

如果家人乙不同意拉手，家人甲让孩子和家人乙不拉手，解释：“我想和认识的人拉手，先要问一问，不同意不拉。讲文明！”

温馨提示

（1）在外面，家长可以提前和孩子认识的邻居、亲友沟通，设计情境：家长要孩子和认识的邻居、亲友拉手，有的邻居、亲友同意，有的邻居、亲友不同意。家长可以参照上面的做法来教孩子。

（2）家长可以拿着老师自制的绘本《别人要我和认识的人拉手》来教。在此，以“认识的人不同意和我拉手”为例说明：

老师看到毛毛和小红在一起。毛毛认识小红。老师说：“毛毛，你和小红拉手，一起跟着老师坐公交车。”毛毛伸出一只手作拉手状，问：“小红，我可以和你拉手吗？”小红摇头、摆手，对毛毛说：“我不要拉手。”毛毛和小红不拉手，一起跟着老师坐公交车。

2. 别人要孩子和不认识的人拉手

家长拿着老师自制的绘本《别人要我和不认识的人拉手》，给孩子讲故事：

（1）家长拿着“邻居叔叔指着一个哥哥，问毛毛：‘你认识他吗？’毛毛摇头、摆手，说：‘不认识。’”的图片，说：“这是陌生哥哥。毛毛不认识他。”

（2）家长拿着“邻居叔叔对毛毛说：‘你去拉他的手，和他交个朋友吧。’”的图片，说：“别人要毛毛和不认识的人拉手。”

（3）家长拿着“毛毛摇头、摆手，说：‘我不要拉手。’毛毛和陌生哥哥不拉手”的图片，说：“不认识的人可能是坏人，随便和不认识的人拉手，很危险。毛毛和陌生哥哥不拉手。”

（4）家长总结说：“不认识的人，一定不拉手。讲文明！”

（二）坏人强行要孩子和别人拉手

家长拿着老师自制的绘本《坏人强行要我和别人拉手》，给孩子讲故事。在此，以“认识的人不同意和我拉手时，坏人强行要我和他拉手”为例说明：

（1）家长拿着“男/女施害者指着某个人，问学生：‘你认识他吗？’学生点头，说：‘认识。’”的图片，说：“学生认识这个人。”

家长再拿着“男/女施害者对学生说：‘你去拉他的手，和他一起玩游戏吧。’”的图片，说：“陌生叔叔/阿姨要学生和认识的人拉手。”

家长再拿着“学生对那个人说：‘我可以和你拉手吗’”的图片，说：“学生想和这个认识的人拉手。”

家长再拿着“那个人摇头、摆手，对学生说：‘我不要拉手。’学生和那个人不拉手”的图片，说：“这个认识的人不同意拉手，学生没有和他拉手。”

（2）家长拿着“男/女施害者抓住学生的手，伸向那个人，对学生说：‘拉手。’”的图片，说：“陌生叔叔/阿姨要学生和认识的人拉手，认识的人不同意，他还是强行要学生和那个人拉手，他就是坏人。”

（3）家长拿着“学生喊‘不要’，跑离现场”的图片，说：“学生大声喊，快点跑。”

家长拿着“学生找到老师后说：‘有坏人强行要我和别人拉手。’”的图片，说：“学生把坏人做的事情告诉老师。”

（4）家长拿着“警察摁住男/女施害者，说：‘有人报警说，你强行要他和别人拉手。跟我去公安局。’”的图片，说：“因为坏人强行要别人拉手，所以警察把他抓起来。”

（5）家长总结说：“如果有坏人强行要我和别人拉手，我要大声喊，我要快点跑，去告诉家人，去告诉老师。我一定不能强行要别人拉手。”

温馨提示

“坏人强行要孩子和别人拉手”包括“认识的人不同意和孩子拉手时，坏人强行要孩子和他拉手”“孩子不想和认识的人拉手时，坏人强行要孩子和他拉手”和“坏人强行要孩子和不认识的人拉手”三种情况。

知“性”家长这样评

（1）**您的孩子**会随便和不认识的人拉手吗？

很多时候不会 □　　有时会 □

很多时候会 □　　不清楚孩子会不会 □

您教过孩子不能随便和不认识的人拉手吗？

基本没教过 □　　有时教 □　　经常教 □

（2）**您的孩子**想和认识的人拉手时，会先问对方，不随便拉手吗？

很多时候不会 □　　有时会 □

很多时候会 □　　不清楚孩子会不会 □

您教过孩子想和认识的人拉手时要先问对方吗？

基本没教过 □　　有时教 □　　经常教 □

（3）想和认识的人拉手且对方同意时，**您的孩子**会和他拉手吗？

很多时候不会 □　　有时会 □

很多时候会 □　　不清楚孩子会不会 □

您教过孩子认识的人同意时可以和他拉手吗？

基本没教过 □　　有时教 □　　经常教 □

（4）想和认识的人拉手但对方不同意时，**您的孩子**会和他拉手吗？

很多时候不会 □　　有时会 □

很多时候会 □　　不清楚孩子会不会 □

您教过孩子认识的人不同意时不可以和他拉手吗？

基本没教过 □　　有时教 □　　经常教 □

（5）认识的人要和**您的孩子**拉手且他喜欢时，他会和对方拉手吗？

很多时候不会 □　　有时会 □

很多时候会 □　　不清楚孩子会不会 □

您教过孩子喜欢认识的人时可以和他拉手吗？

基本没教过 □　　有时教 □　　经常教 □

（6）认识的人要和**您的孩子**拉手但他不喜欢时，他会和对方拉手吗？

很多时候不会 □　　有时会 □

很多时候会 □　　不清楚孩子会不会 □

您教过孩子不喜欢认识的人时可以不和他拉手吗？

基本没教过 □　　有时教 □　　经常教 □

（7）和认识的人拉手时，**您的孩子**会太用力，甚至弄痛或弄伤对方吗？

很多时候不会 □　　有时会 □

很多时候会 □　　不清楚孩子会不会 □

您教过孩子不能太用力拉手吗？

基本没教过 □　　有时教 □　　经常教 □

（8）**您的孩子**会强行和别人拉手吗？

很多时候不会 □　　有时会 □

很多时候会 □　　不清楚孩子会不会 □

您教过孩子不能强行和别人拉手吗？

基本没教过 □　　有时教 □　　经常教 □

（9）如果有坏人强行要和**您的孩子**拉手，他知道要反抗吗？

很多时候不知道 □　　有时知道 □

很多时候知道 □　　不清楚孩子知不知道 □

您教过孩子坏人强行要和自己拉手时要反抗吗？

基本没教过 □　　有时教 □　　经常教 □

（10）如果有坏人强行要和**您的孩子**拉手，他知道要把坏人做的事情告诉家人或老师吗？

很多时候不知道 □ 有时知道 □
很多时候知道 □ 不清楚孩子知不知道 □

您教过孩子要把坏人做的事情告诉家人或老师吗？

基本没教过 □ 有时教 □ 经常教 □

（11）如果有坏人强行要**您的孩子**和别人拉手，他知道要反抗吗？

很多时候不知道 □ 有时知道 □
很多时候知道 □ 不清楚孩子知不知道 □

您教过孩子坏人强行要自己和别人拉手时要反抗吗？

基本没教过 □ 有时教 □ 经常教 □

（12）如果有坏人强行要**您的孩子**和别人拉手，他知道要把坏人做的事情告诉家人或老师吗？

很多时候不知道 □ 有时知道 □
很多时候知道 □ 不清楚孩子知不知道 □

您教过孩子要把坏人做的事情告诉家人或老师吗？

基本没教过 □ 有时教 □ 经常教 □

主题42　亲吻

知“性”家长这样教

温馨提示

（1）本主题中，“亲吻”指“嘴巴与任何身体部位的触碰（包括嘴巴与嘴巴的触碰、嘴巴与隐私部位的触碰）”，既包括直接触碰，也包括隔着衣服触碰。

（2）随着孩子逐渐进入青春期，他需要学习“不能随便和别人亲吻”的社会规范。所以，家长需要教这个年龄段的孩子“不能和别人亲吻”。

如果家长认为“孩子能和家人亲吻”，必须综合考量孩子的能力。如果孩子的能力比较强，家长可以教他“能和哪些家人亲吻、亲吻哪些身体部位”。如果孩子的能力比较弱，家长最好教他“不能和任何人亲吻”。

（3）家长可以用歌诀《坏人要亲我，要我亲他或别人》来教：

如果有坏人要亲我，要我亲他或别人，我要大声喊，我要快点跑，去告诉家人，去告诉老师。

（4）关于怎么教孩子反抗坏人及不主动做出侵害行为，家长可参考“主题4　看隐私部位等身体隐私”相关内容。

家长需要向孩子强调“只要其他人做‘亲我’‘要我亲他或别人’这些动作，他就是坏人，我就要反抗”，而不需要孩子关注坏人所说的话。

一、孩子不能主动亲吻别人

如果看到孩子主动亲吻别人，家长马上阻止，解释：“现在，我们慢慢地长大成青少年，一定不能亲别人。讲文明！”

二、坏人要亲吻孩子

家长拿着老师自制的绘本《坏人要亲我》，给孩子讲故事。

(1) 家长拿着“男/女施害者直接亲学生”的图片，说：“坏人要亲学生。”

(2) 家长拿着“学生喊‘不要’，跑离现场”的图片，说：“学生大声喊，快点跑。”

家长拿着“学生找到老师后说：‘有坏人要亲我。’”的图片，说：“学生把坏人做的事情告诉老师。”

(3) 家长拿着“警察摁住男/女施害者，说：‘有人报警说，你要亲他。跟我去公安局。’”的图片，说：“因为坏人要亲学生，所以警察把他抓起来。”

(4) 家长总结说：“如果有坏人要亲我，我要大声喊，我要快点跑，去告诉家人，去告诉老师。我一定不能亲别人。”

三、坏人要孩子亲吻他

家长拿着老师自制的绘本《坏人要我亲他》，给孩子讲故事。

(1) 家长拿着“男/女施害者说‘我的脸很干净，你亲亲吧’，抬起脸、指着自己的脸、把脸靠近学生的嘴巴”的图片，说：“坏人要学生亲他。”

(2) 家长拿着“学生喊‘不要’，跑离现场”的图片，说：“学生大声喊，快点跑。”

家长拿着“学生找到老师后说：‘有坏人要我亲他。’”的图片，说：“学生把坏人做的事情告诉老师。”

(3) 家长拿着“警察摁住男/女施害者，说：‘有人报警说，你要他亲你。跟我去公安局。’”的图片，说：“因为坏人要学生亲他，所以警察把他抓起来。”

(4) 家长总结说：“如果有坏人，要我亲他，我要大声喊，我要快点跑，去告诉家人，去告诉老师。我一定不能要别人亲我。”

四、坏人要孩子亲吻别人

家长拿着老师自制的绘本《坏人要我亲别人》，给孩子讲故事：

（1）家长拿着“男/女施害者说‘他同意你亲一亲他’，把学生的头推向另一个人，让学生的嘴巴尽量贴近那个人”的图片，说：“坏人要学生亲别人。”

（2）家长拿着“学生喊‘不要’，跑离现场”的图片，说：“学生大声喊，快点跑。”

家长拿着“学生找到老师后说：‘有坏人要我亲别人。’”的图片，说：“学生把坏人做的事情告诉老师。”

（3）家长拿着“警察摁住男/女施害者，说：‘有人报警说，你要他亲别人。跟我去公安局。’”的图片，说：“因为坏人要学生亲别人，所以警察把他抓起来。”

（4）家长总结说：“如果有坏人，要我亲别人，我要大声喊，我要快点跑，去告诉家人，去告诉老师。我一定不能要别人亲其他人。”

知“性”家长这样评

（1）**您的孩子**会随便和别人亲吻吗？

很多时候不会 ☐　　有时会 ☐

很多时候会 ☐　　不清楚孩子会不会 ☐

您教过孩子<u>不能</u>随便和别人亲吻吗？

基本没教过 ☐　　有时教 ☐　　经常教 ☐

（2）**您的孩子**会教唆别人和其他人亲吻吗？

很多时候不会 ☐　　有时会 ☐

很多时候会 ☐　　不清楚孩子会不会 ☐

您教过孩子<u>不能</u>教唆别人和其他人亲吻吗？

基本没教过 ☐　　有时教 ☐　　经常教 ☐

（3）如果有坏人要亲吻**您的孩子**，他知道要反抗吗？

很多时候不知道 ☐　　有时知道 ☐

很多时候知道 ☐　　不清楚孩子知不知道 ☐

您教过孩子坏人要亲吻他时要反抗吗？

基本没教过 ☐　　有时教 ☐　　经常教 ☐

（4）如果有坏人要亲吻**您的孩子**，他知道要把坏人做的事情告诉家人或老师吗？

很多时候不知道 □　　有时知道 □

很多时候知道 □　　不清楚孩子知不知道 □

您教过孩子要把坏人做的事情告诉家人或老师吗？

基本没教过 □　　有时教 □　　经常教 □

（5）如果有坏人要**您的孩子**亲吻别人（包括坏人），他知道要反抗吗？

很多时候不知道 □　　有时知道 □

很多时候知道 □　　不清楚孩子知不知道 □

您教过孩子坏人要自己亲吻别人（包括坏人）时要反抗吗？

基本没教过 □　　有时教 □　　经常教 □

（6）如果有坏人要**您的孩子**亲吻别人（包括坏人），他知道要把坏人做的事情告诉家人或老师吗？

很多时候不知道 □　　有时知道 □

很多时候知道 □　　不清楚孩子知不知道 □

您教过孩子要把坏人做的事情告诉家人或老师吗？

基本没教过 □　　有时教 □　　经常教 □

主题43　应对“别人接吻”的性信息

知“性”家长这样教

> **温馨提示**
>
> （1）本主题中，“‘别人接吻’的性信息”指有关“别人接吻”的内容。这些内容可以以视频、图片、实物、真人等形式，出现在电视、电影、互联网、报纸、杂志、书籍、广告牌、宣传单等传媒或载体中，也可以不依赖于任何传媒或载体而出现在生活中。
>
> （2）孩子对接吻感兴趣时，家长才需要教本主题。
>
> （3）家长可以用歌诀《文明地看别人接吻》来教：
>
> 别人接吻，我可以不看，可以离远看，隔一臂距离，做文明的人。

一、接吻

在家里，看到“别人接吻”的性信息时（例如，在电视、杂志上看到别人接吻），家长可以指着接吻的人，说：“他们是成年人，在接吻。两个成年人互相喜欢，可以接吻。”

> **温馨提示**
>
> 家长需要参照“主题42　亲吻”，和孩子复习“我们慢慢地长大成青少年，一定不能亲别人。讲文明！如果有坏人要亲我，要我亲他或别人，要我用嘴巴亲，我要大声喊，我要快点跑，去告诉家人，去

告诉老师。所以，如果有人要和我接吻，有人要我和别人接吻，我要大声喊，我要快点跑，去告诉家人，去告诉老师。我一定不能要别人和我接吻，也一定不能要别人和其他人接吻。”

二、文明地看“别人接吻”的性信息

（1）在家里，看到“别人接吻”的性信息时（例如，在电视上、杂志上看到别人接吻），家长让孩子伸出手臂，离这些性信息至少一臂距离后站着，放下手臂，解释：“如果别人接吻时我想看，可以像这样离远去看，隔一臂距离，讲文明！请记住，这就是隔一臂距离，以后想看不用伸手了，像这样离远去看就行了。”

（2）在外面，看到“别人接吻”的性信息时（例如，在商场的电视上看到别人接吻），如果孩子选择不看，家长可强调：“别人接吻，我可以不看。”如果孩子选择看，家长可让孩子不要伸手测量距离，而是目测隔一臂距离地看。

如果看到孩子出现其他不文明的行为（例如，指、摸、用东西碰），家长马上阻止，解释：“别人接吻，可以离远看，隔一臂距离，做文明的人。”

知“性”家长这样评

（1）**您的孩子**知道互相喜欢的成年人能接吻吗？

很多时候不知道 □　　有时知道 □

很多时候知道 □　　不清楚孩子知不知道 □

您教过孩子互相喜欢的成年人能接吻吗？

基本没教过 □　　有时教 □　　经常教 □

（2）如果想看“别人接吻”的性信息，**您的孩子**知道至少隔着一臂距离去看，不能指、摸、用东西碰吗？

很多时候不知道 □　　有时知道 □

很多时候知道 □　　不清楚孩子知不知道 □

您教过孩子怎么文明地看“别人接吻”的性信息吗？

基本没教过 □　　有时教 □　　经常教 □

主题44　不吸烟、不喝酒、不吸毒

知“性”家长这样教

> **温馨提示**
>
> （1）本主题中，“要孩子吸烟/喝酒/吃药/吸毒/吃喜欢的东西”包括“拿着烟、酒、药品、毒品、孩子所喜欢的食品，递给孩子或放进孩子的手里、口袋里、背包里、嘴巴里”和“不拿着烟、酒、药品、毒品、孩子所喜欢的食品，要孩子去某个地方吸烟、喝酒、吃药、吸毒、吃喜欢的东西”两种情况。
>
> （2）关于怎么教孩子反抗坏人及不主动做出侵害行为，家长可参考“主题4　看隐私部位等身体隐私”相关内容。

一、不吸烟

（一）认识香烟和吸烟的危害

（1）家长拿着一包香烟，指着包装盒上的“香烟”，说：“这是香烟，也可以叫‘烟’。”

家长指着香烟包装盒上“吸烟有害健康”的文字，说：“如果看到‘吸烟有害健康’这句话，我们也可以知道这是香烟。”

（2）家长从一包香烟里拿出一根香烟，说：“这是香烟，也可以叫‘烟’。”

> **温馨提示**
>
> 家长和孩子去超市或商场看到香烟时，可以教孩子看包装盒上的“烟”/“吸烟有害健康”，知道哪些东西是香烟。

（3）生活中看到有人吸烟或吸烟的危害时（例如，在街上看到有人吸烟；在电视上看到吸烟的人咳嗽，甚至患有肺癌），家长可以指着吸烟的人，说：“这个人在吸烟，也可以叫“抽烟”。吸烟容易让人生病，所以我们一定不能吸烟，也一定不能要别人吸烟。”

（4）吸烟的人在孩子的旁边时，家长让孩子尽量远离他，说：“吸烟容易让人生病，所以我们要尽量离吸烟的人远一点，不要吸入太多烟味。”

（二）别人要孩子吸烟

温馨提示

家长可以用歌诀《别人要我吸烟》来教：

要我吸烟时，我一定不吸，去告诉家人，去告诉老师。如果有坏人，强行要我吸，我要大声喊，我要快点跑，去告诉家人，去告诉老师。

1. 别人要孩子吸烟（没有强行要求）

家长拿着老师自制的绘本《别人要我吸烟》，给孩子讲故事。在此，以“别人拿着香烟递给我”为例说明：

（1）家长拿着“邻居阿姨把一根香烟递给贝贝，说：‘你长大了，会吸烟了吧。’”的图片，说：“阿姨要贝贝吸烟。”

（2）家长拿着“贝贝摇头、摆手，说：‘我不吸，谢谢。’”的图片，说：“吸烟有害健康，贝贝不吸烟。”

（3）家长拿着“贝贝找到妈妈，说：‘有人要我吸烟。’”的图片，说：“有人要贝贝吸烟，他可能是坏人。所以，贝贝要告诉家人。”

（4）家长拿着“贝贝告诉老师”的图片，参照上面的做法教孩子。

（5）家长总结说：“别人要我吸烟时，我一定不吸，去告诉家人，去告诉老师。”

2. 坏人强行要孩子吸烟

家长拿着老师自制的绘本《坏人强行要我吸烟》，给孩子讲故事。在此，以“坏人强行把香烟塞进我的嘴巴”为例说明：

（1）家长拿着“男/女施害者拿着一根香烟，对学生说：‘我这里有好烟，来一支吧。’”的图片，说：“陌生叔叔/阿姨要学生吸烟。”

家长拿着“学生摇头、摆手，说：‘我不吸，谢谢。’”的图片，说：“学生不吸烟。”

（2）家长拿着“男/女施害者要把香烟塞进学生嘴巴”的图片，说：“陌生叔叔/阿姨强行要学生吸烟，他就是坏人。”

（3）家长拿着“学生喊‘不要’，跑离现场”的图片，说：“学生大声喊，快点跑。”

家长拿着“学生找到老师后说：‘有坏人强行要我吸烟。’”的图片，说：“学生把坏人做的事情告诉老师。”

（4）家长拿着“警察摁住男/女施害者，说：‘有人报警说，你强行要他吸烟。跟我去公安局。’”的图片，说：“因为坏人强行要学生吸烟，所以警察把他抓起来。”

（5）家长总结说：“要我吸烟时，我一定不吸。别人强行要我吸烟，他就是坏人。如果有坏人，强行要我吸烟，我要大声喊，我要快点跑，去告诉家人，去告诉老师。我一定不能强行要别人吸烟。”

温馨提示

家长需要向孩子强调“别人拿着烟时，只要他做‘用力塞给我’这个动作，他就是坏人，我就要反抗”，而不需要孩子关注坏人所说的话。

二、不喝酒

（一）认识酒和喝酒的危害

（1）家长把家里的酒拿出来（例如，一罐/瓶啤酒、红酒、白酒），指着罐身/瓶身上产品名称的“酒”字，说：“这是××酒。”

家长指着酒的罐身/瓶身上“过量饮酒，有害健康”的文字，说：“如果看到‘过量饮酒，有害健康’这句话，我们也可以知道这是酒。”

（2）家长倒出一杯酒，让孩子闻一闻，说：“酒的气味比较特别，叫‘酒味’。如果闻到酒味，我们就知道它是酒。”

（3）家长总结说：“我们可以看一看有没有‘酒’这个字，也可以闻一闻气味。这些方法可以帮助我们知道那些东西是不是酒。”

温馨提示

（1）家长和孩子去超市或商场看到酒时，可以教孩子看罐身、瓶身上产品名称的“酒”“过量饮酒，有害健康”等文字，让他知道哪些东西是酒。

如果孩子的能力比较强，家长可以教孩子看罐身、瓶身上是否有生产酒厂的名称、酒精度等，知道哪些东西是酒。

（2）孩子喝饮料时，家长可以教他先闻一闻，分辨那些饮料是不是酒。

（4）生活中看到有人喝酒或喝酒的危害时（例如，在饭店里看到有人喝酒；在电视上看到喝酒的人呕吐，甚至引发车祸），家长可以指着喝酒的人，说：“这个人在喝酒。成年人可以喝酒，但是只能喝一点。喝太多酒有害健康。现在，我是青少年，一定不能喝酒。我一定不能要别人喝酒。”

（二）别人要孩子喝酒

温馨提示

家长可以用歌诀《别人要我喝酒》来教：

要我喝酒时，我一定不喝，去告诉家人，去告诉老师。如果有坏人，强行要我喝，我要大声喊，我要快点跑，去告诉家人，去告诉老师。

1. 别人要孩子喝酒（没有强行要求）

家长拿着老师自制的绘本《别人要我喝酒》，给孩子讲故事。在此，以“别人拿着酒递给我”为例说明：

（1）家长拿着“表哥把一杯饮品递给毛毛，说：‘请你喝。’”的图片，说：“表哥要毛毛喝东西。”

（2）家长拿着“毛毛先看一看、闻一闻，再摇头、摆手，说：‘我不喝，谢谢。’”的图片，说：“毛毛闻到酒味，原来表哥要毛毛喝酒。现在，毛毛是青少年，一定不能喝酒。”

（3）家长拿着“毛毛找到爸爸，说：‘有人要我喝酒。’”的图片，说：“有人要毛毛喝酒，他可能是坏人。所以，毛毛要告诉家人。”

（4）家长拿着“贝贝告诉老师”的图片，参照上面的做法教孩子。

（5）家长总结说：“要我喝酒时，我一定不喝，去告诉家人，去告诉老师。”

2. 坏人强行要孩子喝酒

家长拿着老师自制的绘本《坏人强行要我喝酒》，给孩子讲故事。在此，以“坏人强行把酒倒进我的嘴巴”为例说明：

（1）家长拿着“男/女施害者拿着一杯酒，对学生说：‘老师刚才表扬你了。来，我请你喝一杯东西。’”的图片，说：“陌生叔叔/阿姨要学生喝东西。”

家长拿着“学生看一看、闻一闻后，摇头、摆手，说：‘我不喝，谢谢。’”的图片，说：“学生闻到酒味，原来陌生叔叔/阿姨要学生喝酒。现在，学生是青少年，一定不能喝酒。”

（2）家长拿着“男/女施害者要把酒倒进学生嘴巴”的图片，说：“陌生叔叔/阿姨强行要学生喝酒，他就是坏人。”

（3）家长拿着“学生喊‘不要’，跑离现场”的图片，说：“学生大声喊，快点跑。”

家长拿着“学生找到老师后说：‘有坏人强行要我喝酒。’”的图片，说：“学生把坏人做的事情告诉老师。”

（4）家长拿着“警察摁住男/女施害者，说：‘有人报警说，你强行要他喝酒。跟我去公安局。’”的图片，说：“因为坏人强行要学生喝酒，所以警察把他抓起来。”

（5）家长总结说：“要我喝酒时，我一定不喝。别人强行要我喝酒，他就是坏人。如果有坏人，强行要我喝酒，我要大声喊，我要快点跑，去告诉家人，去告诉老师。我一定不能强行要别人喝酒。”

温馨提示

家长需要向孩子强调“别人拿着酒时，只要他做‘用力塞给我’这个动作，他就是坏人，我就要反抗”，而不需要孩子关注坏人所说的话。

三、不乱吃药、不吸毒[①]

（一）认识毒品和吸毒的危害

（1）家长把家里的止咳水拿出来，指着瓶身上的药效，说：“这是止咳水，用来治疗咳嗽。我们咳嗽时，如果听医生的话，喝止咳水，病就会好了。但是，有一些人不听医生的话，乱喝止咳水。结果，他们越来越喜欢喝，喝不到会很痛苦，这种事情叫上瘾。能让人上瘾的药叫毒品。”

家长拿着鸦片、海洛因、冰毒、吗啡、大麻、可卡因、杜冷丁、摇头丸、氯胺酮毒品的图片，介绍它们的名称，说：“这些东西都能让人上瘾，都叫毒品。”

（2）家长拿着“某人喝药水”“某人吃药片”的图片，说：“这个人乱吃容易让人上瘾的药。我们会说，他在吸毒。”

---

① 根据《中华人民共和国禁毒法》，毒品是指鸦片、海洛因、甲基苯丙胺（冰毒）、吗啡、大麻、可卡因，以及国家规定管制的其他能够使人形成瘾癖的麻醉药品和精神药品。考虑到智障孩子直观形象的思维特点，本书从能使人成瘾的药品（如止咳水）引入，引导家长教育孩子不吸毒。

家长拿着“某人吸烟”的图片，说：“这个人把毒品放在烟里，吸进身体。我们会说，他在吸毒。”

家长拿着“某人把毒品放在铝箔纸上，用打火机加热”的图片，说：“这个人把毒品变成烟，用鼻子吸进身体。我们会说，他在吸毒。”

家长拿着“某人把毒品放在小管中，插入塑料管，对准鼻孔”的图片，说：“这个人用管子把毒品吸进身体。我们会说，他在吸毒。”

家长拿着“某人把毒品放进针筒里，注射进自己的身体”的图片，说：“这个人用针把毒品打进身体。我们会说，他在吸毒。”

家长说：“如果有人要你乱吃药、要你用鼻子吸一些东西、要用针筒把一些东西打进你的身体，他就是要你吸毒。”

（3）家长拿着“某人打哈欠、流鼻涕、流眼泪、发抖、在地上打滚”“某人打劫、偷窃，被警察关进监狱”“某人的遗照”的图片，解释：“一个人只要吸毒一次，就很容易上瘾，越来越想吸。如果没有毒品，他会很痛苦。毒品很贵的，为了买毒品，他很快把自己的钱花光了，会去抢、偷别人的钱，结果警察把他抓起来。他吸毒后，身体越来越差，最后死去。”

家长说：“为了健康地生活下去，我们一定不能吸毒。如果有人要我们吸毒，他就是坏人。我们一定不能要别人吸毒。”

温馨提示

生活中看到“珍爱生命，远离毒品”等宣传标语时，家长可以和孩子再次解释吸毒的危害。

（二）别人要孩子吃药、吸毒

温馨提示

家长可以用歌诀《别人要我吃药、吸毒》来教：

家人、老师、医生要我吃药，我一定要吃。其他人要我吃药，我一定不吃，去告诉家人，去告诉老师。如果有坏人，强行要我吃药，或要我吸毒，我要大声喊，我要快点跑，去告诉家人，去告诉老师。

1. 别人要孩子吃药（没有强行要求）

（1）家人、医生要孩子吃药。

孩子生病时，家长带他去看医生，把药拿给他吃，解释：“家人和医生要我吃药，我一定要吃。”

（2）别人要孩子吃药。

家长拿着老师自制的绘本《别人要我吃药》，给孩子讲故事。在此，以“别人拿着药递给我”为例说明：

①家长拿着“小明把一瓶药水递给贝贝，说：‘请你喝。’”的图片，说：“这是贝贝的同学小明。小明要贝贝吃药。”

②家长拿着“贝贝先看一看、闻一闻，再摇头、摆手，说：‘我不喝，谢谢。’”的图片，说：“贝贝看到瓶身上的‘药’字。贝贝只能吃家人、老师和医生给的药，不能吃其他人给的药。”

③家长拿着“贝贝找到妈妈，说：‘有人要我吃药。’”的图片，说：“其他人要贝贝吃药，他可能是坏人。所以，贝贝要告诉家人。”

④家长拿着“贝贝告诉老师”的图片，参照上面的做法教孩子。

⑤家长总结说：“其他人要我吃药，我一定不吃，去告诉家人，去告诉老师。”

2. 坏人要孩子吸毒

家长拿着老师自制的绘本《坏人要我吸毒》，给孩子讲故事。在此，以“坏人强行把药塞进我手里”为例说明：

（1）家长拿着“男/女施害者拿着一瓶东西，对学生说：‘这个东西越喝越精神，试试看。’”的图片，说：“陌生叔叔/阿姨要学生喝东西。”

家长拿着“学生看一看、闻一闻后，摇头、摆手，说：‘我不喝，谢谢。’”的图片，说：“学生看到瓶身上的‘药’字。原来陌生叔叔/阿姨要学生吃药。学生只能吃家人、老师和医生给的药，不能吃其他人给的药。”

（2）家长拿着“男/女施害者把药水塞进学生的手里”的图片，说：“乱吃药，可能会对药上瘾，就变成吸毒。陌生叔叔/阿姨强行要学生吃药，跟要学生吸毒一样，他就是坏人。”

（3）家长拿着“学生喊‘不要’，跑离现场”的图片，说：“学生大声喊，快点跑。”

家长拿着“学生找到老师后说：‘有坏人强行要我吃药。’”的图片，说：“学生把坏人做的事情告诉老师。”

（4）家长拿着“警察摁住男/女施害者，说：‘有人报警说，你强行要他吃药。跟我去公安局。’”的图片，说：“因为坏人强行要学生吃药，跟要学生吸毒一样，所以警察把他抓起来。”

（5）家长总结说：“只有家人、老师和医生能要我吃药。其他人强行要我吃药，跟要我吸毒一样，他就是坏人。如果有坏人强行要我吃药、吸毒，我要大声喊，我要快点跑，去告诉家人，去告诉老师。我一定不能强行要别人吃药，也一定不能要别人吸毒。”

温馨提示

“坏人要孩子吸毒”包括“坏人强行要孩子吃药”“坏人要孩子使用常见的吸毒方法（例如，用针筒注射）”和“坏人要孩子去某个地方吸毒（例如，跟我去吸毒，请你吃摇头丸）”三种情况。

四、别人要孩子吃喜欢的东西

温馨提示

（1）家长需要参照“主题34　身边的人”，先教孩子辨别家人、老师及同学等其他人。

（2）家长可以用歌诀《别人要我吃喜欢的东西》来教：

喜欢的东西，不认识的人要我吃，我一定不吃。认识的人要我吃，我先看一看，我先闻一闻，如果不是酒，如果不是药，我喜欢就吃，要走必须问，问不到家人，问不到老师，一定不能走。

（一）不认识的人要孩子吃喜欢的东西

家长拿着老师自制的绘本《不认识的人要我吃喜欢的东西》，给孩子讲故事：

（1）家长拿着“陌生姐姐把棒棒糖递给贝贝”的图片，说：“这是陌生姐姐。贝贝不认识她。她要贝贝吃棒棒糖。贝贝喜欢吃棒棒糖。”

（2）家长拿着“贝贝摇头、摆手，说：‘我不要，谢谢。’贝贝不拿棒棒糖”的图片，说：“不认识的人可能是坏人，吃不认识的人的东西，很危险。贝贝虽然喜欢吃棒棒糖，但是不吃陌生姐姐给的棒棒糖。”

（3）家长总结说：“喜欢的东西，不认识的人要我吃，我一定不吃。”

（二）家人及教师以外的、认识的人要孩子吃喜欢的东西

（1）家长提前和孩子认识的邻居、亲友沟通，设计情境：让他们拿着孩子喜欢的东西要他吃。

（2）认识的亲友、邻居拿着孩子喜欢的东西要他吃时，如果东西装在罐子、瓶子、盒子里，家长让孩子先看一看罐身、瓶身、包装盒上有没有“酒”“药”字。

如果东西装在杯子里，家长让孩子先闻一闻东西的气味。

（3）知道东西不是酒或药后，家长让孩子拿东西并说“谢谢”，解释：

“现在，我长大了。如果认识的人要我吃东西，我先看一看、闻一闻，分清楚这个东西是不是酒、药。只要不是酒、药，我喜欢就直接吃，不一定必须问家人、老师。”

> **温馨提示**
>
> 对于“家人及教师以外的、认识的人要孩子去某个地方，吃孩子喜欢的东西”，家长可参照“主题 37　不随便去某个地方”中“二、其他人要孩子去某个地方”，教孩子“离开家人、老师去某个地方，可能有危险。如果认识的人要我去某个地方吃喜欢的东西，我还是必须问家人、老师，同意才能走，不同意不走；问不到家人、老师，一定不能走”。

知“性”家长这样评

（1）**您的孩子**吸烟吗？

很多时候不吸烟 □　　有时吸烟 □

很多时候吸烟 □　　不清楚孩子吸不吸烟 □

您教过孩子不能吸烟吗？

基本没教过 □　　有时教 □　　经常教 □

（2）**您的孩子**会教唆别人吸烟吗？

很多时候不会 □　　有时会 □

很多时候会 □　　不清楚孩子会不会 □

您教过孩子不能教唆别人吸烟吗？

基本没教过 □　　有时教 □　　经常教 □

（3）如果别人要**您的孩子**吸烟，他知道不能吸吗？

很多时候不知道 □　　有时知道 □

很多时候知道 □　　不清楚孩子知不知道 □

您教过孩子别人要自己吸烟时不能吸吗？

基本没教过 □　　有时教 □　　经常教 □

（4）如果别人要**您的孩子**吸烟，他知道要把这件事情告诉家人或老师吗？

很多时候不知道 □　　有时知道 □

很多时候知道 □　　不清楚孩子知不知道 □

您教过孩子要把别人要自己吸烟的事情告诉家人或老师吗？

基本没教过 □　　有时教 □　　经常教 □

（5）如果有坏人强行要**您的孩子**吸烟，他知道要反抗吗？

很多时候不知道 □　　有时知道 □
很多时候知道 □　　不清楚孩子知不知道 □
您教过孩子如果有坏人强行要自己吸烟时要反抗吗？
基本没教过 □　　有时教 □　　经常教 □

（6）如果有坏人强行要**您的孩子**吸烟，他知道要把坏人做的事情告诉家人或老师吗？
很多时候不知道 □　　有时知道 □
很多时候知道 □　　不清楚孩子知不知道 □
您教过孩子要把坏人做的事情告诉家人或老师吗？
基本没教过 □　　有时教 □　　经常教 □

（7）**您的孩子**喝酒吗？
很多时候不喝酒 □　　有时喝酒 □
很多时候喝酒 □　　不清楚孩子喝不喝酒 □
您教过孩子不能喝酒吗？
基本没教过 □　　有时教 □　　经常教 □

（8）**您的孩子**会教唆别人喝酒吗？
很多时候不会 □　　有时会 □
很多时候会 □　　不清楚孩子会不会 □
您教过孩子不能教唆别人喝酒吗？
基本没教过 □　　有时教 □　　经常教 □

（9）如果别人要**您的孩子**喝酒，他知道不能喝吗？
很多时候不知道 □　　有时知道 □
很多时候知道 □　　不清楚孩子知不知道 □
您教过孩子别人要自己喝酒时不能喝吗？
基本没教过 □　　有时教 □　　经常教 □

（10）如果别人要**您的孩子**喝酒，他知道要把这件事情告诉家人或老师吗？
很多时候不知道 □　　有时知道 □
很多时候知道 □　　不清楚孩子知不知道 □
您教过孩子要把别人要自己喝酒的事情告诉家人或老师吗？
基本没教过 □　　有时教 □　　经常教 □

（11）如果有坏人强行要**您的孩子**喝酒，他知道要反抗吗？
很多时候不知道 □　　有时知道 □
很多时候知道 □　　不清楚孩子知不知道 □
您教过孩子如果有坏人强行要自己喝酒时要反抗吗？

基本没教过 ☐　　有时教 ☐　　经常教 ☐

（12）如果有坏人强行要**您的孩子**喝酒，他知道要把坏人做的事情告诉家人或老师吗？

很多时候不知道 ☐　　有时知道 ☐

很多时候知道 ☐　　不清楚孩子知不知道 ☐

您教过孩子要把坏人做的事情告诉家人或老师吗？

基本没教过 ☐　　有时教 ☐　　经常教 ☐

（13）**您的孩子**会随便吃药吗？

很多时候不会 ☐　　有时会 ☐

很多时候会 ☐　　不清楚孩子会不会 ☐

您教过孩子<u>不能</u>随便吃药吗？

基本没教过 ☐　　有时教 ☐　　经常教 ☐

（14）**您的孩子**会教唆别人吃药吗？

很多时候不会 ☐　　有时会 ☐

很多时候会 ☐　　不清楚孩子会不会 ☐

您教过孩子<u>不能</u>教唆别人吃药吗？

基本没教过 ☐　　有时教 ☐　　经常教 ☐

（15）如果家人、老师、医生以外的人要**您的孩子**吃药，他知道<u>不能</u>吃药吗？

很多时候不知道 ☐　　有时知道 ☐

很多时候知道 ☐　　不清楚孩子知不知道 ☐

您教过孩子<u>不能</u>随便吃家人、老师、医生以外的人给的药吗？

基本没教过 ☐　　有时教 ☐　　经常教 ☐

（16）如果家人、老师、医生以外的人要**您的孩子**吃药，他知道要把这件事情告诉家人或老师吗？

很多时候不知道 ☐　　有时知道 ☐

很多时候知道 ☐　　不清楚孩子知不知道 ☐

您教过孩子要把家人、老师、医生以外的人要自己吃药的事情告诉家人或老师吗？

基本没教过 ☐　　有时教 ☐　　经常教 ☐

（17）如果有坏人强行要**您的孩子**吃药或吸毒，他知道要反抗吗？

很多时候不知道 ☐　　有时知道 ☐

很多时候知道 ☐　　不清楚孩子知不知道 ☐

您教过孩子如果有坏人强行要自己吃药或吸毒时要反抗吗？

基本没教过 ☐　　有时教 ☐　　经常教 ☐

（18）如果有坏人强行要**您的孩子**吃药或吸毒，他知道要把坏人做的事情告诉家人或老师吗？

很多时候不知道 □　　有时知道 □

很多时候知道 □　　不清楚孩子知不知道 □

您教过孩子要把坏人做的事情告诉家人或老师吗？

基本没教过 □　　有时教 □　　经常教 □

（19）如果不认识的人要**您的孩子**吃喜欢的东西，他知道不能吃吗？

很多时候不知道 □　　有时知道 □

很多时候知道 □　　不清楚孩子知不知道 □

您教过孩子不能吃不认识的人给的东西吗？

基本没教过 □　　有时教 □　　经常教 □

（20）家人及老师以外的、认识的人拿着**您的孩子**喜欢的东西要他吃时，他会先看一看、闻一闻，分清楚这个东西是不是酒、药吗？

很多时候不会 □　　有时会 □

很多时候会 □　　不清楚孩子会不会 □

您教过孩子要先看一看、闻一闻家人及老师以外的、认识的人给的东西吗？

基本没教过 □　　有时教 □　　经常教 □